EXCESSOS E EXCEÇÕES

HILAN BENSUSAN

EXCESSOS E EXCEÇÕES

Por uma ontologia sem cabimento

IDÉIAS & LETRAS

Diretor Editorial:
Marcelo C. Araújo

Editores:
Avelino Grassi
Márcio F. dos Anjos

Coordenação Editorial:
Ana Lúcia de Castro Leite

Copidesque:
Mônica Reis

Revisão:
Ana Lúcia de Castro Leite
Bruna Marzullo
Leila Cristina Dinis Fernandes

Diagramação e Capa:
Simone A. Ramos de Godoy

Foto da Capa:
Hilan Bensusan

IDÉIAS & LETRAS

Editora Idéias & Letras
Rua Pe. Claro Monteiro, 342 – Centro
12570-000 Aparecida-SP
Tel. (12) 3104-2000 – Fax (12) 3104-2036
Televendas: 0800 16 00 04
vendas@ideiaseletras.com.br
http//www.ideiaseletras.com.br

Dados Internacionais de Catalogação na Publicação (CIP)
(Câmara Brasileira do Livro, SP, Brasil)

Bensusan, Hilan
Excessos e exceções: por uma ontologia sem cabimento / Hilan Bensusan.
– Aparecida, SP: Idéias & Letras, 2008.

Bibliografia.
ISBN 978-85-7698-023-0

1. Filosofia 2. Ontologia 3. Pensamentos 4. Singularidades (Filosofia) I. Título.

08-09448 CDD-111

Índices para catálogo sistemático:

1. Ontologia: Filosofia 111

Ao cometa McNaught
e a tudo o que ilumina o caminho
que ainda vai percorrer.

O pensamento é como o céu de noite,
nós vemos as estrelas,
mas o espaço entre elas
fica no escuro.
Dieter Roos

Prefácio

O compasso deste livro é marcado por uma exploração das entrelinhas – e, portanto, das entre-estrelinhas – no poema de Dieter Roos. Uma exploração que é antes tatear no escuro que alumiar. Tateando no escuro chegamos a tocar em uma coisa depois da outra. O espaço entre um pensamento e outro invoca a capacidade do pensamento de perambular entre conteúdos, entre maneiras de ver as coisas, entre o que fica compreendido.

O timbre deste livro é uma tentativa de fazer justiça ao que surpreende antes de ser compreendido. Tenta trazer à baila exceções e procura esboçar uma ontologia da anomalia. Deve haver espaço para o que destoa das tonalidades prefiguradas nas expectativas dos pensamentos. Por outro lado, talvez porque os pensamentos não apenas encaixotam, mas lidam com excessos, precisamos de espaço entre eles. E aqui compasso e timbre confluem: pensamentos são mais do que dispositivos para engavetar coisas em algum lugar, coisas são mais do que esfinges esperando para serem decifradas.

O livro gira em torno de uma questão de muitos aspectos: como conciliar um holismo sem concessões a uma concepção segundo a qual há itens que são passivamente acessados pelo pensamento com o temor de Lévinas de que, no pensamento, o Outro termina sempre colonizado pelo Mesmo. Como fazer com que a idéia de que o pensamento é uma teia não faça com que o que há de singular nas singularidades fique impensado. Trata-se de examinar os conflitos que emergem, de ser suscetível às tentações de uma epistemologia e uma semântica de caráter holista, de um lado, e ser sensível às atrações de uma ontologia com espaços para singularidades, de outro.

A questão invoca uma tensão familiar entre o modo como concebemos o mundo e o modo como concebemos que podemos ter contato com ele: o contato dos nossos pensamentos com as singularidades pode ameaçar dissolvê-las no ar. Trata-se da tensão provocada pelo nosso impacto sobre como as coisas são quando queremos um acesso a elas – a questão é sobre o acesso às singularidades sem trucidá-las. Entretanto, mais do que responder à questão, eu gostaria de fazer outras coisas com ela: sacodi-la, apalpá-la, esticá-la, traçar alguns mapas de como ela aparece e observar o que acontece quando tentamos ignorá-la. Quis trazer ao meu palco muitas vozes que se escutam contemporaneamente em filosofia e raramente em polifonia. Como pretendeu Schnittke com a música popular e a música dos concertos,[1] gostaria de ouvir vozes analíticas em arranjos continentais, mesmo correndo riscos de quebrar meu pescoço. Ou seja, este é um livro que explora várias formas de fazer com que tradições que pouco se tratam conversem, na tentativa de compor pelo menos alguns esboços a partir de uma questão, que, como um tema em suas variações, é compartilhada.

---

[1] Schnittke escreveu que o objetivo de sua vida era unir a música séria e a música leve, mesmo que para tanto tivesse de quebrar seu pescoço (Ivashkin, 1996, p. 117).

Os arranjos, mais que seqüências, são *rayuelas*. A questão se deixa adentrar por muitas portas e muitos também são os gestos que podemos fazer com as portas: abri-las, deixá-las fechadas, arrancá-las, ignorar os trincos e pular a janela ou tentar deixá-las entreabertas. Assim, no livro, as questões são algumas vezes retomadas sob um ângulo diferente – interessa a diferença entre os ângulos. Os capítulos do livro ficaram como portas enfileiradas para que o leitor, ao abri-los, possa fazer como lhe aprouver com cada uma das fechaduras. Elas se encontram enfileiradas em uma ordem, nem compulsória nem arbitrária. Também importa o espaço entre as portas – entre os capítulos – e que eles não sejam ocupados por sincategoremas fixos como os usuais, *portanto*, *entretanto*, *além disso*, *talvez* e *ou então*. Achei que convinha deixar as portas apenas postas em seqüência e não amarradas umas nas outras. Em alguns pontos importantes do fluxo de idéias, fica bastante relevante a seqüência. Em outros pontos fica relevante a dificuldade de privilegiar uma única seqüência. Acredito que dentro das portas é possível encontrar algumas peças que comporiam o mobiliário da questão acerca dos pensamentos e das singularidades que orientam os capítulos. É que a questão é feita de elementos dispersos por muitos quartos e por salas, corredores, escadas e saguões que a filosofia anda freqüentando. Talvez alguém conseguisse recolher toda a mobília relevante e entulhá-la em um depósito.

Dediquei-me para que este livro fosse menos a descrição de um depósito e mais um roteiro por alguns recintos onde ficaram algumas coisas que servem para pensar na fricção entre os dois pólos formados pelo pensamento, de um lado, e pela singularidade, de outro. Cuidei para que aparecessem quase com uma roupagem diferente a cada capítulo. Penso que fazer filosofia não é apenas buscar verdades e nem sequer é encenar o drama que emerge desta busca, está antes mais próximo de promover um caminho que passe por elas, que nos faça esbarrar nelas e também escapulir delas. Às vezes parece ser alguma coisa como cuidar do movimento que nos atrai a elas, nos repele para longe delas e nos faz fugir da sua força centrípeta. Nem alcançá-las nem deixá-las escapar. Gostaria de entender a filosofia como alguma coisa próxima do esforço de procurar pensar verdades de soslaio como quando olhamos as estrelas procurando um cometa no céu. Porém a filosofia – encontrar caminho entre ruas e praças de pensamento, muitas delas ainda por serem construídas e denominadas – parece às vezes labirinto. Disse uma vez Itamar Assumpção: "Não há saídas, só ruas, viadutos, avenidas".[2] Mas as avenidas encontram um modo de rimar com as saídas. Nos labirintos podemos percorrer grandes extensões, mas dificilmente encontraremos uma única maneira de fazê-lo.

Neste livro tento, explicitamente, encontrar muitas maneiras de chegar a alguns cernes – que não são nem princípios nem fins. Acredito que em labirintos, e em filosofia, rapidamente chegamos ao meio ou aos meandros. Este livro não tem a pretensão de ser nem o começo nem o fim de alguma maneira de pensar. Ele está no meio dos meus pensamentos. A filosofia é também como os caminhos que avançam muito, mas que não chegam – *Holzwege*, na bonita imagem de Heidegger. Penso também que a filosofia não é uma doutrina – e aqui não pretendo apresentar uma doutrina – nem mesmo uma disputa de doutrinas. Em alguns dos casos, a filosofia é o que acontece em meio a uma disputa quando não desviamos a atenção dela. Um labirinto: é claro que chegamos a alguns lugares percorrendo

---

[2] "Não há saídas", em Assumpção & Bonvicino (1988).

caminhos labirínticos, mas a filosofia não está na chegada. Podemos usar a filosofia para defender posições – e muitas vezes é importante defender posições –, mas penso que a filosofia está pelo caminho entre as posições. Entendo que a filosofia – que não é coletânea de doutrinas – não é feita dos tijolos que a deixam em pé; está, antes, na maneira como as doutrinas são construídas, na maneira como as posições são defendidas.

Como imaginamos, muitas vezes, que as posições são ocupadas (e defendidas) por personagens, a filosofia aparece freqüentemente *entre* muitas pessoas, pelo menos entre muitos heterônimos – aqui tenho mais ou menos um para cada capítulo –, mas ela é em algum sentido anônima. Heterônima e anônima, a filosofia quase nunca consegue ter autonomia e, assim, minha biografia escapa pelas entrelinhas. Sem muita autoria, a filosofia é sempre uma conversa daquelas que não terminam – e em que não há exatamente assuntos encerrados. Uma conversa daquelas que nos levam – mas não nos levam a nenhum alvo. Uma conversa, com todos os ziguezagues que a tornam diferente de uma demonstração. Melhor: muitas conversas com muitas pessoas – e, neste livro, elas acontecem, perigosamente, de forma simultânea. Conversas com muitas paráfrases – paráfrases perigosas e que por vezes são não mais que despudoradas desapropriações de conceitos e metáforas. Desculpe-me quem não reconheceu seu fraseado aqui parafraseado.

Os pensamentos têm capacidades de chegar aos lugares sem ficar nos lugares; nós os comparamos muito a luzes e, com as fontes de luz, buscamos o lugar de onde eles iluminam e o que eles deixam iluminado. Os pensamentos, como as estrelas, não poderiam ser separados uns dos outros se não houvesse espaços entre eles. O que fazer com os espaços que o pensamento não alcança e que, contudo, necessita? É uma maneira de formular uma preocupação de fundo que orienta muitos capítulos. Aquilo que lhe excede: uma *hybris*. Tais espaços impensados são, às vezes, acendidos pelo impacto do pensamento que ocupa seus arredores – como o céu de dia: vemos uma estrela, e todo o espaço ao seu redor fica claro. A claridade, às vezes, parece a sombra do sol. A luz – também como o pensamento –, ao acender, é capaz de ofuscar. O pensamento ofusca quando lança uma luz forte o suficiente para apagar as outras – periga ficarmos em uma única paisagem, vasta, clareada, homogênea. Já à noite, aparecem os espaços que não são iluminados. O escuro entre as estrelas é o tempo que precisamos para mover nossos olhos de uma estrela para outra, diferente. Este espaço talvez seja onde o pensamento possa estar em alguma sintonia com coisas sem cabimento.

Hybris, excessos e certos hibridismos. No compasso do livro, a *hybris* do pensamento: ele não fica fixo nas coisas, ele as torna híbridas, as faz perder o foco – no pensamento aparecem exceções quando tentamos pensar as coisas como exemplos. E soa o timbre da *hybris* das potências, os excessos, em que mal cabe "a proliferação, os cromossomiais encontros, os brotos, os processos caules, os processos sementes, [...] as conseqüências caule, as conseqüências leite, as conseqüências folhas". As potências são as partes das coisas que não cabem em si, elas são aquilo mesmo que pode ser outra coisa, e Elisa Lucinda continua assim sua libação ao excesso: "é da substância do átomo ser partível, produtivo, ativo e gerador".[3] São as potências – com seus excessos, a persistência do descabido e a *hybris* que há nelas –, que produzem o híbrido; são elas que protagonizam uma ontologia sem cabimento. As potências e os hibridismos não surgem senão

[3] Lucinda, 2000.

das formas fixadas, e o pensamento tem uma capacidade de fixar as coisas em suas próprias galerias; mas é o pensamento também que as deixa escapar ou escapa ele, em vez delas.

Este livro não pode ser mais do que uma coletânea de prolegômenos às tentativas futuras de ontologia sem cabimento. Faz isso tratando de prestar alguns tipos de atenção a como o pensamento lida com o que lhe excede – como fica à beira de cometer excessos e de produzir exceções. Exceções e excessos são também começos: eles ouriçam os entusiasmos que aparecem com aquilo que começa. Eu quis que este livro tivesse muitos começos, por pensar que a filosofia é talvez menos acerca de princípios e mais ao redor de inícios.

Muitos agradecimentos

Lali e Pol Huisman, e seus muitos filhos vívidos e legendários, proveram uma atmosfera exata para que eu começasse a escrever este livro na Chácara *Azul Sur* à beira do Epuyen. Marina Slaimen me encaminhou com seus recursos de hedonista ao norte de Chubut. Comigo, em direção àquele retiro entre letras e *arandanos*, esteve Dariush Sokolov, que acompanhava meus intentos de fazer um livro. Tania Flamigni produziu a atmosfera quieta que eu precisava para quase terminá-lo em sua morada ao pé dos Apeninos. Aqui há também um rio que faz o barulhinho do Epuyen, mas tudo corre ao contrário no outro hemisfério: o começo do livro em um janeiro de verão, o fim, em um janeiro de inverno.

Entre o começo e o fim, Gena Zabotto Pulino fez parir por alguns meses versões que pareciam mais legíveis. Gerson Brea ofereceu a paciência de escutar partes de versões ilegíveis. Luciana Ferreira, Rudhra Gallina, Leonel Antunes, Joana Limongi e nosso precioso grupo das diferenças aceleraram o movimento dos meus dedos. Júlio Cabrera motivou a pulsão de fazer capítulos sempre que encontrava uma maneira sutil ou escancarada de pedir atenção para o singular singularíssimo. Fabiane Borges me levou para Águas Belas e me fez encontrar areia, enfim, entre um rio e um oceano. Laura Virgínia, Luís Eva, Paulo Faria e

Agnaldo Portugal me permitiram falar em eventos sobre alguns farrapos mal costurados das minhas idéias sobre *haecceitas*, pensamento *de re* e essências. Herivelto Pereira me mostrou problemas no e com o livro. Manuel de Pinedo, com quem me acostumei a concordar, ajudou-me a costurar uma versão brevíssima do argumento. Alice Gabriel, José Bezerril, Rosana Medeiros, Thiago Vasconcelos, Mateus Fernandes e outras pessoas participaram do empolgante curso de pós-graduação sobre diferença sexual, em 2007. Gisel Carriconde e Phil Jones introduziram bom oxigênio entre os capítulos.

Quero agradecer muito a essas pessoas e também a muitas outras que inspiraram, encorajaram e temperaram minha *hybris* nestes tempos de excessos e exceções: Larissa Benetti, Edla Eggert, Edgardo Loguercio, Ricardo Lobato, Juliana Koehler, Elza Tambellini, Rochelle Cysne, Nurit Bensusan, Raul Bailão, Ariê Bensusan-Bailão, Dieter Roos, Paulo Abrantes, Rogério Basali, Júlia Arcanjo, Waldomiro Silva Filho, Fernanda Frade, Ingrid Müller Xavier, Waleska Reuter, André Porto, Araceli Velloso, Cecília e Mariano Coelho, Angélica Duarte, Ana Cristina Chiara, João Vergílio Gallerani Cutter, Jorge Alam, Alberto Forjaz, Leca Kangussu, Daniela Pires, Gabriele Cornelli, as pessoas do meu departamento de filosofia da Universidade de Brasília, Ianni Luna, Tate Dissonante, Pedro McDowell, Taís Itacaramby, Luís Filipe Chipe e as pessoas do Corpus Crisis. Gosto de estar grato a vocês (e a outras tantas singularidades).

Verão de 2008

Sumário

Primeira Parte

Exemplares e Singulares

Casos pensados

Pode-se ficar dentro?
Não? Também não há um cá-dentro?
Será ilusão
acreditar então
que saio e entro?
Paulo Henriques Britto

O esforço de procurar trazer singularidades ao pensamento evoca uma grande quantidade de questões em filosofia. São questões que aparecem emaranhadas – uma puxa a outra, há muitos pontos de partida e muitas maneiras de começar. As questões – metafísicas, epistemológicas, políticas, semânticas, entre outras – ficam emaranhadas porque singularidades são itens do mundo e seu apelo ao pensamento depende de como ele foca no que há, nas conseqüências de estabelecer o que há e no que pode escapar ao pensamento enquanto ele se concentra em determinar o que há. Entender se podemos pensar em singularidades requer que tomemos posição acerca de como adquirimos e mantemos conteúdos de pensamento e como estes conteúdos podem desenvolver relações com itens singulares. Talvez não possamos focar o pensamento em nada de singular, nada que seja genuinamente único, senão por meio de intersecções de caracterizações gerais – e assim o pensamento pare sempre antes de pensar genuínas singularidades, apenas pensar particulares, casos de generalizações, *ersatz* singularidades. Pode ser, por outro lado, que possamos encontrar um modo de fazer o pensamento tratar de itens singulares não como casos específicos de algo mais geral: seria como pensar naquilo que está sendo apontado, naquilo que atende pelo demonstrativo "isto". Estas opções invocam várias outras e têm conseqüências em várias direções. Algumas dessas direções dizem respeito a como podemos tratar aquilo que é outro como sendo singular – e não mais um caso do que já está pensado. Por aqui ficam os meandros da ética e os campos minados das escolhas políticas – como tratamos as pessoas com que cruzamos pelas ruas e pelas fronteiras. Muitas instituições políticas – e entre elas o estado e o mercado – movem-se no espaço das inclusões das singularidades: interessa aquilo que está incluído, ameaçam aquelas singularidades que não se apresentam sob alguma forma identificável.

O emaranhado de questões evocadas pelo tema de pensar em singularidades se deixa facilmente apresentar como uma, entre muitas cadeias. Mencionar uma dessas cadeias serve para nos aproximar, suavemente, da trama deste livro. Assim, por exemplo, podemos começar focando na singularidade que se apresenta ao pensamento como um elemento do mundo – e o acesso a ela requer que o pensamento seja capaz de fazer contato com alguma coisa externa a ele. O tema do acesso do pensamento à singularidade pode ser visto como o que restou da questão de como o pensamento pode ter acesso ao mundo: os capítulos seguintes insinuarão que, mesmo se essa última questão puder ser resolvida, dissolvida ou exorcizada como muitos projetos filosóficos tentaram fazer no século XX, o tema da relação entre pensamento e singularidade pode permanecer a descoberto (ver, em particular, *Confronto*, p. 38; *Resto do mundo*, p. 46; *Nenhum pensamento é uma ilha*, p. 61; *Verdades insuficientes*, p. 110; e *Cético e Ascético*, p. 156). Em alguns casos, a questão do contato entre o pensamento e o mundo aparece na forma da questão acerca da nossa capacidade de ter acesso a verdades – e da questão acerca da maneira pela qual as verdades acessíveis nos informam sobre o mundo e sobre alguns itens singulares nele.

O tema do contato entre pensamento e mundo esbarra também na questão de como surgem conteúdos de pensamento e de como eles se interanimam uns aos outros – se um pensamento pode subsistir enquanto tal, sem um pano de fundo de outros pensamentos que dão suporte a suas significações e a suas relações com o resto do mundo. O tema do que sustenta os pensamentos, continuando por uma cadeia possível, leva logo ao tema do significado e de sua relação com os itens do mundo que, em alguns contextos, significam. O significado de nossos gestos, nossas palavras e atitudes parece estar ligado, por sua vez, à maneira como podem haver itens do mundo que são sobre outros itens do mundo. A semântica está associada com o modo como nosso pensamento pode ter uma parte do mundo como seu tema – como pode, por exemplo, associar uma parte singular do mundo a um nome próprio. Nomes próprios, por sua vez, podem ser entendidos como expressões significativas que requerem especificações – por exemplo, em termos de descrições definidas – para poderem significar ou como tendo elos diretos com aquilo que eles designam rigidamente; sem apelo a nenhuma propriedade que caracteriza o modo como o designado se apresenta. Se há uma relação direta entre o nome próprio e aquilo que fica nomeado – em contraste com uma relação mediada por outros conteúdos, outros contextos, descrições definidas ou mesmo modos de apresentação –, então nomes próprios podem servir para que singularidades se tornem pensáveis enquanto singularidades (ver *Descrições*, p. 99). Aqui o tema da relação entre singularidades e pensamento tange as incertezas acerca de se e como é possível o pensamento *de re*, o pensamento direcionado e guiado por uma coisa e não por uma descrição dela (ver *Descrições*, p. 99; *Atividades da manteiga*, p. 205; *Haecceitismo*, p. 210). O tópico das singularidades acessadas *de re* pelo pensamento, por sua vez, pode trazer à tona a questão das essências e sua relação com descrições privilegiadas (ver *Essências*, p. 231; *Por uma ontologia não fascista*, p. 319) e com o que já se sabe acerca de alguma coisa (ver *Amor condicional*, p. 200).

Esse fragmento de cadeia de aspectos já insinua a questão central: se a singularidade está condenada a ser submergida pelos esforços de pensamento. Trata-se de uma questão acerca de como o pensamento pode ser afetado desde fora – e se devemos esperar que, de alguma forma, seus conteúdos devam poder ser assim afetados. Pelo menos à primeira vista, o pensamento pode ser afetado desde fora ou por alguma coisa que não é pensamento e que o afeta por meio de uma relação causal despercebida ou por meio de um conteúdo que se imiscui dentro de nossos pensamentos e assim os afeta – como se o mundo metesse o bedelho nos nossos pensamentos impondo um conteúdo específico (ver *Bedelho*, p. 27). Essa relação entre o que está fora do pensamento e o que é pensado já foi concebida de muitas maneiras. Uma grande parte das tradições empiristas procurou encontrar alguma coisa que pudesse afetar o pensamento desde fora, tanto por meio de relações causais quanto atuando como um bedelho do mundo dentro dos nossos pensamentos – sensações que trazem veredictos sobre nosso pensamento e que provêm de fora dele. A idéia de que o mundo pode impor conteúdos específicos desse modo ao pensamento depende da suposição de que eles possam, em algum sentido, subsistir isoladamente. A essa suposição atomista se contrapõe uma postura *holista* segundo a qual conteúdos – para ser interpretados e, em geral, para fazer algum efeito – requerem outros conteúdos.

O holismo, é certo, pode aparecer sob uma forma empirista – como em variantes recomendadas por Quine. Nesse caso, é preciso ou restringir o holismo a apenas uma parte dos conteúdos de pensamento ou encontrar uma forma de fazer com que a experiência ainda atue como um tribunal sobre todos os conteúdos (ver *Confronto,* p. 38). Em todo caso, uma postura holista, segundo a qual são blocos de pensamentos que podem ter significado e podem ser confrontados com o mundo, tende a conceber conteúdos de pensamentos como intimamente aglutinados. Esta aglutinação pode apresentar-nos o pensamento como uma rede organicamente conectada, em que qualquer pessoa, objeto, propriedade, acontecimento ou estado de coisa singular tenha que ocupar um lugar para poder ser pensado. Parece que, se conteúdos estão fortemente conectados uns com os outros, pensar singularidades envolve mobilizar uma articulação de conceitos que pode terminar fazendo não mais do que enquadrar, trazer para termos familiares, tornar o que parecia singular um caso pensado.

A tensão entre pensamento e singularidade aparece, assim, com muitas caras. O perigo é que tudo o que é singular termine transformado em uma instância do que já pensamos – do Mesmo – ou passe despercebido ao pensamento; e que alguma experiência nova possa julgar conteúdos de pensamento apenas trazendo-a para o domínio do que já é conhecido (ver *Experiência,* p. 69). Podemos, talvez, encontrar recursos ao pensamento que o façam escapar da sina de ser um agente que colonize de identidades as singularidades encontradas. À medida que comunidades se orientam por meio de pensamentos – visões de mundo, articulações de normas que formam linguagens, regras de reconhecimento etc. –, elas ficam tangendo a possibilidade de ter de passar por cima de qualquer singularidade enquanto tal.[4] Em contraste, muitas instituições à nossa volta se ocupam em trazer ao Mesmo as singularidades que aparecem como exceções, como elementos excluídos, como pessoas, grupos, estados de coisa, objetos ou acontecimentos que não se encaixam na ordem estabelecida – e nas formas de pensamento que a acompanham.

Agamben apresenta a imagem de que a revolta das singularidades que não formam identidades passíveis de serem incluídas é algo que "*vi sarà uma Tienanmen e, prima o poi, compariranno i carri armati*".[5] As singularidades, porque estão em tensão com o pensamento, têm este caráter desafiador e, em alguma medida, fazem o pensamento se mover. Pensar esta tensão deve ser, pelo menos em parte, uma maneira de encontrar uma forma de evitar cordões de isolamento entre os dois pólos que façam com que o pensamento fique indiferente às singularidades. Todavia, evitar um cordão de isolamento não seria já condenar o pensamento a pavimentar as ruas que levam os tanques a Tienanmen?

---

[4] É interessante considerar o projeto sugerido por Agamben (2001) de uma comunidade de singularidades. Os próximos capítulos terão de esbarrar com o esforço de Agamben – ele se ocupa do que é necessário ao pensamento para que possamos construir comunidades assim – de muitas maneiras. A forma mesma da meditação de Agamben influenciou o modo como estes capítulos começaram a ser concebidos de tal maneira que, talvez, sem esta inspiração, eles não tivessem sido possíveis.

[5] 2001, p. 69. "Faz surgir uma Tienanmen e, mais cedo ou mais tarde, os tanques vão aparecer" (tradução do autor).

Bedelho

Ver o ovo nunca se mantém no presente: mal vejo um ovo e já se torna ter visto o ovo há três milênios. No próprio instante de se ver o ovo ele é a lembrança de um ovo. – Só vê o ovo quem já o tiver visto. – Ao ver o ovo é tarde demais: ovo visto, ovo perdido. – Ver o ovo é a promessa de um dia chegar a ver o ovo. [...]
Ver o ovo é impossível: o ovo é supervisível como há sons supersônicos. [...]
Tomo o maior cuidado de não entendê-lo.
Clarice Lispector

Muitas vezes entendemos o pensamento como, em grande medida, o reflexo da *nossa* soberania. O pronome possessivo freqüentemente não é muito claro nesse contexto e a ambigüidade dele faz parte do que queremos dizer. De uma maneira geral, entendemos os pensamentos como atos de uma pessoa que pensa com recurso a indicações e caminhos que outras pessoas deixaram. Neste contexto, podemos sentir a apreensão de que o pensamento seja excessivamente nosso e não possa estar relevantemente atado a coisa alguma senão a nós mesmos (aqui, nossas necessidades, nossas conveniências, nossos hábitos, nossas práticas, nossas atenções). Os conteúdos do pensamento, podemos temer, são demasiadamente atos nossos, obras nossas: uma criação coletiva dos aglomerados de pessoas dos quais participamos. O temor é que nossa soberania seja, no pensamento, larga demais e torne nossos conteúdos pensados inteiramente indiferentes ao resto do mundo: como se os produtos do pensamento estivessem sob a constante suspeita de serem produtos de um delírio extramundano, resultados de uma invenção sem nenhuma contribuição do mundo e, assim, exercícios de nossa pura espontaneidade.[6] Essa apreensão é o que, em uma reconstrução plausível, motivou, na história da filosofia, a busca de elementos entre nossos pensamentos que não fossem de *nossa* responsabilidade. Essa reconstrução é, em grande medida, sugerida por McDowell[7] no seu diagnóstico de porque sentimos necessidade de um empirismo mínimo: a experiência parece ser capaz de nos dar conteúdos presentes em nossa mente que sejam oriundas do mundo sem a nossa participação relevante e,

---

[6] É certo que esta preocupação é informada por duas concepções que talvez merecessem ser dissolvidas ou exorcizadas de alguma maneira, ao invés de servirem para nos orientar. A primeira é o que podemos chamar de o mito da ficção: a idéia de que alguma coisa que pensamos pode ser inteiramente inocente de qualquer outro elemento que não seja a nossa espontaneidade. Podemos tentar dissolver o mito da ficção nos convencendo de que ninguém pode inventar tudo – sempre nos apoiamos em alguma coisa para que sejamos inteligíveis. Eventualmente, podemos livrar-nos do medo de que alguma coisa foi uma invenção pura. A segunda concepção que podemos querer dissolver ou exorcizar é a de que podemos apresentar suspeitas ao pensamento em geral: podemos tentar convencer-nos de que não estamos em uma posição de exigir credenciais ao pensamento como um todo. Podemos convencer-nos de que há que terminar com o juízo onisciente sobre nossos pensamentos (ver *Credenciais,* p. 127). Mais sobre as conseqüências de dissolver ou exorcizar as concepções que dão vazão a preocupação em *Resto do mundo*, p. 46; *Nenhum pensamento é uma ilha,* p. 61; e *Verdades insuficientes,* p. 110.

[7] 1994/2005; 1994, p. xii, 2005, p. 24.

assim, sem a nossa responsabilidade. A experiência sensível (ver *Experiência,* p. 69) – mas não apenas ela – é uma candidata a interventora do mundo em nossos pensamentos, para nos guiar diretamente e limitar nossa soberania.

Um limite à nossa soberania é o que buscamos quando queremos postular que alguns conteúdos de pensamento nos são dados, são produtos de uma receptividade pura, aquilo que não podemos fazer mais do que receber: são presentes impostos à nossa vida mental. Nosso pensamento, em tal suposição, não está solto no ar, como imaginamos que está o delírio, porque o mundo, por assim dizer, mete o bedelho nele. Esse *bedelho* é a própria presença de uma parte do mundo em nossa cabeça: um agente infiltrado entre os pensamentos que nos oferece conteúdos e, com eles, uma garantia contra o delírio, contra a possibilidade de que estejamos, na expressão de McDowell, patinando no vazio sem atrito.[8] Candidatos a bedelhos do mundo têm, em geral, um estatuto ambíguo com respeito ao que é interno e ao que é externo ao pensamento. É nessa vizinhança que se insere, também, a discussão de McDowell acerca das desculpas e das justificações, que o faz concluir que o dado – um bedelho do mundo acerca do qual não temos nenhuma participação – pode dar-nos, no melhor caso, desculpas – ou álibis –, mas jamais justificações. O bedelho pode ser, simplesmente, um dispositivo que, de fato, nos impede de pensar alguma coisa ou nos impele um pensamento; como quando estamos sob o efeito de substâncias químicas que afetam nossa vida mental: elas nos oferecem desculpas ou álibis, mas ter um álibi não é, em geral, ter razão ou ter uma pista de que estamos a caminho de alguma verdade. Nesse caso, o bedelho não comanda nossa *Anerkennung* de coisa

[8] 1994/2005, I.

alguma – nosso reconhecimento –; ele nos impõe algo, em vez de nos fazer reconhecer com nosso crivo que algum conteúdo de pensamento merece nosso assentimento. Assim, como álibi, o bedelho pode ser como uma inclinação acerca da qual não temos qualquer controle; pelo bedelho, o mundo controla nossos pensamentos. Contudo, podemos desejar que o bedelho traga mais do que uma imposição do mundo, podemos esperar que ele nos dê razões, que ele nos imponha verdades acerca do mundo às quais não podemos deixar de assentir com argumentos.

Podemos querer que o bedelho funcione como fatos acerca dos quais queremos dizer que contra eles não pode haver argumento. Não bastaria que não nos animássemos a apresentar argumentos contrários ao que nos impôs o interventor do mundo em nosso pensamento, seria preciso que não conseguíssemos se tentássemos. É preciso que o bedelho esteja na vizinhança do indubitável, mais do que apenas entre as coisas que, de fato, não são duvidadas. Se algo é *de jure* indubitável, é interno ao pensamento, o pensamento mesmo impõe aquela necessidade e podemos dizer que há uma justificação para que pensemos naquilo. Em contraste, imposições de fato são externas ao pensamento e produzem álibis ou desculpas. O dado pretende impor-se ao pensamento desde fora com a força daquilo que é imposto ao pensamento desde dentro – o empirismo muitas vezes, por exemplo, quis que a experiência tivesse um efeito causal sobre nossas mentes e, ao mesmo tempo, que justificasse nossas convicções.

A postulação de uma intervenção do mundo sobre nossos pensamentos – intervenção que tome a forma de sensações, impulsos, de fatos básicos inegáveis entre outros – é freqüente. Contudo, ela não é necessariamente pensada como composta por elementos acessíveis a um exame imediato que não necessita de nenhum outro elemento da nossa vida mental para ser adotado. O elemento imediato tem uma dimensão de auto-suficiência, como se, ao não requerer mediação, pudesse estar plenamente presente sem o esforço ativo de nenhum intelecto (ver *Presenças plenas,* p. 164). É o caráter imediato que está em expressões como "intuições sem conceitos". O imediato foi criticado de muitas maneiras nos últimos séculos, desde Kant e Hegel, passando por Pierce e Nietzsche, até Sellars e Derrida. Tentemos entender o que pode ser imediato em algumas concepções destes bedelhos do mundo em nossos pensamentos. A idéia seria que o item, a intervenção do mundo em nossos pensamentos, fizesse efeito independentemente de que outras coisas temos em mente – de outros pensamentos que já tivemos ou que tenhamos concomitantemente. Aqui, podemos ter dúvidas acerca do que queremos dizer com "independentemente": que não importa o que mais tenhamos em mente ou que não importa se temos algo mais em mente.

Podemos hesitar, aqui, entre uma leitura mais fraca, segundo a qual obteríamos o conteúdo acessível imediatamente a nós, independentemente de quais são as nossas outras convicções, e uma leitura mais forte, segundo a qual o conteúdo acessível a nós imediatamente não requer sequer que tenhamos convicção alguma – nenhum conteúdo fixo. Analogamente, podemos hesitar acerca de intuições sem conceitos: trata-se de intuições que não requerem nenhum conceito específico ou de intuições que não requerem nenhum conceito. Na leitura mais fraca, devemos ter um intelecto para que, nele, se insira uma intervenção do mundo: o bedelho aparece como um item entre os pensamentos, uma presença que não precisa ser pensada para atuar sobre nós, mas que atua sobre quem pensa. Na leitura mais forte, o bedelho do mundo aparece como algo que já nos é dado, não importa se pensemos, está presente para todos, está disponível mesmo ao que não possui intelecto algum, é entregue sem qualquer esforço de pensamento, pois está simplesmente presente. Na leitura fraca, o imediato é aquilo que aparece pronto, mesmo que precisemos pensar (alguma coisa) para alcançá-lo.[9] Mais do que indubitável, o bedelho é um inegável do pensamento. Já na leitura mais forte, a intervenção em nossos pensamentos não pode requerer necessidade interna do pensamento – daquele tipo que constitui as justificações em contraste com os meros álibis. O bedelho atuaria apenas por estar presente entre os pensamentos e ser, ali, uma presença que não pode deixar de ser notada. No sentido mais forte, o que é imediato é universal – sua presença faz diferença em qualquer contexto –, enquanto que no sentido mais fraco a presença é apenas notada por quem pensa. Nesse último caso, a presença, para ser notada, precisa que estejamos preparados para notá-la – ela está lá, imediata, mas só quem pensa pode notá-la.

A experiência sensível é muitas vezes entendida dentro do marco do mundo que coloca o bedelho em nossa vida mental – insere uma infiltração entre nossos pensamentos. Muitas versões de empirismo se apóiam na idéia de que a experiência provoca efeitos entre nossos pensamentos por meio de sensações que ela produz. O bedelho do mundo aparece entre os episódios como os de dor, prazer, impressões visuais etc. Sensações são entendidas como presenças inegáveis que se impõem ao pensamento sem que nenhum conteúdo específico de pensamento precise ser pen-

---

[9] Essa crítica ao imediato que já suspeita dele mesmo na versão mais fraca – em que um intelecto tem de estar presente – é um elemento comum entre os esforços de Hegel e de Derrida em desmascarar um elemento externo pronto que se apresente ao nosso pensamento. Ver *Presenças plenas*, p. 164.

sado – eu não preciso ter pensado sobre a coceira para que a coceira esteja presente. Assim, pelo menos na leitura mais fraca do que é imediato, as sensações aparecem como imediatas, não requerem a mediação de nenhum pensamento específico. Se elas são imediatas também na leitura mais forte, elas não requerem que pensamento algum esteja presente, elas estão presentes por si mesmas – bedelhos do mundo auto-suficientes.

A presença de sensações requeriria apenas a existência de um *sensorium* relevante; ou seja, de uma capacidade de senti-las, o que não necessitaria de nenhuma capacidade de pensar.[10] A presença de uma sensação se segue apenas da presença de um *medium* capaz de detectá-la – o *medium*, de alguma maneira, constrói o lugar que a sensação vai ocupar e, assim, oferece-lhe abrigo e a faz presente independente das cogitações do pensamento. As sensações, contudo, não precisam ser entendidas para atuar sobre conteúdos de pensamento, e a estratégia empirista foi de torná-las capazes de carregar um veredicto do mundo acerca do que pensamos e, assim, fazer com que o mundo interfira imediatamente em algum conteúdo de pensamento específico. Para que as sensações sejam concebidas como espécies de bedelhos do mundo, elas devem ser capazes de ser reconhecidas, especificadas e identificadas independentemente do concurso de qualquer esforço de pensamento. E elas devem atuar oferecendo-nos veredictos, com irrelevância do que mais pensamos – inclusive sobre elas. Nosso pensamento, em certo sentido, deve se acomodar a elas – é esse o objetivo de quem quer encontrar limites à soberania de nosso pensamento – e, se acomodando a elas, o

---

[10] Aqui as sensações podem ser comuns a animais concebidos como desprovidos de pensamento – as sensações são comuns a quem tem e a quem não tem pensamento. Ver discussão em McDowell (1994a).

pensamento responde ao mundo. As sensações devem aparecer como presenças que se impõem a nós e que já aparecem com um lugar entre os pensamentos – quando elas afetam um intelecto. Se elas atuam sobre o pensamento desde fora ou desde dentro – se são meros álibis ou indicações para o pensamento acerca do mundo – é matéria ambígua: melhor seria que elas atuassem não apenas desde fora. Melhor seria se elas nos convencessem em vez de apenas nos vencer impondo-nos algum conteúdo; melhor seria se elas tivessem a força de um pensamento sem ser de nossa responsabilidade. Grande parte do esforço empirista se concentra em mostrar que as sensações já aparecem com um lugar determinado ao pensamento – elas já prefiguram o lugar que devem ocupar (ver *Descrições,* p. 99). A idéia de que sensações, em forma de intuição pura, trazem conteúdos que já nos aparecem especificados e identificados permite que concebamos nosso conhecimento como um sistema fundamentado em sensações, em que elas atuam como pontos de apoio que se apóiam a si mesmas. Tais pontos recebem suas credenciais diretamente do mundo, uma vez que obtêm suas credenciais diretamente de sua origem no mundo e distribuem credenciais para as demais convicções.

A busca de um bedelho do mundo em nossos pensamentos é a busca por um conteúdo de mundo que não esteja misturado com nossa soberania – com nossas capacidades conceituais e demais convicções. A tese de que essa separação é possível é um artigo de fé central em um credo empirista (essa separação é o que está em jogo na denúncia que Davidson[11] faz do terceiro dogma do empirismo – o dogma de qual podemos distinguir conteúdos de mundo de esquemas conceituais). A concepção

[11] 1974.

de um bedelho do mundo é a concepção de algo em forma pura entregue a um receptáculo que é inteiramente passivo. Trata-se, então, de uma impregnação dos pensamentos por alguma coisa externa em forma pura que instaura mundo entre eles.[12] O bedelho nos isenta de responsabilidade e, ao mesmo tempo, determina os contornos daquilo pelo qual somos responsáveis – somos soberanos no que fazemos com o bedelho, mas não com ele. O mesmo modelo é aplicado freqüentemente quando pensamos sobre o efeito de inclinações naturais (ou instintos) sobre nós. Nesse caso, eles são pensados muitas vezes como meros álibis que nos isentam sem nos justificar. O empirismo quer encontrar uma maneira de fazer das sensações proto-pensamentos que já aparecem a nós com uma mensagem específica. Uma presença externa dentro do nosso pensamento, em qualquer caso, faz com que não estejamos sozinhos com nossa soberania. O problema que as críticas ao imediato apresentam pode ser encontrado na maneira como o pensamento se relaciona com essa intervenção do mundo. O esforço empirista é de mostrar que, na experiência sensível, entramos em contato com algo

---

[12] Vale notar a erótica que está pressuposta aqui: o mundo como ativador e um receptáculo passivo ao qual é entregue conteúdos de mundo que germinam em conhecimento. Aqui a erótica parece ser a de penetração e germinação do mundo em um receptáculo passivo. Uma interessante discussão de como eróticas informam nossas imagens de interação com a alteridade em filosofia se encontra em Irigaray (1975), e na discussão da idéia de *khôra* em Platão em Derrida (1993) e em Butler (1993, cap. 1). Irigaray procura mostrar que as imagens de alteridade mais recorrentes em filosofia a concebem como prefigurada no mesmo. Em termos de eróticas da alteridade, vale contrastar essa erótica do bedelho do mundo com o que faz Kiekergaard (1841), em que ele começa falando do fenômeno como sendo feminino e se entregando aos conceitos masculinos que não podem, apesar da fraqueza do fenômeno, violentá-lo (ver *Por uma ontologia não fascista,* p. 319).

que pode ser genuinamente diferente dos nossos pensamentos – e, ainda assim, ter algo a dizer para eles. A diferença é quase sempre posta em termos de conceitualidade ou algo análogo: encontrar uma maneira de a experiência nos contar algo sem que ela esteja impregnada de conceitos que tornem seu conteúdo, na forma e na matéria, semelhante aos nossos outros pensamentos. As críticas ao imediato (ver *Confronto,* p. 38) mostram que é difícil encontrar bedelhos específicos do mundo. E sem bedelhos podemos ficar sem nenhuma restrição externa ao curso do pensamento e, assim, condenados às generalidades que o pensamento consegue articular para si mesmo (ver *Conhecer coisas,* p. 89). A idéia de que bedelhos específicos tragam conteúdos de mundo ao pensamento permite que itens singulares possam ser diretamente apresentados ao pensamento. Bedelhos carregam a promessa de que singularidades possam ser pensadas sem mediações, sem a interferência de conceitos que projetam aquilo que já foi pensado nas singularidades.

Sem bedelhos pode surgir o medo de que podemos terminar tendo que conceber nosso aparato de pensamento como uma máquina generalista desconectada de tudo o que não seja seus próprios conteúdos. A passividade dos bedelhos promete que basta que alguma coisa seja singular no mundo para que ela possa ser inserida entre nossos pensamentos como singular – quanto mais passivo for o *sensorium* que recebe o bedelho, mais a genuína singularidade do que é recebido pode ser preservada pelo pensamento. Esse parece ser o drama que poderia ser expresso com a ajuda da metáfora da gangorra que McDowell tornou célebre:[13] o pólo do bedelho parece conter a possibilidade de que a singularidade seja pensável, mas as críticas ao imediato

[13] 1994/2005 I, §3.

nos levam a um outro pólo em que sentimos o perigo de que a itens singulares possam tornar-se não mais do que exemplos do que é pensado. Aqui também podemos conceber que há um risco de uma oscilação permanente, uma vez que ambos os pólos podem parecer insuficientemente atraentes.

Uma epistemologia que postule um *sensorium* e encontre espaço para a passividade pura – que podemos chamar de epistemologia do bedelho – acomoda bem a *desideratum* de que a singularidade, enquanto tal, possa ser pensada. O movimento oscilatório surge quando abdicamos de postular um bedelho do mundo entre nossos pensamentos e passamos a ter a impressão de que só podemos pensar por meio de conexões familiares entre os conteúdos que já possuímos. Trata-se, então, de encontrar um modo de fazer parar o movimento de encontrar um ponto em que se possa, ao mesmo tempo, rejeitar o apelo ao imediato de um lado e satisfazer o *desideratum* de tornar o pensamento permeável a singularidades que possam ser tomadas como mais do que recombinações do Mesmo, do outro.

Confronto

... because the world is round,
it turns me on.
Beatles

Uma lição que podemos extrair de Quine[14] é que cada um de nossos enunciados só recebe um veredicto da experiência se fincarmos o pé em uma massa crítica de outros enunciados. Um veredicto da experiência aparece não como uma relação diádica entre um enunciado – ou um conteúdo de pensamento – e uma parte do mundo, mas antes como uma relação triádica que envolve também um pano de fundo de enunciados aceitos – de conteúdos de pensamento nos quais fincamos o pé. Um veredicto é relativo a uma paisagem de pensamento: se insistirmos que tudo deve ser simultaneamente colocado à prova por um tribunal da experiência, já não obtemos veredicto nenhum. Veredictos, parece, dependem de se há algo fixo em nossos pensamentos. Trata-se de uma lição sobre como o pensamento pode se deparar com algo: ele entende alguma coisa com que se depara se puder

[14] Principalmente com a rejeição do primeiro dogma e suas conseqüências, cf. em particular 1951, 1960a. Ver também *Nenhum pensamento é uma ilha*, p. 61.

colocá-la em um cenário. Cenários tornam possível a relação entre um conteúdo de pensamento e algo possivelmente distinto dele: é como um ambiente transcendental que traz conteúdos à baila – que os individua, que os especifica. Um cenário assim é o que promove a interanimação de conteúdos que faz com que uma mensagem (da experiência) possa ser recebida: o bedelho do mundo está presente, mas ele pode ser inteligível apenas sob o pano de fundo de outros conteúdos. A lição é uma lição holista; o conteúdo de uma experiência depende de quais outros conteúdos estão presentes. Trata-se ainda de uma imagem em que há espaço para um tribunal da experiência, uma vez que a experiência sensível é capaz de dar veredictos de que alguma coisa – em um conjunto de conteúdos semanticamente articulados – deve merecer uma revisão: a decisão sobre onde haverá a revisão pertence ao âmbito da nossa soberania.

Se levarmos essa lição para o modo como nossos pensamentos são avaliados em sua verdade – como procurou fazer Davidson – entendemos que o ambiente onde podem florescer verdades é uma relação triádica envolvendo um pano de fundo de pensamentos, e não uma relação diádica de confronto entre um pensamento e uma parte do mundo. O mundo está presente, por assim dizer, em meio às nossas convicções de fundo: apenas não há sentido em imaginar que um conteúdo de pensamento possa ser verdadeiro seja qual for o pano de fundo em que o coloquemos. O significado, assim como o entendimento, não emerge sem um cenário de verdades ao fundo. A verdade de um pensamento depende do seu significado e, portanto, dos outros pensamentos que participam de uma interanimação mútua. É no seio dessa interanimação que podemos considerar a relação entre nossa soberania e a contribuição do mundo ao nosso pensamento. A participação do mundo no nosso pensamento não destitui em parte alguma a nossa soberania – não há parte alguma em que nossa soberania fique alijada. Todavia não há tampouco parte alguma em que nossa soberania esteja ausente, uma vez que nos relacionamos com partes do mundo, sempre com um cenário de mais pensamento ao fundo.

A imagem que emerge de um holismo davidsoniano[15] é aquela de um cenário de fundo crucial para que haja interpretação dos pensamentos – e, portanto, conteúdo. Sem o pano de fundo de conteúdos compartilhados não há desacordo e nem há acordo: não há a possibilidade de confronto entre diferentes convicções e nem sequer pode haver confronto com partes do mundo acerca do qual estamos pensando; sem esse pano de fundo comum, como entender a mensagem vinda de alguma parte do mundo? É aqui que surge a doutrina da presunção de verdade das nossas convicções: se elas não forem, em grande parte, verdadeiras, o confronto com o mundo – e assim a idéia mesma de que algumas das nossas convicções sejam falsas – torna-se ininteligível. Davidson desvela assim um elo forte entre verdade e inteligibilidade: não podemos entender alguma coisa sem um pano de fundo de verdades (ver *A res e os pés do intellectus,* p. 54).

Convicções são diferentes de meros pensamentos pois há nelas uma tomada de posição acerca de como são as coisas. Davidson argumenta que um pensamento é identificado por seu lugar em um padrão de convicções que o apóiam e que lhe dão significado. Convicções são o que permite que entendamos pensamentos e elas, por sua vez, aparecem em um contexto de interpretação das ações – verbais ou não. Davidson sustenta que, assim, o erro está associado ao pensamento. Em um trecho bastante claro acerca de algumas de suas doutrinas, ele escreve:

---

[15] Cf. principalmente 1974, 1975, 1986, 1991.

Error is what gives beliefs its point. We can, however, take it as given that most beliefs are correct. The reason for this is that a belief is identified by its location in a pattern of beliefs; it is this pattern that determines the subject matter of the belief, what the belief is about. Before some object in, or aspect of, the world can become part of the subject matter of a belief (true or false) there must be endless true beliefs about the subject matter. False beliefs tend to undermine the identification of the subject matter; to undermine, therefore, the validity of a description of the belief as being about that subject. And so, in turn, false beliefs undermine the claim that a connected belief is false. [...] It isn't that any one false belief necessarily destroys our ability to identify further beliefs, but that the intelligibility of such identifications must depend on a background of largely unmentioned and unquestioned true beliefs. To put it another way: the more things a believer is right about, the sharper his errors are. Too much mistake simply blurs the focus.[16]

---

[16] 1975, p. 168. "O erro é o que dá sentido à convicção. Nós podemos, contudo, aceitar que a maior parte das convicções são corretas. A razão para isso é que uma convicção é identificada por sua localização em um padrão de convicções; é esse padrão que determina o tema da convicção, determina sobre o que trata a convicção. Antes que algum objeto ou aspecto do mundo possa tornar-se parte do tema de uma convicção (verdadeira ou falsa), deve haver um sem-número de convicções verdadeiras sobre o tema. Convicções falsas tendem a minar a identificação do tema; minar, portanto, a validade da descrição da convicção como sendo sobre aquele tema. E, por sua vez, convicções falsas minam a afirmação de que uma convicção aparentada é falsa. [...] Não é que qualquer convicção falsa necessariamente destrói nossa habilidade de identificar outras convicções, mas a inteligibilidade de tais identificações deve depender de um pano de fundo de convicções em grande medida não mencionadas, não questionadas e verdadeiras. Apresentando isso de outro modo: quanto mais certo está alguém que pensa, mais definidos são seus erros. Erros demais simplesmente fazem borrar o foco" (tradução do autor).

Assim, o foco do pensamento é determinado pelas convicções verdadeiras que o sustentam. Um pensamento não pode escapar do horizonte da compreensibilidade – pode escapar de qualquer regra formal específica de inteligibilidade, mas a interpretabilidade é o limite para qualquer pensamento ter conteúdo. Por isso, a noção de verdade é central: qualquer coisa que possa ser verdade requer um pano de fundo de convicções que lhe dêem sentido; nada sobre itens do mundo pode ser pensado se não nos apoiamos em verdades que dão conteúdo ao pensamento.

Sem um pano de fundo de outros pensamentos, não há correção ou incorreção em nossas convicções quando confrontadas com o mundo. O perigo, então, é que tenhamos a impressão de que encontramos no mundo aquilo que estamos prontos para encontrar – a raiz da violência do Mesmo que o pensamento parece promover. Conteúdos de pensamento não se defrontam cara a cara com partes do mundo; o confronto é mediado, o impacto sobre o nosso pensamento é dividido conforme nossa soberania (i.e. nossas conveniências).[17] Não há um elemento surpreendente, externo ao nosso pensamento e que possa ser confrontado com ele. O confronto requer um cenário de verdades acerca do mundo que, evidentemente, por sua vez não são um bedelho do mundo, mas uma combinação triádica de nossas contribuições, das contribuições do mundo e de um cenário que tampouco pode ser constituído por bedelhos do mundo.

O holismo da verificação de Quine se torna um holismo do impacto do mundo expresso em verdades – um holismo, por assim dizer, da receptividade. Ao atomismo que permite um impacto local

[17] Nossas conveniências são escolhas entre opções supostamente diferentes. Essas opções não são arbitrárias, elas são motivadas pelo que prezamos. Entre nossas conveniências, há espaço para muitas políticas, inclusive a política da escolha aleatória.

do mundo sobre o pensamento se contrapõe um holismo da contribuição do mundo. A postulação de um impacto local do mundo sobre nosso pensamento supõe que o mundo faz uma parte do trabalho semântico de determinar o conteúdo do que pensamos (ver *Bedelho,* p. 27). Em um cenário atomista assim, os lugares que nossos conceitos ocupam já estariam de alguma forma prefigurados no mundo – isto talvez seja já suficiente para nos sentirmos compelidos a aceitar algo como o primeiro dogma denunciado por Quine. No cenário de Davidson, localmente, o pensamento se confronta com o mundo por intermédio de verdades que permitem especificar o conteúdo do pensamento. Globalmente, porém, podemos falar de um impacto do mundo sobre o pensamento – e não podemos postular no mundo que produz esses impactos nada de específico; apenas que uma parte (significativa) do que pensamos deve ser verdadeira: a receptividade fica dispersa e alusiva. Agora, se a receptividade fica espalhada por todo o escopo do pensamento, também a espontaneidade está por toda parte – dispersa e alusiva, instituindo um holismo da soberania. Essa expansão da soberania faz com que ela esteja presente em tudo o que pode ser pensado. Nenhum fato ou item do mundo pode ser trazido ao pensamento fora dessa relação triádica em que o pano de fundo de pensamentos, que contêm verdades, é um dos *relata.* A soberania do pensamento, em certo sentido, envolve o item do mundo e faz com que ele seja pensável, porém apenas enquanto prefigurado pelo pensamento. Vale notar que os itens do mundo não são tampouco *relata* externos ao pensamento, uma vez que só se relacionam com os demais *relata* – só são pensados – se são inteligíveis (mais sobre isso em *Resto do mundo,* p. 46).

Davidson entende que o pensamento é afetado pelo mundo, em certo sentido, desde dentro, pois há um elo íntimo entre verdade e inteligibilidade que não permite que tenhamos conteúdos de pensamento (inteligíveis) sem que tenhamos convicções verdadeiras. O elo com itens singulares do mundo, contudo, fica sempre mediado pelas convicções verdadeiras que conduzem e escoram o pensamento. Para contemplar relações com itens singulares que não sejam apenas capturas de mais convicções verdadeiras, Davidson procura enfatizar que convicções, de um lado, e aspectos do mundo, de outro, estão conectados causalmente. Essa conexão causal não pode, é claro, ser balizada por nenhuma lei psicofísica[18] que associe eventos descritos como convicções com eventos descritos como aspectos do mundo, mas, ainda assim, está balizada em alguma lei que descreve os eventos de outra maneira. Essa conexão, que torna possível que nossas convicções sejam ontologicamente conectadas com o mundo, faz pouca ou nenhuma diferença quando se trata de conteúdos de pensamento. Pensamos eventos por meio de descrições e não há como incluir elos causais com aquilo que faz o pensamento ter como conteúdo um item qualquer sem que seja possível descrever o item em questão, sob pena de termos que abandonar parte do holismo do qual Davidson quer nos convencer.[19] Determinar conteúdos de pensamento é uma atividade que, de acordo com a perspectiva holista de Davidson, parece requerer sempre um esforço de interpretação.

Um holismo assim, portanto, expande a noção de inteligibilidade até onde capturamos verdades sobre o mundo, até

[18] Davidson (1970) e posteriormente, por exemplo, (1991) rejeita a possibilidade de leis que conectem elementos de um vocabulário mental e elementos de um vocabulário físico – leis psicofísicas.

[19] O próprio Davidson não parece ter sempre isso em mente. Ele apresenta, em vários lugares, uma teoria causal dos conteúdos. Ora, parece que uma teoria assim faria com que pudéssemos, em princípio, determinar o conteúdo de algum pensamento sem que precisemos engajar-nos na atividade de interpretação – seria suficiente determinar os elos causais, por algum outro

onde se dá o confronto entre pensamento e alguma outra coisa. Pensar, primariamente, é o que torna algo inteligível, e isso se faz colocando o tema do pensamento em um cenário de outros pensamentos – em um horizonte daquilo que está compreendido. Pensar fica parecendo parar de se surpreender para compreender. Tornar inteligível, como confrontar com partes do mundo, é já trazer ao pensamento alguma coisa: encontrar a diferença pensada. Nossos conteúdos de pensamento se distinguem entre si por um sistema interno de diferenças: pensamos reconhecendo correções e, assim, movendo-nos entre aquilo que aprendemos a diferenciar. Nossas capacidades conceituais são capacidades de reconhecer diferenças. Podemos esbarrar em elementos externos ao pensamento, mas pensá-los requer sempre trazê-los ao palco das diferenças habituais que torna itens do mundo conteúdos de pensamento. Podemos dizer que pensar é fazer diferenças, mover-se entre contrastes; mas essas diferenças que o pensamento maneja não seriam justamente aquilo que borra as diferenças fora do pensamento que vemos ao longe?

---

meio, entre os pensamentos e as partes relevantes do mundo. Davidson afirma por vezes que, se um item está sistematicamente causando uma convicção, esse item seria o conteúdo da convicção (por exemplo, 1991, 1990, p. 201). Uma afirmação assim convida à suspeita, sugerida por Rorty (1991) e McDowell (1994, p. 16-17), de que um cérebro em uma cuba pudesse pensar e ter como conteúdo os fios elétricos que compõem seu ambiente não importa o que ele pense. Analogamente, Davidson conclui que o homem do pântano (*swampman*) – uma réplica idêntica de Davidson produzida por um acidente de proporções cósmicas enquanto simultaneamente Davidson era destruído por um raio – de seu experimento de pensamento (1987, p. 18-19) não teria uma vida mental mesmo sendo interpretado pelas pessoas a sua volta, que atribuem a ele as convicções e desejos de Davidson. Essas afirmações parecem estar em contraste com as doutrinas sobre holismo e interpretação que ele recomenda segundo as quais a interpretação é o único instrumento de reconhecimento de convicções (e de pensamentos, em geral).

Resto do mundo

Olha,
entre um pingo e outro,
a chuva não molha.
Millôr Fernandes

Quais são as coisas que encontramos entre os pensamentos? Para entender uma pergunta assim, começamos tentando entender o que poderia significar *entre*. O que está entre pode ser o que separa uma coisa da outra: se não há nada entre duas coisas, nem sequer uma separação entre elas, não podemos distingui-las. O que está entre as coisas as distingue – as faz distintas como as luzes das estrelas separadas pelo céu de noite –, mas também deve ser distinto delas. A separação entre duas coisas deve estar distinta dessas duas coisas, pois deve haver uma distinção entre as coisas e o que as separa. Podemos aqui nos deixar levar por Zenão e rapidamente chegamos a alguma conclusão: se há alguma coisa entre duas outras, há uma infinidade delas. Se há uma infinidade de coisas entre os pensamentos, podemos perguntar-nos de que são feitas todas essas coisas: como podem elas ser alheias ao pensamento se chegamos, por meio delas, à distinção entre um pensamento e outro. O espaço entre os pensamentos é também o espaço que é percorrido entre um pensamento e outro – o espaço entre os passos de uma seqüência de pensamentos. Se seguirmos a trilha de Zenão e de Lewis Carroll, encontraremos infinitos pensamentos entre os pensamentos – sempre infinitos passos inferenciais até uma conclusão.[20]

Esses possíveis apelos a infinitos elementos entre os pensamentos podem encorajar-nos a considerar que não pode haver nada genuinamente *entre* os pensamentos (ou *entre* qualquer coisa distinta) e que, assim, não pode haver distinções: o pensamento, portanto, no singular, apareceria como um candidato a esse enorme *ápeiron*. A história ocidental da filosofia é testemunha das capacidades que os pensamentos possuem de não reconhecer nada entre eles que não seja eles mesmos. Por desconfiar desses dotes expansionistas do pensamento é que procuramos o seu lugar entre as outras coisas, mesmo que tenhamos de admitir que entre os pensamentos podem aparecer indefinidas outras coisas. Projetamos maneiras de inserir os pensamentos no (nosso pensamento acerca do) mundo físico; estabelecemos estratégias para distinguir os pensamentos daquilo que tomamos como alheio aos pensamentos; encontramos temas para os pensamentos fora deles; procuramos maneiras de fazer os pensamentos entrarem em contato com alguma coisa que supomos distinta deles. Contudo,

[20] Temos de introduzir uma terceira premissa ao *modus ponens*: "se p então q e p, então podemos concluir q" e uma quarta "se p então q, p e se p então q e p, então podemos concluir q; então podemos concluir q" etc. Evitamos essa infinidade de premissas postulando uma regra de inferência externa ao argumento. A regra dá uma forma ao argumento porque é externa a ela. A forma, quando entendida, permite chegar à conclusão. As inferências, pedaços de pensamento, são inteligíveis apenas se podemos vê-las desde dentro sem deixar de vê-las desde fora.

surge o temor de que o pensamento se alimente de suas distinções e necessite alguma coisa entre seus componentes (suas instâncias, seus momentos, seus passos, seus temas) para os fagocitar – uma espécie de *fagoontose*. O movimento que traz para dentro o que está fora. Heidegger analisou o *logos* como um pousar que acolhe – um conteúdo de pensamento não é apenas um endereço, mas tem a capacidade de nos trazer de volta alguma coisa. O pensamento tem uma capacidade de dar abrigo ao que está de fora. O temor é que o abrigo sempre venha com a exigência de um endereço fixo e já determinado. (O estrangeiro abrigado, por assim dizer, tem de ser inserido entre os pensamentos.)

Mas o que significa estar fora do pensamento e, ainda assim, ser objeto do pensamento? Se o pensamento for uma espécie de variável independente, inspirada expressão de Williamson,[21] o que está fora dele não é necessário ao pensamento e assim ou é concebido como algo que apenas parece estar de fora (mas que é composto por constructos da soberania do pensamento), ou é entendido como inacessível ao pensamento. Se, por outro lado, fugindo dos temores hoje associados ao cartesianismo de que o pensamento possa não depender do mundo, postulamos objetos fora do pensamento dos quais o pensamento depende, encontramo-nos rapidamente às voltas com a questão acerca de quais relações pode o pensamento ter com estes objetos externos dos quais ele depende.

Cabe pausar um pouco sobre esse ponto: Por que queremos desviar-nos da idéia de que o pensamento possa ser independente do resto do mundo? Se o pensamento é independente, pelo menos em uma interpretação da idéia de independência, ele pode ter uma relação externa com as demais coisas – haveria então

[21] 2000, p. 1-60.

pensamentos que não requeririam nada fora deles para existir e coisas que existiriam por alguma razão que não seja servir ao pensamento. Relações externas podem ser entendidas – pelo menos podemos fazer uma tentativa – como relações em que nenhuma das partes depende da outra para existir; quando há dependência, há uma relação interna. Se for assim, o pensamento, independentemente do resto do mundo, pode ter relações externas com o resto do mundo – e se houver algum elemento passivo no pensamento, o resto do mundo pode meter o bedelho no pensamento (ver *Bedelho,* p. 27). Ou seja, a independência parece mesmo ser um requisito para que alguma coisa não prefigurada pelo pensamento possa ser enquanto tal pensável. O problema aqui é que relações externas entre o pensamento e o mundo podem levar-nos – e esse é o caminho cartesiano – rapidamente a impasses céticos. O problema da relação do pensamento com o resto do mundo é o problema de estabelecer quando chegamos fora do pensamento. Se falhamos ao percorrer o caminho entre o pensamento e o resto do mundo, ficamos dentro do pensamento. Se o pensamento não necessita nada externo para se conduzir, o que está de fora pode ficar indiferente a ele. Os impasses céticos: jamais tocamos com o pensamento coisa alguma; ou seja, o pensamento parece incapaz de relações completamente externas. Para sair dos impasses, podemos postular que o mundo está em alguma forma de relação interna com o pensamento e, assim, danificar a nossa impressão de independência. Em certo sentido, assim estamos na vizinhança da maldição que Michael Williams[22] atribui aos neo-humeanos e que chama de dilema do epistemólogo: direta ou disfarçadamente nos rendemos ao ceticismo.

[22] 1996, p. 17-22.

Kant também pode ser entendido como tentando estabelecer relações internas com os fenômenos – e essas relações podem parecer inevitáveis (ver *Bedelho,* p. 27, e *Confronto,* p. 38) se toda relação com o mundo tiver de ser mediada por conceitos – e deixando o elemento externo aos cuidados da distinção transcendental.[23] O problema cético é já o problema de como conceber alguma coisa que esteja em uma relação externa com o pensamento. Se abandonarmos as relações externas, faremos com que o mundo dependa do pensamento e pesa o risco de que o cético tenha saído ganhando: o pensamento fica parecendo confinado em si mesmo, incapaz de alcançar o que está de fora ou de se engajar senão com simulacros dos objetos, propriedades e acontecimentos do mundo. Fica sem relações externas e cabendo na imagem de uma longa serpente que passa os dias a mordiscar o próprio rabo.

A saída para o impasse, pareceu a muitos, está na ruptura com algumas suposições cartesianas. O diagnóstico seria que o problema está na suposição de que o pensamento é indiferente ao mundo – que ele pode acontecer independentemente de como o mundo seja e mesmo se não houver mundo algum. A solução seria conceber o pensamento como, de alguma forma, dependente do mundo: o pensamento não está alijado do mundo, mas antes entremeado dele. Passos em direção ao que algumas vezes chamamos de *externalismo*[24] nos levam a conceber que o pensamento precisa, para ter seus conteúdos identi-

---

[23] E, portanto, fora do escopo do que pode ser tangido pela experiência. A distinção entre fenômenos e coisas-em-si, seja lá como for concebida, entende os primeiros como sendo o objeto (pelo menos teórico) do nosso pensamento e um objeto que requer as capacidades de um sujeito transcendental.

[24] Sobre as discussões acerca do externalismo que interessam aqui ver, em particular, Burge (1979), Putnam (1975) e Davidson (1990, 1991).

ficáveis e distintos uns dos outros, de elementos externos – por exemplo, de verdades acerca do que o pensamento procura pensar, mesmo que essas verdades sejam desconhecidas de quem pensa. Podemos persuadir-nos de que, seguindo uma cartilha externalista, os conteúdos do pensamento que importam para compreender nossos desejos, nossas ações e nossos enunciados são individuados e identificados apenas com a ajuda de elementos externos ao nosso pensamento. No entanto, para um completo exorcismo do ceticismo,[25] é preciso que as relações entre o pensamento e o mundo sejam relações internas, pois, sem elas, o pensamento pode estar alijado das partes do mundo que determinam os conteúdos relevantes – pode encontrar um refúgio em conteúdos estreitos acessíveis apenas em primeira pessoa.[26] Assim, podemos dizer que precisamos conhecer uma cadeia causal para determinar o conteúdo de pensamento de alguém ou que precisamos saber algo acerca de suas cercanias (por exemplo, se quem pensa está na terra ou na terra-gêmea),[27] mas esses conhecimentos podem ser ignorados por quem pensa e, assim, o cético pode responder da mesma maneira que responderia a quem lhe dissesse que ele requer um cérebro para pensar: isso apenas adiciona mais teoria (a ser posta em dúvida desde o que eu posso pensar). Seria preciso que as relações entre os requisitos externos do pensamento e o próprio pensamento fossem em algum sentido internas.

Vemos que a idéia mesma de relações externas parece, sob muitos pontos de vista, anátema ao próprio pensamento que

---

[25] Sobre a insuficiência de algumas formas de externalismo para dissolver os impasses céticos, ver Bensusan (2005).

[26] Cf., por exemplo, Bloch, 1986; Fodor, 1987.

[27] Putnam, 1975.

atua estabelecendo relações internas. Podemos, contudo, tornar a idéia de que precisamos postular relações internas entre o pensamento e o resto do mundo mais palatável, do ponto de vista externalista, se insistirmos, com Davidson, que qualquer pensamento não apenas requer a existência de alguns itens do mundo, mas também se apóia sobre verdades acerca desses itens e requer conhecimento delas – *je pense donc je sais.*[28] Ou seja, não há pensamento sem verdades, uma vez que a inteligibilidade dos pensamentos requer verdades – não podemos entender os pensamentos de outras pessoas sem um pano de fundo de verdades e nem sequer entender a nós mesmos, uma vez que conteúdos só são inteligíveis em contraste com um fundo fixo (ver *Confronto,* p. 38). E porque a inteligibilidade está conectada com a verdade – a uma relação interna com ítens do mundo por meio de um pano de fundo de verdades –, acopla-se uma relação externa global com o mundo que é uma espécie de condição transcendental que, ela mesma, não é uma relação de pensamento; ou seja, não é uma relação entre um conteúdo de pensamento e um item pensado. Essa relação externa apenas garante que não podemos estar em uma situação de engano massivo se nossos pensamentos são inteligíveis.

O pensamento requer verdades acerca do mundo para poder sair do chão. Podemos assim ter alcançado uma maneira de conceber que há algo fora do pensamento que tem uma relação interna com ele – especificamente, com conteúdos de pensamento. Ao pensamento sobra uma relação com o resto do mun-

[28] Essa versão do *cogito* foi apresentada por Thomas Nagel acerca de Davidson e sumariza perfeitamente a idéia de que o pensamento requer conhecimento (Nagel, 1999, p. 196). Para um desenvolvimento de como eu entendo essa idéia, ver Bensusan (2005). Ver, contudo, *Verdades insuficientes,* p. 110.

do – requerida pelo pensamento – que é uma relação (global) externa. Se ainda quisermos garantir que há algo pensável fora do pensamento que está em uma relação externa com ele, sentiremos a tentação de incluir em nossa paisagem alguma forma de distinção transcendental (ver *Minha singularidade,* p. 270). Não obstante, se exorcizarmos de alguma maneira tal tentação, conseguiremos conceber espaços fora do pensamento sem ter de dar sentido a uma relação externa entre o pensamento e alguma outra coisa específica. Pensar, nesse caso, seria dissolver aquilo que há entre os conteúdos que já foram pensados. Cada pensamento, local, consistiria em engolir o que é pensado em uma teia de relações internas – para isso, podemos ter de deixar de lado o que torna o que é pensado singular.

A *res* e os pés do *intellectus*

Ripples and undulations on its front face rose up
and disappeared over the top as it progressed,
making it appear to rovolve back on itself.
It was immense – blocking out the moon
and Southern Cross as it passed over,
casting the town in shadow.
The back of the roll looked quite different
from the front – a falling,
Cumulus-like wall of cauliflower mounds,
silver and black in the moonlight.
Gavin Pretor-Pinney

Considerações holistas acerca do pensamento e de sua soberania – sempre mesclada com a contribuição do mundo ao que pensamos (ver *Confronto,* p. 38) – trazem conseqüências acerca da maneira como entendemos a distinção entre forma e conteúdo, entre significados e convicções e, de uma maneira geral, entre verdades de fato e verdades de razão. Algumas dessas conseqüências valem a pena serem exploradas no âmbito da questão sobre como alguma coisa chega a ser pensada.

É comum, em uma imagem espacial do pensamento, postularmos um terreno e uma fronteira entre a *terra mundis* e a *terra nostra*. O postulado de uma fronteira concebe que, sem a interferência do mundo, nosso intelecto atuaria em completa soberania. Na vizinhança desse postulado, há uma maneira de pensar sobre a verdade que a entende como externa aos pensamentos – os pensamentos podem ser adquiridos e entendidos em completa inocência da verdade. Pensamentos ou enunciados verdadeiros são como que limites na nossa liberdade de pensamento: o mundo nos obriga a pensar de uma maneira ou de outra – estamos na proximidade de alguma *adequatio intellectus ad rem*. Esses elementos de cena podem compor – ainda que diferentes composições com outros elementos possam fazer uma grande diferença – o que poderíamos chamar de um cenário cartesiano que, muitas vezes, recentemente, é também chamado de internalista: os conteúdos de nossos pensamentos podem ser identificados e especificados apenas com recursos internos, sem apelo ao mundo (e, portanto, sem apelo a qualquer verdade).[29]

Os elementos de cena que tornam possível uma *adequatio intellectus ad rem* sugerem a imagem de que nossa vida mental não depende de como o mundo é; a verdade é imposta desde fora pela coisa à qual o intelecto procura (ou precisa) adequar-se. Uma concepção assim, que faz da verdade um elemento originado fora das fronteiras do funcionamento habitual do nosso pensamento, parece menos plausível, pelo menos quando tratamos de pensamentos ou enunciados que são de alguma forma conceitual ou logicamente verdadeiros. Nesses casos – de enunciados verdadeiros em função

[29] Partes da exposição deste capítulo aparecem em *O intellectus com os pes na res* (Bensusan, 2005) em que desenvolvo algumas dessas idéias com mais detalhes.

de seu significado apenas e com o valor de verdade determinável sem consulta ao mundo (por exemplo, sem apelo à experiência) – a verdade parece emergir de dentro da esfera do pensamento e o mundo, fora das nossas operações mentais, não desempenha nenhum papel. Podemos até dizer que, nesse caso, o mundo é que teria, de alguma forma, que se conformar aos nossos pensamentos e enunciados verdadeiros. Por outro lado, se aceitarmos não aplicar a imagem da restrição externa ao caso dos pensamentos conceituais ou logicamente verdadeiros, estaríamos postulando uma esfera mental alheia ao mundo, na qual o pensamento acontece e atua soberanamente, a não ser que lide com verdades acerca do mundo. Se não aceitarmos a distinção entre verdades conceituais e verdades empíricas, poderemos conceber que o pensamento é soberano desde que não se ocupe de procurar verdades. Em qualquer caso, temos aqui dois ingredientes: um ingrediente de pensamento e enunciação e um ingrediente daquilo que faz das verdades verdades (*truth-makers*). Esses dois ingredientes invocam a imagem que McDowell[30] apresenta sob o nome de uma concepção híbrida do conhecimento: o conhecimento requer razões e, portanto, um esforço do pensamento, mas também a colaboração do mundo permite que o intelecto fique adequado à coisa; em nossos termos, sem insumos vindos do mundo, o pensamento soberano jamais alcançaria verdades. A verdade, pelo menos acerca dos enunciados e dos pensamentos sobre o mundo, é alguma coisa que requer um insumo externo para constranger ou colaborar com o nosso esforço de pensamento. Nessa imagem, temos que o mundo pode pôr restrições em nosso pensamento – ou nos fazer favores – e, se não for assim, não temos contato algum com ele.

[30] 1995.

Podemos ter a impressão de que a noção mesma de uma *adequatio intellectus ad rem* invoca a idéia de que nossa soberania é limitada por verdades sobre o mundo. Parece que a noção supõe alguma relação externa entre o mundo, que torna algum enunciado ou pensamento verdadeiro, de um lado, e o *intellectus*, que o formula, de outro. O pensamento é entendido como um movimento de conteúdos alheio às sanções do mundo; as sanções aparecem crivando o pensamento (ou o enunciado) com uma marca de verdade (ou falsidade). Essa noção de verdade está, portanto, associada à postulação de uma diferença entre alguma coisa como razões internas ao pensamento – entendidas ou não como verdades de razão – de um lado, e verdades de fato, de outro. É razoável supor que certas regras – em geral balizadas em alguma convicção – precisam estar disponíveis para que haja pensamento capaz de ser de alguma maneira inteligível. Podemos entender critérios de inteligibilidade para o pensamento sem apelo a verdades de razão, mas vou chamar esses critérios de verdades de razão, mesmo que os tomemos como verdades apenas por cortesia ou como uma *façon de parler*.

Essa separação entre verdades de fato e verdades de razão pode ser compreendida de diversas maneiras, de acordo com o que entendemos que é interno ao pensamento e o que está externo a ele.[31] A possibilidade de que seja inteligível que o conhecimento do mundo possa ser posto em xeque é uma conseqüência

[31] Podemos entender essa separação pelo menos de quatro maneiras (ver detalhes em Bensusan, 2005). Ela pode ser feita a partir (1) da diferença entre as verdades lógicas e as demais verdades; (2) da diferença entre verdades semânticas e as demais verdades; (3) da diferença entre verdades que dizem respeito à minha vida mental apenas e as demais verdades e (4) da diferença entre verdades acerca da justificação das crenças e as demais verdades – a justificação pode ser identificada por uma análise interna e não requer consulta ao mundo. No primeiro caso, trata-se de uma concepção das verdades conhecidas *a priori,* de acordo com a qual elas são convenções que não

da idéia de que verdades sobre o mundo limitam nossa soberania desde fora: há a possibilidade de que todos os nossos pensamentos sobre o mundo sejam falsos, uma vez que seus conteúdos são, eles mesmos, indiferentes ao mundo. A separação entre pensamentos, de um lado, e verdades, de outro, permite uma relação externa entre a inteligibilidade e como as coisas são. A separação entre verdades de fato e inteligibilidade do pensamento promove a distinção entre *intellectus* e as verdades acerca do mundo

---

dizem respeito ao mundo, mas apenas a como vamos enquadrá-lo; postulados que dão conteúdo à intuição, por exemplo, a experiência sensível. Em certa medida, Quine e Carnap concordariam que a aquisição dessa estrutura não é mais do que a aquisição de um conjunto articulado de convenções, mas Quine, no espírito dos últimos parágrafos dos *Dois Dogmas* (1951), insistiria que a aquisição dessas convenções determina o que tomamos como verdades acerca do mundo e não podem ser separadas delas. O segundo caso associa o contraste entre a nossa soberania e as restrições do mundo diretamente com a distinção entre juízos analíticos e sintéticos. Nenhum conhecimento do mundo seria necessário para conhecermos o significado das palavras. Aqui, nosso contraste precisa que as verdades por significado sejam inteligíveis separadamente das verdades sintéticas e, assim, ele depende da plausibilidade do primeiro dogma do empirismo. Podemos, então, colocar em xeque todo o nosso conhecimento do mundo externo e, ainda assim, dar sentido aos nossos enunciados e pensamentos. O terceiro caso é o mais próximo das formulações típicas do dualismo cartesiano entre pensamento e mundo: de nossa vida mental podemos ter certeza sem precisar conhecer qualquer outra parte do mundo. O conhecimento de primeira pessoa é freqüentemente entendido como sendo *a priori* e, assim, não requer nenhuma investigação ou suposição de como o mundo é (ver Burge, 1988; McKinsey, 1991). O contraste é entre as verdades conhecidas por introspecção – nossa vida mental observando a si mesma – e o resto do mundo que pode ser de qualquer jeito (ou de nenhum jeito), uma vez que nossos pensamentos aparecem com independência dele. A separação entre o espaço das crenças e o resto do mundo não precisa supor que as crenças se movam em um domínio privado, elas podem requerer difusão e controle por uma comunidade. No quarto caso, também a justificação de nossas crenças é alheia às verdades do

– estas são, em algum sentido, transcendentes a ele. As verdades podem afetar desde fora nosso pensamento, porque esse não é constituído por elas; podemos, em alguma medida, pensar – e produzir enunciados, atribuir conteúdo à vida mental de outras pessoas, manter algumas crenças e talvez até demandar e oferecer razões – com indiferença às verdades acerca do mundo. O mundo é entendido como estando retirado, alheio ao nosso esforço de pensar e, portanto, adicionado ao pensamento como um parâmetro externo, depois que a estrutura do nosso pensamento já está constituída. Nossa liberdade de pensamento – nossa se nossos pensamentos não puderem ser itens com conteúdo por meio apenas de artifícios – contrasta com aquilo que não é um produto da nossa soberania: o mundo. O *intellectus* atua com independência de qualquer conhecimento sobre o mundo; nós, aqueles que pensam e que influenciam o pensamento dos que pensam, temos ali o nosso espaço de soberania.

A separação entre verdades de fato e verdades de razão, com todas as conseqüências consideradas acima, é rejeitada dentro daquilo que eu entendo como um marco holista davidsoniano.

---

mundo; também as razões para pensarmos como pensamos estão do lado do *intellectus* na dualidade. Nesse caso, a verdade é entendida como inteiramente independente da justificação – trata-se da forte transcendência da verdade que alimenta a *adequatio*. Nos termos de McDowell (1995), quando obtemos uma verdade, o mundo nos faz um favor. Aqui, a justificação fica inteiramente separada da verdade e exemplos como os apresentados por Gettier tornam-se freqüentes e mesmo inescapáveis: nunca há um elo que não seja casual entre a verdade e nossas boas razões – crenças justificadas seriam verdadeiras apenas por coincidência. Aparece aqui a imagem apresentada e criticada por McDowell: um espaço lógico das razões internalizado, limitado ao escopo do pensamento e alheio ao mundo. Todas essas versões da separação contrastam com uma perspectiva holista da relação entre pensamento e mundo e são rejeitadas no fim deste capítulo.

A rejeição dos dois dogmas, denunciados por Quine, sugere que conteúdos que estabelecem significados não possuem nada de intrinsicamente distintos daqueles que atuam como convicções acerca do mundo. Por outro lado, temos de ter convicções verdadeiras sobre o mundo para poder atribuir e dar conteúdo a pensamentos de outas pessoas – todo conjunto de pensamento tem de ter uma massa crítica de convicções verdadeiras (ver *Confronto,* p. 38) e não pode haver confronto entre aquilo que torna algo verdadeiro, de um lado, e nosso pensamento, de outro, a menos que os primeiros sejam especificados e identificados por um pano de fundo de convicções –, muitas das quais devem ser verdadeiras.[32] De uma maneira geral, podemos dizer que a verdade se torna compulsória ao pensamento. Segue que ela não pode mais ser pensada como uma *adequatio intellectus ad rem* como entendemos acima: a verdade não surge ao pensamento desde fora e a restrição do mundo ao que pensamos aparece desde dentro, sem a necessidade de um contato entre o pensamento e alguma coisa externa a ele. O pensamento não escapa da restrição da verdade, ela acontece desde dentro. Captamos verdades estendendo a teia do pensamento e da interpretação sobre algum item do mundo e, assim, adquirindo convicções. As verdades – e com elas o mundo – são imanentes ao esforço do *intellectus* –, não podemos reconhecer pensamentos sem reconhecer verdades. Aquilo que conecta o pensamento ao mundo parece ser justamente aquilo que dissolve a possibilidade de que alguma coisa externa a ele entre em contato com ele e se torne seu conteúdo, ou seja, interfira – inteiramente desde fora – naquilo que o pensamento consegue tematizar.

[32] Um raciocínio similar aparece na crítica à idéia de verdade como *adequatio* em Heidegger (1967).

Nenhum pensamento é uma ilha

Não há natureza que una
iceberg e duna.
Alessandro Uccello

Amós Oz, uma vez comentando a sentença de John Donne, disse que nenhuma pessoa é uma ilha, mas que as pessoas são penínsulas: estão segregadas das demais de muitas maneiras e estão conectadas às demais de algum modo. Penso que se passa algo parecido com as convicções: elas não podem ser insuladas, se bem que alguns agregados de convicções possam ser peninsulados. Ou seja, blocos de convicções – ou de crenças, que uso aqui como sinônimo de convicções – não podem ser separados completamente do continente das crenças e, no entanto, alguns conjuntos de crenças podem alcançar certo grau de autonomia. Resta saber como podemos determinar se essas penínsulas ficam vulneráveis das convicções.

O tema do insulamento esbarra muitas vezes no tema da individuação das crenças. As crenças não são itens que possam ser inteligíveis isoladamente (ver *Confronto*, p. 38 ; *A res e os pés do intellectus,* p. 54). Não posso ter uma só crença porque uma crença precisa de outras para ter conteúdo; não posso atribuir a outras pessoas uma só crença com conteúdo. A aquisição de convicções parece ser como a geração de um tecido orgânico firmemente interconectado. As crenças mantêm muitas relações umas com as outras; as relações de inteligibilidade e relações de justificação são as mais comentadas e, podemos argumentar, são a matéria-prima de qualquer outra. Inteligibilidade e justificação, por sua vez, estão imbricadas. Uma convicção isolada não é inteligível e nem pode ser justificada porque não podemos entendê-la para determinar se ela satisfaz a qualquer critério de justificação. Uma crença isolada só pode ser considerada verdadeira com o auxílio de outras crenças que lhe instilem conteúdo e tornem assim possível que ela receba um veredicto, por exemplo, de uma confrontação com o mundo. Quando adicionamos mais crenças, passamos a poder entendê-las, considerar se são verdadeiras e determinar nelas relações de justificação. Uma crença não pode ser interpretada, portanto, sem termos algumas crenças supostas para que possamos torná-la inteligível. Quando interpretamos parece que temos de usar crenças como redes para capturar alguma outra crença. Chegamos rapidamente a uma idéia central no legado de Davidson: convicções não podem ser inteligíveis desde um ponto de vista vácuo de crenças; dito de outro modo, o pensamento só pode ser reconhecido desde dentro. Essa idéia institui uma imagem que nos coloca em direção a um holismo com respeito aos conteúdos de convicções: pelo menos massas críticas de crenças são necessárias para que as entendamos e as possamos justificar.

A interanimação das convicções é o nodo central dos argumentos contra algumas variedades de ceticismo que podemos destilar das considerações de Davidson. Um elemento central dessas relações de dependência entre crenças é que não haja crenças específicas atuando, como o segredo do cofre para uma interpretação. Se há algumas crenças em um emaranhado delas que atuam como o segredo do cofre, elas são as que primeiro devem ser entendidas, para que as portas das demais possam ser abertas: são como os dicionários que teríamos de aprender para que possamos entender alguma língua. Essas crenças, que podemos chamar de crenças semanticamente necessárias, ofereceriam um caso interessante de insulamento: elas determinam o significado das demais e seu significado não é determinado por nenhuma outra. A analiticidade aparece como uma espécie de fundamento semântico. Se minhas crenças-segredo-do-cofre podem ser insuladas, elas podem ser preservadas de (alguns) ataques céticos: alguém só poderia sustentar que todas as minhas crenças são falsas (ou injustificadas) se as entendesse e, para entendê-las, deve aceitar minhas crenças-segredo-do-cofre.

Ora, a suspeita de Quine (e de Davidson) de que tal insulamento não pode acontecer tem uma semelhança de família com outras formas de argumentar contra insulamentos: não existe uma maneira criteriosa de determinar quais, em um conjunto de crenças, são as crenças-segredo-do-cofre. Pode ser que essas crenças sejam meros postulados ou convenções – precisamos de regras do jogo. Mas aqui o problema é que segredos do cofre convencionados não são de utilidade para uma pessoa que esteja engajada em determinar o conjunto de crenças sem ainda entendê-lo, pois tal pessoa não teria condições de determinar onde está o segredo do cofre. Ou seja, não haveria nada de saliente (ou de auto-evidente) nessas crenças-segredo-do-cofre, não haveria nenhum fato determinável desde fora do trânsito pelo sistema de crenças que estabelecesse quais são as crenças convencionadas para serem o segredo do cofre. Como poderíamos avisar quem quer interpretar nosso conjunto de crenças que tais e tais crenças foram convencionadas como o fundamento semântico do conjunto? A posição de Quine no debate com Carnap sobre convenções se assemelha com algumas críticas que Kant recebeu em suas tentativas de insular alguns juízos.[33]

Quando falamos de insulamento, precisamos de critérios para insular sob pena de que nossas ilhas terminem alcançáveis por terra seca. Consideremos casos de segregação doxástica. Imaginemos que queremos, por exemplo, que uma área de nosso conjunto de crenças não tenha compromissos com a verdade, mas apenas com o benefício que nos traz acreditar naquelas crenças. (Crenças religiosas são por vezes defendidas dessa maneira.) Para segregar assim, temos de ser capazes de decidir quando raciocinaremos com um olho na verdade e quando raciocinaremos com um olho em nossos benefícios.[34] Precisamos fechar os ouvidos para críticos que argumentem que nossas crenças segregadas não são verdadeiras: não me importa, elas nos são úteis. Não é certo que possamos, por *fiat*, não atentar na verdade de algumas de nossas crenças. Em todo caso, a segregação doxástica não seria suficiente para barrar ataques céticos – a menos que decidamos não lhes dar ouvidos. É que se não podemos defender a verdade (ou a justificação) de nossas crenças segregadas, nada está a impedir o cético de chegar à ilha com os pés secos. Consideremos agora a segregação de nossas crenças-segredo-do-cofre. Suponhamos que não queremos per-

[33] Ver Quine 1951, 1960a. Para uma comparação instigante entre Carnap e Kant de um lado e Quine e Hegel do outro, ver Brandom (1999).

[34] Agradeço a Brian Huss da Universidade de York, Ontário, Canadá, e a outros participantes do colóquio de epistemologia na Universidade de Sherbrooke, em setembro de 2006, algumas intuições sobre segregação doxástica.

guntar-nos sobre a verdade delas, apenas as convencionamos (ou as tomamos como crenças que não podemos deixar de ter por uma questão de fato acerca de como somos). Como faremos para persuadir um cético em ação de que aquelas crenças devem ser preservadas de seu ataque?

A questão nos leva a considerar as semelhanças e diferenças entre situações em que sustentamos nossas ilhas com base na verdade (ou justificação) das crenças que ali estão e situações em que nossas ilhas são sustentadas por serem inatacáveis por alguma razão outra que por seu mérito epistêmico. Nas primeiras situações procuramos insular para mostrar que o cético está errado em supor que cada uma das nossas crenças pode ser colocada em dúvida (e que, portanto, não podemos colocar em dúvida todas as nossas crenças). Trata-se aqui do caso em que sim queremos considerar algumas de nossas crenças verdadeiras (ou justificadas) e, por isso mesmo, imune a ataques céticos. Nesse caso, teríamos de ser capazes de mostrar que algumas de nossas crenças possuem um estatuto especial e, para isso, que elas podem, de direito, ser entendidas (ou justificadas ou ver sua verdade estabelecida) sem o auxílio de nenhuma outra. O ataque cético teria de parar ali, porque ali o cético reconheceria alguma coisa que salta aos olhos que não pode ser atacada. Nas situações em que nossas ilhas são tidas como inatacáveis, independentemente de serem verdadeiras, também temos de poder ver as ilhas reconhecidas pelo cético como tais. Em ambos os casos, precisamos que critérios de insulamento sejam visíveis ao cético – que o cético possa entender aquelas crenças sem apelo a outras que ele coloca em dúvida ou toma como falsas e, além disso, que as aceite como imunes a dúvida (seja por serem verdadeiras ou justificadas, seja por serem alguma espécie de segredo do cofre). É justamente a dificuldade de encontrar critérios de insulamento visíveis ao cético que torna tal estratégia pouco promissora.

Se podemos proteger-nos de alguns ataques céticos globais, sugerindo que o cético que está de fora de todos os nossos pensamentos – que não aceita nenhuma de nossas crenças – não pode sequer entender nossas crenças (e, portanto, não pode determinar se elas são verdadeiras ou justificadas), ainda estamos vulneráveis a ataques céticos locais que se dirijam a áreas específicas de nossos sistemas de crenças. Penso que podemos responder a esses ataques por uma estratégia de peninsulamento. Não é que o pensinsulamento nos deixa claramente mais próximos de crenças isoladas – o que poderia ser um modo de facilitar o caminho do holismo para a singularidade (ver *Minha singularidade,* p. 270, contudo). Não é claro que cheguemos mais perto do singular quando peninsulamos. Nem é que essas áreas possam ser isoladas do trânsito no sistema de convicções, mas antes que esses subconjuntos de convicções não podem ser colocados em dúvida em bloco. O argumento pode ser visto como subsidiário da estratégia de exorcizar alguns ataques céticos globais, insistindo que algumas crenças precisam ser aceitas para que outras possam ser postas em dúvida. Em uma península de crenças ou de convicções, que podemos entender como um conjunto de crenças semanticamente dependentes entre si, não podemos rejeitar todas ao mesmo tempo, ainda que aceitemos todas as demais crenças continentais.

Consideremos a península formada por todas as crenças acerca do futuro; por exemplo, que o Sol vai nascer amanhã, que na semana que vem haverá uma terça-feira, que algum galo voltará a cantar, que os relógios voltarão a marcar seis da manhã etc. Ora, não podemos colocar em questão todas essas crenças ao mesmo tempo sob pena de deixarmos de entender o que significa futuro. Para sabermos o que significa futuro, precisamos de um relógio que determine quando, por exemplo, é amanhã. Se todas as nossas crenças sobre o futuro são abandonadas de um só golpe, não temos como determinar sobre o que elas tratam (ou qual poderia ser o seu valor de verdade). A interdependência dessas convicções peninsulares é forte o suficiente para que não possamos ao mesmo tempo entendê-las e tomá-las como todas falsas – algumas dentre elas determinam o significado das demais. É certo que podemos tentar encontrar uma ilha analítica na nossa península e considerar que algumas crenças são segredos do cofre das demais. Uma estratégia assim, contudo, sofreria também dos problemas quineanos apontado acima: como fazer para que as crenças-segredo-do-cofre sejam salientes (por exemplo, para o cético)?

O peninsulamento é a estratégia de encontrar partes articuladas entre si em nosso sistema de crenças. É como se algumas dimensões do todo de nossas crenças – que auxiliam a argumentar contra certas formas de ceticismo – pudessem também ser encontradas em partes deste todo. Quantas penínsulas de crenças interdependentes temos em nossos sistemas de crenças? Podemos pensar nas crenças sobre nós mesmos – algumas delas devem determinar quem somos nós e assim estabelecem sobre que parte do mundo estamos tratando –, nas crenças sobre objetos ou eventos externos à mente – algumas delas determinam do que estamos falando – ou nas crenças sobre todas as demais mentes. Gostaria de conjeturar que uma estratégia de peninsulamento seria eficaz em todos os casos em que colocamos na península um conjunto de crenças sem as quais o resto do continente deixaria de ser um conjunto semanticamente auto-suficiente de crenças. Ou seja, peninsulamos crenças que comprometem a inteligibilidade do restante do continente; por exemplo, quando consideramos a península das crenças sobre o futuro, deixamos ininteligíveis as crenças sobre o passado e sobre o presente que são deixadas no resto do continente: esse resto do continente torna-se ininteligível separado da península, que, por sua vez, também não é inteligível separada do resto do continente. Trata-se, claramente, de uma península: há relações de dependência entre ela e o resto do continente.

O pensinsulamento, quando funciona, mostra que dentro dos nossos sistemas de crenças há subsistemas interdependentes o suficiente para garantir que não se possa deslanchar um ataque em bloco a eles desde fora. Como o peninsulamento se compara com o insulamento? O insulamento requer critérios (epistêmicos, transcendentais ou pragmáticos) para distinguir as crenças que ficam na ilha das demais. O pensinsulamento apela apenas para considerações holistas acerca da interanimação das crenças e mostra um tanto da natureza dessa interanimação. E a interanimação envolve tanto convicções quanto qualquer forma de pensamento que adquire inteligibilidade em uma massa crítica de convicções. Que convicções se animem mutuamente ainda nos diz muito pouco acerca de como elas são animadas pelos meandros das coisas de que tratam. Penínsulas podem sempre ser alcançadas com os pés secos e, por isso mesmo, ainda que formem uma unidade, não estão destacadas do continente. Penínsulas admitem também penínsulas nelas mesmas – e podemos imaginar um esforço de iterado peninsulamento de crenças. Talvez se formos capazes de peninsular repetidas vezes mantendo o requisito – bastante restritivo – de que as penínsulas comprometam a auto-suficiência semântica do resto do continente, podemos chegar a conjuntos limitados de crenças. Mas penínsulas são partes de um continente e, assim, não são ilhas. Já os continentes não apresentam nenhuma marca que os distinga das ilhas enormes.

Experiência

So gerne ließe ich die Augen jetzt
wie Kieselsteine aus dem Fenster fallen
Christine Lavant

A experiência sensível é freqüentemente entendida como alguma forma de elo entre nossos pensamentos e o mundo. Um heterológico dentro dos nossos pensamentos – um emissário do mundo que dá veredictos em alguma larga medida indiferentes à nossa complacência – que responde ao mundo estando entre nossos pensamentos: por meio da experiência o mundo mete o bedelho em nossas cogitações (ver *Bedelho,* p. 27). De fato, tal elo é entendido por todas as formas reconhecíveis de empirismo como sendo um elo epistemológico, ou seja, alguma coisa capaz de produzir veredictos acerca de como são as coisas. Esse elo epistemológico é geralmente entendido como algo por si mesmo distinto de um elo causal entre eventos no mundo e episódios internos por meio de nossas terminações nervosas. Uma grande parte das controvérsias sobre as diferentes formas de empirismo gira em torno da possibilidade mesma de que veredictos sejam extraídos da experiência. Veredictos não devem ser confundidos com álibis ou, de uma maneira mais geral, com isenções de responsabilidade como acontece em situações em que somos forçados a pensar de alguma maneira, queiramos ou não. Mas se veredictos não são independentes do resto do continente das nossas convicções, surge a questão de como eles se apresentam: qual é o conteúdo da experiência. A idéia de que um conteúdo empírico pode ser caracterizado sem o auxílio de conceito faz com que o conteúdo empírico não possa atuar como veredicto. Nos termos que Wittgenstein tornou populares, formular o conteúdo da experiência em uma linguagem privada faria com que não pudéssemos, com respeito a esse conteúdo, distinguir o que parece correto e o que é correto: o conteúdo poderia produzir qualquer veredicto. De alguma maneira, seria a tradução conceitual de um conteúdo empírico não conceitual que nos ofereceria veredictos. E aqui, como no caso do Mr. Ballard,[35] tratar-se-ia de um estranho fenômeno de tradução – qualquer tradução poderia parecer adequada.

Se, por outro lado, o conteúdo da experiência sensível é ele mesmo conceitual, fica mais fácil entender como podemos obter veredictos da experiência. Em algum sentido, juízos da experiência seriam ainda distintos dos demais juízos que obtemos, porque eles não são de nossa responsabilidade: são determinações acerca de como são as coisas que nós obtemos diretamente do mundo por meio da experiência – passivamente. Na experiência os conceitos estão presentes, mas não somos sujeitos da experiência, estamos antes sujeitos a ela É a passividade da experiência, que é a aposta de McDowell,[36] e não sua não-conceitualidade (ou sua natureza diferente da natureza de qualquer

[35] O Sr. Ballard, apresentado por William James, era surdo e mudo e lembra-se do que pensava antes de entrar em contato com os rudimentos da linguagem escrita; ver Wittgenstein, PU, I, 342.

[36] 1994/2005.

pensamento) que permite que ela atue como um tribunal. Os veredictos da experiência, contudo, não devem ser a palavra final acerca de nossas convicções. Supostamente, uma vez que a experiência nos conta alguma coisa, cabe a nós reconhecer a autoridade do veredicto. Podemos, por exemplo, considerar que o conteúdo que a experiência nos traz é por demais recalcitrante, anômalo ou duvidoso à luz das nossas convicções já formadas para que o aceitemos. A experiência não deve ser nossa última instância, uma vez que estamos sujeitos a ilusões e alucinações, e, uma vez que os veredictos são conceituais, eles podem também tropeçar em dificuldades que alguns de nossos conceitos por ventura carreguem.

A responsabilidade pelos veredictos da experiência – heterológicos – pode ser do mundo, mas guardamos a responsabilidade sobre nossas convicções –; é nesse sentido que facilmente entendemos que podemos ser enganados por nossos sentidos, mas temos dificuldades em entender que possamos ser enganados por nossas convicções.[37]

Tomemos a ilusão de Müller-Lyer.[38] Podemos ter a impressão de que as linhas horizontais são de tamanhos diferentes, ainda que estejamos convictos de que elas sejam de tamanhos iguais. De fato, se buscamos a verdade, podemos ter obrigações com respeito a como as coisas são, mas não temos obrigação com respeito a como as coisas nos parecem. Devemos obter a convicção de que elas são do mesmo tamanho – porque (ou se) elas o são. Há aqui uma força normativa exercida sobre nós. Nossas convicções estão submetidas a um jogo normativo de

---

[37] Cf. Wittgenstein PU, II. Ver também *Minha singularidade,* p. 270.

[38] Discutida, por exemplo, por McDowell (1994/2005, 1994, p. 11, n. 9; 2005, p. 48, n. 9) e Evans (1982, p. 122-129).

pedir e oferecer razões – elas estão posicionadas em um espaço lógico das razões, como gostava de dizer Sellars. No entanto, não há nenhuma força normativa (ou obrigação de qualquer natureza) sobre como as linhas devem parecer. Para a maioria das pessoas parece que uma é mais longa do que a outra. Se as pessoas não tiverem essa impressão, não há por que tentar convencê-las de que elas devem ter a impressão de que uma linha é mais longa do que a outra. Alguém pode sentir a obrigação de acomodar o fato de que a maioria das pessoas tem a impressão de que uma linha é mais longa do que a outra, porém isso não é ainda forçar ninguém a vê-las como diferentes em tamanho. Não temos obrigação – pelo menos epistemológica – de estarmos com a maioria. A experiência pode contar-me uma coisa ou outra: o que importa é o que eu faço com essa experiência. O que importa é a convicção que eu formo sobre o tema. A experiência seria obviamente epistemologicamente relevante se pudéssemos delegar a ela a responsabilidade por formar nossas convicções. Parece que ela só pode merecer essa responsabilidade se ela, de alguma forma, estiver carregada de conhecimento acerca de como são as coisas – se ela fosse, de alguma forma, um bedelho do mundo, ela poderia informar-nos daquilo que não poderíamos informar-nos de outra maneira.

O conteúdo da experiência com conhecimento merece a responsabilidade de formar nossas convicções. Por exemplo, a experiência de alguém que consegue ver duas linhas do mesmo tamanho parece fornecer um contato de como são as coisas. A experiência aqui é importante, porque ela pode formar uma convicção verdadeira – é o conhecimento que tem importância. Podemos imaginar uma pessoa que conseguiu *ver* as duas linhas como sendo do mesmo tamanho depois de estar, por muito tempo, convencida de que elas eram iguais e tendo a impressão de que elas eram diferentes. Sua convicção verdadeira teve um papel na formatação de sua experiência. É como aprendemos a perceber o que é o curso de ação mais correto apenas observando a situação: temos de ter convicções verdadeiras acerca de que elementos na situação são relevantes. Em todo caso, a correção é a correção das convicções. Sem convicções que constituam conhecimento, a experiência não pode oferecer-nos um contato com o mundo. A experiência, se estivermos desprovidos de conhecimento, não nos oferece uma melhoria em nosso estado cognitivo. E, seguramente, se já temos conhecimento, ela é dispensável: podemos fazer escolhas de cursos de ação corretos sem termos a experiência adequada que nos permita escolhê-los sem pensar e podemos estar convictos de que as linhas são iguais, mesmo que não as percebamos como tal.

Uma vez que temos conhecimento, nossa experiência pode apresentar conteúdos em princípio indefinidamente complexos: se pudermos entender algo como "há duas linhas tais que uma parece mais longa do que a outra, mas ambas são do mesmo tamanho", poderemos também ter experiência com esse conteúdo. Podemos ser capazes de experimentar que nossos sentidos nos enganam (em situações desse tipo): pode ser esse um conteúdo de uma experiência suficientemente treinada. Sermos capazes de experimentar um conteúdo assim, contudo, em vez de simplesmente termos essa convicção, não é vantagem epistemológica alguma. Se nossa capacidade de obter conteúdos da experiência (ou de observar, ou de perceber) não puder ser treinada para permitir veredictos mais complexos (e mais verídicos ou mais informados por nosso conhecimento), o conteúdo das experiências tem de ser entendido em termos de alguma necessidade natural. Seria como se não importasse a educação dos nossos sentidos; como se tivéssemos experiências cujo conteúdo fosse independente do quanto conhecemos. Haveria pelo menos uma necessidade natural impedindo a experiência de produzir conteúdos de algumas de nossas convicções (por exemplo, as que são obtidas inferencialmente).

Como determinar os impactos dessa necessidade natural sem postular que nosso conhecimento não faz diferença no conteúdo de nossa experiência? A postulação de uma necessidade natural pode deixar a impressão de que a experiência não é mais que um álibi que nos exime de responsabilidade quando ela é possível: não podemos evitar a experiência das duas linhas sendo diferentes em tamanho; mais difícil entender como tal experiência pode então constituir um veredicto.

Postular que o conteúdo da experiência é conceitual não é suficiente para garantir a relevância epistemológica da experiência:[39] para um conteúdo, ser conceitual não é ainda ter de estar posicionado no espaço lógico das razões. A experiência pode ter um conteúdo conceitual e, ainda assim, ser irrelevante para a avaliação de nossas convicções – como ilustra o exemplo da ilusão de Müller-Lyer.

Até aqui, o caminho percorrido leva-nos a conclusões sobre a relação entre as singularidades e as experiências sensíveis, que podem ser sumarizadas da seguinte maneira. A experiência

---

[39] A tese da irrelevância epistemológica da experiência não tem conseqüências no que diz respeito a se precisamos de experiência para que possamos ter pensamento. Pode ser que a experiência tenha, de alguma maneira, uma relevância transcendental para o pensamento. Ou seja, pode ser que a experiência seja uma condição habilitadora de possibilidade para que comecemos a pensar – melhor ainda, pode ser que a experiência seja parte do aparato que tem de estar presente para que comecemos a pensar (parte do todo sobre o qual a luz incide gradualmente de acordo com a já popular imagem de Wittgenstein em ÜG, 141).

sensível, que parece à primeira vista ser um meio pelo qual uma singularidade pode ser inserida enquanto tal no pensamento, não consegue produzir um conteúdo pensável se não for já provida de conceitos, e por isso capaz de apresentar veredictos – a menos que apelemos para um elemento imediato, um bedelho em forma pura do mundo. Se, por outro lado, ela for provida de conceitos, podemos ter a suspeita de que ela não pode produzir conteúdos senão determinados como casos específicos de conceitos – e, portanto, não fazer mais do que trazer a singularidade ao pensamento já como Mesmo. Ainda que consigamos eliminar essa suspeita, não podemos considerar que a experiência traz singularidades ao pensamento, uma vez que ela não pode ter a relevância epistemológica que garantiria que ela, por si mesma, fizesse diferença naquilo que termina sendo pensado. Ou seja, a experiência sensível pode trazer-nos veredictos, mas esses veredictos não podem ter a força epistemológica dos veredictos que formam convicções. De fato, o que importa é o veredicto de como são as coisas, e não de como elas nos aparecem; as singularidades podem terminar sendo sistematicamente desprezadas pelo pensamento como meras aparências – não porque elas assim o sejam, mas porque o pensamento não pode proceder de outra maneira. Não há porque presumir que a experiência sensível não pode ser dispensável em cada um dos casos em que formamos nossas convicções.

Se entendermos o conhecimento como parte da imagem em que buscamos que nossas convicções respondam a como as coisas são, o apelo à experiência como origem da intromissão do mundo sobre nosso pensamento fica parecendo menos atrativo. Dificilmente poderemos considerar que essa intromissão aparece com uma força normativa que não seja aquela a que respondem todas as nossas convicções: as obrigações concernentes a como são as coisas. A experiência não parece poder ter um estatuto diferente de qualquer estratégia à nossa disposição para adquirir e manter convicções (e a combinação delas que fazemos quase sempre que, após ponderação, adquirimos ou revisamos convicções). Os veredictos da experiência não parecem ter nenhuma relevância que mereça que os consideremos em separado dos veredictos que o mundo oferece às nossas convicções. Assim, ainda que a experiência sensível provida de conceitos possa trazer mais do que recombinações do que já foi pensado na forma de *ersatz* singularidades, ela não os traz ao pensamento com uma força que as faria serem consideradas, pelo pensamento, de modo independente do veredicto das nossas convicções – o pensamento, e talvez com ele o Mesmo, tem a palavra final. Pelo menos no que diz respeito ao conteúdo pensado, a experiência não tem a capacidade de impor singularidades ao pensamento enquanto tal.

E, contudo, há uma dimensão da experiência, em grande medida, independentemente de se ela tem um caráter conceitual, que contrasta com o esforço do pensamento em estabelecer convicções. Trata-se de uma dimensão que pode ser preservada mesmo se desvincularmos a experiência da sensibilidade e está presente em percursos do pensamento arbitrariamente distantes dos sentidos – como enfatizaram, por exemplo, Hegel e parte da tradição que começou com Husserl. Se pudermos considerar experiências nesse sentido mais largo, podemos ainda preservar a seguinte dimensão: mesmo que ela não imponha conteúdos pensáveis, ela se atem ao singular (ver *Por uma ontologia a posteriori,* p. 319). A experiência, enquanto tal – mesmo que o que ela nos informe tenha um conteúdo diferente (ver *Matamoros,* p. 78) –, debruça-se sobre singulares e não sobre universais, e nem sequer sobre suas instanciações. Tentar chamar a atenção para um papel epistemológico da experiência talvez seja não mais que uma tentativa de não ignorar uma faculdade que é sempre concebida como um caminho em direção ao singular. A experiência por si mesma não pode atuar como tribunal – os sentidos não podem atuar sozinhos e, se não fazem sozinhos, não podem responsabilizar-se sobre nenhum veredicto acerca de como são as coisas – mas, ainda assim, pode ter o papel de uma insinuação: de que os conteúdos pensados sejam insuficientes para fazer justiça às singularidades e que, assim, precisamos de uma capacidade que nos leve a alguma coisa diferente dos conteúdos pensados.[40] A experiência – entendida como sensível ou não – sugere uma linha de fuga do Mesmo desenhado pelos conceitos, uma linha de fuga que nos remete à possibilidade de que estejamos em contato com alguma coisa singular – ainda que os conteúdos de pensamento traiam sistematicamente a singularidade.

---

[40] A experiência pode ser parte do mundo, ainda que não seja parte do nosso método para desvelá-lo e, assim, pode ser algo com o que o pensamento se depare, ainda que não seja um instrumento para estabelecer convicções (mais sobre isso, abaixo, em *A posteriori,* p. 361).

Matamoros

No tengo limites
Mi piel es uma puerta abierta
Y mi cerebro uma casa vacía
La punta de mis dedos toca fácilmente
El firmamento y el piso de madera
No tengo pies ni cabeza
Mis brazos y mis piernas
De um animal que estornuda
Y que no tiene limites.
Jorge Eduardo Eielson

Há uma personagem na trama sensorial de *Tu não te moves de ti*, de Hilda Hilst,[41] a Maria Matamoros, que desde sempre tocava nas coisas:

> Desde sempre tudo toquei, só assim é que conheço o que vejo, tocava os morangos antes do vermelho, tocava-os depois gordo-escorridos, tocava-os com a língua também, mexia tudo muito...

[41] 1980.

Tocar no resto do mundo. Quando tocamos alguma coisa, uma parte do nosso corpo está ali naquela vizinhança. Tocar requer que estejamos em um lugar. Não podemos tocar de longe, nem tocar sem ser tocados. É preciso que alguma parte do nosso corpo esteja em algum lugar. O que é nosso corpo? Melhor responder apenas com insinuações. Jean-Luc Nancy lista um coleção de indícios e um deles assim:

> [Le corps] sent tout le temps quelque chose. Il sent tout ce qui est corporel. Il sent les peaux et les pierres, les metaux, les herbes, les eaux et les flames. Il n'arrête pas de sentir.[42]

Ele não pára de sentir porque ele está em algum lugar: estar em algum lugar, para um corpo, é tocar alguma coisa. A experiência de tocar é uma experiência que pertence à esfera de como as coisas são – melhor: de onde as coisas estão – pelo menos muito antes de estar na esfera de como conhecemos como e onde as coisas são e estão. Se sentir ou tocar é a experiência, o corpo está envolto em experiências o tempo todo, a experiência é o modo de vida constante do corpo – o corpo tem de sempre estar em alguma parte. Quando tocamos, há uma dimensão em que importa onde estão nossas mãos, nossos pés, nossa língua, e não onde sabemos (ou pensamos) que estão nossas mãos, nossos pés, nossa língua. Tocar alguma coisa é apenas estar naquela vizinhança: o prazer de tocar não é ainda o prazer de conhecer o que tocamos. Consideremos o momento em que tocamos sem

---

[42] 2004, índice 12. "O corpo sente todo o tempo alguma coisa. Ele sente tudo o que é corporal. Ele sente as peles e as pedras, os metais, as ervas, as águas e as chamas. Ele não pára de sentir" (tradução do autor).

nos tocarmos de que tocamos os morangos (vermelhos). Apenas estivemos por aí – uma parte de nós esteve em contato com o morango. Apenas sentimos nossa estadia (a estadia de uma parte de nosso corpo que está sempre a sentir) em alguma parte. Tocar é o que faz o corpo e se tocar do que toca é o que faz quem quer conhecer o que toca. Nancy apresenta outro indício sobre o corpo:

> Pourtant ce qui sent, c'est l'âme. Et l'âme sent d'abord le corps. Elle le sent de toutes parts que la contient et la reticent. S'il ne la retenait pas, elle s'échapperait toute en paroles vaporeuses qui se perdraient dans le ciel.[43]

Aquilo que é sentido, quando o corpo sente, já não lhe pertence. É de alguma parte de nós que precisa do corpo para sentir – precisa tocar no morango para se tocar que é morango. Se tocar é capturar significados, tocar é também estar nos lugares. O toque *matamórico* que interessa aqui é o toque que está e não o toque que está capturando. Minha mão sobre a mesa não está em uma sala, não está capturando mesidade na mesa, minha língua não está capturando moranguidade nos morangos, está nos morangos. De alguma forma parece que precisamos do que nos conta nosso corpo que toca para que nossas palavras não se percam no tal céu.

Kant temia que conceitos sem intuições fossem vazios; mas o que são as intuições que conteriam e reteriam no corpo

[43] Op. cit., índice 13. "Entretanto, quem sente é a alma. E a alma sente antes o corpo. Ela o sente de todas as partes que a contêm e a retêm. Se ele não a retém, ela se escapa toda em palavras vaporosas que se perdem no céu" (tradução do autor).

as palavras? Elas seriam talvez as mensagens que trazemos de onde tocamos na linha de transmissão que começa nas nossas terminações nervosas: daquilo que tocamos quando tocamos. Mas o toque que não está capturando ou aprendendo é o toque que apenas está lá, o toque que sai de mãos abanando. Talvez o toque que traga conhecimento, mas apenas o conhecimento de quem não apreendeu nada. O conhecimento apenas de quem esteve lá, a curiosidade que apenas me fez chegar, não a que me fez trazer. Szymborska[44] uma vez escreveu em um poema versos que quase interessam aqui – é preciso apenas riscar um verso:

> Eu toco na porta da frente da pedra
> E digo: "É apenas eu, deixe-me entrar;
> Quero penetrar nos seus interiores,
> Dar uma olhada,
> Respirar um pouco dos teus ares...".
>
> "Vá embora", responde a pedra.
> "Eu estou fechada.
> Mesmo que você me quebre em pedaços,
> Nós todas estaremos ainda fechadas.
> Você pode nos triturar em areia
> E ainda assim nós não te dexaremos entrar."
>
> Eu toco na porta da frente da pedra
> E digo: "É apenas eu, deixe-me entrar;
> Eu vim apenas por curiosidade,
> Dessas curiosidades que só a vida pode saciar.

[44] 1962/1999, tradução minha do inglês.

Queria perambular através de seu palácio,
Então visitar uma folha, uma gota d'água.
Eu não tenho muito tempo.
Eu não tenho dois mil séculos.
Eu escutei dizer que você tem grandes corredores
dentro de você.
Vou entrar e sair de mãos vazias
Levarei apenas algumas palavras".

"Você não pode entrar
Você não sabe o que é ser parte.
Nada do que você sente compensa esta falta.
Mesmo sua capacidade de ver os todos
Não serve para nada sem você saber o que é ser parte
Disto você só tem a semente: imaginação."

Eu toco na porta da frente da pedra
E digo: "É apenas eu, deixe-me entrar;
Deixe-me estar sob o seu telhado
Tudo na minha vida é rápido e transitório,
É apenas eu, deixe-me entrar."

"Eu não tenho porta", diz a pedra.

Szymborska, se não quiser carregar nem palavras, quer apenas estar dentro da pedra (dentro da folha, da gota d'água). É apenas a curiosidade pelos lugares, não ainda a curiosidade de quem quer encontrar uma resposta. O *sensorium* de quem sente nesse sentido quase-matamórico é como a ponta dos pés que nos conduz para algum lugar em vez de ser o meio para o fim de aprendermos que coisa pisam nossos pés. A experiência sensível parece ter esse elemento de estar em alguma parte

– a experiência pertence à ordem de onde as coisas (e nossas partes de corpo) estão. Toda experiência é um item com dupla cidadania, pertence a esse terreno das coisas e onde elas estão e pertence à esfera do nosso conhecimento delas: à *ordo essendi* e à *ordo cognoscendi*. E se víssemos a experiência apenas como uma parte da *ordo essendi*?

Esta sugestão talvez seja possível apenas porque pensamos no tato, nos toques. Quando tocamos alguma coisa, estamos ali – e mais, não podemos tocar sem ser tocados. O tato é a experiência sensível que requer uma forma de reciprocidade; quando olhos olham alguém eles podem não estar sendo olhados. Os ouvidos não precisam ser escutados para escutar. Os cheiros podem ser sentidos sem que o nariz seja cheirado. Também o paladar de uma parte do corpo que não seja uma língua pode ser degustado sem que a língua que deguste seja também degustada. É certo que o olfato e a audição são nossos sentidos conspícuos: eles podem não ser percebidos enquanto sentem, em algum sentido o triângulo em nossos rostos que se desenha entre o nariz e os dois ouvidos é um triângulo de certo caráter retirado; estes órgãos podem perceber despercebidamente, eles não precisam expor-se para sentir[45]. O tato precisa estar: precisa meter a mão no que vai sentir. E nossa imagem mais a mão da experiência – como de quase tudo o mais, por exemplo, do pensamento

[45] A imagem do triângulo retirado procede de Agamben, em *Il Vulto* (1996), que contrapõe o triângulo formado por nariz e ouvido ao triângulo formado por olhos e boca, este último compondo a expressividade do rosto. O primeiro triângulo é tomado como elementar de uma maneira que é reminiscente das considerações sobre rostidade – muro branco e buracos negros como significante e subjetividade – de Deleuze e Guattari (1980/1997, cap. 11).

quando falamos de *imagem* da experiência – é optocêntrica. Ou seja, tomamos a experiência visual como protótipo de toda experiência: vemos pela experiência, podemos adquirir uma imagem da situação ou uma visão do mundo etc. Os olhos, na vizinhança do triângulo retirado, podem ser entendidos como retirados das coisas a contemplá-las de longe, e o pensamento que se entende como pares de olhos também fica alheio e começa a se enxergar (sim, enxergar) como independente de como e onde estão todas as coisas que enxerga. Já com a pele, não podemos apenas contemplar, não podemos ser *voyeuristas*, não podemos não nos meter. Se pensarmos no pensamento com a pele, ele fica enfiado nas coisas, como se precisasse estar naquela vizinhança para poder ter aquelas coisas como temas.[46] Todavia é importante notar que os olhos, eles mesmos maleáveis, não são discretos como os narizes e os ouvidos, eles podem ser vistos vendo. O olhar toca quando ele pousa em algum lugar, o olhar também se desloca e o feixe da visão fica em alguma parte.

"Tocar algo", "entrar em contato", "estar enfiado nas coisas" são expressões que evocam não exercícios de contemplação de generalidades ao longe, mas uma vizinhança com algo de singular. O tato – mas também os olhos e mesmo os ouvidos, à medida que pousam em alguma parte – está envolvido com singulares porque está em uma parte específica; o tato permite que sejamos parte de alguma coisa. O tato nos permite um trato – uma das traduções do que Russell[47] chamava

---

[46] Essa maneira de conceber o pensamento se aproxima de versões do externalismo acerca de conteúdos de pensamento: conteúdos dependem do que há ao redor de quem pensa. Ver *Resto do mundo,* p. 46.

[47] 1910.

de *acquaintance* – com singularidades. São tratadas por nossos sentidos pousados sobre elas. A *acquaintance* é concebida como uma relação direta com alguma coisa quando entramos em contato com ela; ela não requer o apelo a nenhuma capacidade de identificação por meio de descrições ou conceitos. A singularidade que tocamos não é apenas por isso transportada para a *ordo cognoscendi* – trazemos dela apenas o conhecimento de quem não apreendeu nada; ou seja, não capturamos desse contato verdade alguma a não ser que apelemos para alguma forma de imediato.

O toque nas singularidades nos leva apenas a estar em alguma parte, não a apreender alguma coisa. Porém, talvez, o toque permita vislumbrar uma ponte entre a *ordo essendi* e a *ordo cognoscendi*: tocamos em uma singularidade sobre a qual não aprendemos nenhuma verdade, não sabemos nenhuma propriedade qualitativa – é o mais próximo que podemos chegar do que meramente apontamos, do que queremos dizer com um demonstrativo que não pode ser expresso de nenhuma outra maneira: de um puro *isto*. Pelo menos algumas vezes sentimo-nos tentados – e é essa tentação que o empirismo explora ao tentar construir nosso acesso a verdades a partir de particulares capturadas pelos sentidos – a dizer que quando tocamos no morango sem saber nada dele estamos mais próximos de tocar um *isto* (ainda que saber que se trata de um *isto* requeira tanto apelo ao imediato quanto saber que se trata de um morango). Contudo, quando tocamos o morango singular, tocamos (o que pode ser) uma singularidade, na *ordo essendi*.

Podemos tentar caracterizar o que acontece quando tocamos (morangos) singulares que não podem ser completamente caracterizados em termos de propriedades qualitativas; apenas por meio de uma outra dimensão: a *haecceitas*. Duns Scotus chamou de *haecceitas* a propriedade não qualitativa que faz com que um particular seja um particular. Meu clone não é eu porque não tem minha *haecceitas*. Se há uma dimensão assim – e Scotus a entendia como uma propriedade –, dois itens podem ser qualitativamente indiscerníveis, mas não idênticos. Cada morango é um morango porque tem a sua *haecceitas*. Minha língua sobre o morango toca aquele morango se está naquele morango, a língua, porque está, quando está tocando, naquela *haecceitas*. Então, a pele do dedo não antevê, não ante-toca. Ela não tem uma forma de pressentimento, de pré-sensação. A *haecceitas* é a propriedade da diferença entre uma coisa e outra: uma relação de singularidades em que uma não prefigura a outra, uma não implementa a outra, uma não instancia a outra. A *haecceitas*, em algum sentido, traça também a diferença entre o morango antevisto de olhos abertos e o morango tocado com os lábios (de olhos fechados): aqui trata-se daquele morango, individual, apenas aquele. Na *ordo essendi*, a *haeceitas* é uma propriedade que não tem qualidade e que individua. Scotus queria, com a postulação de uma propriedade assim, resolver o problema da individualidade (da particularidade) das coisas:

> O sentido da questão acerca da individuação é o seguinte: o que há nesta pedra que a torna absolutamente diferente de todas as suas partes no tipo de divisão que é característica de um todo universal dividido em suas partes?[48]

[48] Scotus, Ordinatio II, d. 3, p. 1. q. 2, n. 48.

A *haecceitas* não é o que especifica uma instância, é o que singulariza um singular. Anterior ou não às propriedades qualitativas, a *haecceitas* se distingue delas. Quando nos tocamos de alguma coisa, com conceitos, já projetamos maneiras de apresentação das coisas que as enquadram. Se tivermos um nome para cada coisa (para cada específica *haecceitas*), não podemos determinar sobre o que falamos e nem falar como são as coisas. Mas quando pensamos nas coisas do alto de nossas capacidades conceituais que exprimem nossa capacidade de detectar as qualidades naquilo que experimentamos (inclusive as qualidades nas qualidades que experimentamos), perdemos de vista a *haecceitas*. Nosso esforço por trazer alguma coisa de onde nós estivemos coloca o *memento mori* que trouxemos de nossa viagem para não voltarmos de mãos vazias dentro de nossa casa. A *acquaintance* a que Russell dava importância no seu guia turístico da *ordo cognoscendi* é alguma coisa que não carregamos – carregamos as palavras, as descrições, o *souvenir* que pomos dentro de casa. Parece, assim, que é a *haecceitas* ela mesma que quer ter a dupla cidadania, quer ser elemento que resiste à domesticação dos particulares, que promove os grilhões dos nossos conceitos e quer ser parte do mundo, uma propriedade sem qualidades. Haverá um jeito de abrigá-la na *ordo cognoscendi* – ou no que pode alcançar o pensamento – ou ela está fadada a naufragar antes de alcançar a costa?

Também nós, e nossas mãos, nossas línguas, nossos olhos e nossa pele, temos *haecceitas*; e nosso corpo em particular. São particulares esbarrando em particulares. Nancy tem outros indícios sobre o corpo que dizem assim:

> Les corps sont dês différences. Ce sont donc des forces. Les esprits ne sont pas des forces: ce sont des identités. [...] Um

> corps est une différence. Comme il est différence d'avec tous les autres corps – alors que les esprits sont identiques – il n'en finit jamais de différer. Il diffère aussi de soi.[49]

Quando uma língua, com sua *haecceitas,* toca em um morango com sua *haecceitas*, não há só aí nada que possa ser enunciado, nada que possa ser apresentado a um tribunal que dê entrada ao que pode pertencer ao que nós pensamos. Quando tocamos alguma coisa, apenas estamos em uma vizinhança: podemos pensar em tocar como sendo um fim, e não um meio para se tocar de alguma coisa. Talvez Matamoros só tocasse assim, uma máquina tocante – um corpo que simplesmente está. Há sem dúvida uma erótica do presente no prazer de tocar (ver *Não-presencial,* p. 244). Estará esse trato com a singularidade, contudo, vedado ao pensamento?

---

[49] Op. cit., índices 20, 21. "Os corpos são diferenças. São, portanto, forças. Os espíritos não são forças: são identidades. [...] Um corpo é uma diferença. Como ele é diferença de todos os outros corpos – enquanto os espíritos são idênticos –, ele nunca termina de diferir. Ele difere também de si mesmo" (tradução do autor).

Conhecer coisas

Num rebanho
Sem tamanho
Tem uma ovelhinha
Tomando banho.
Gabriela Ziegler

Uma maneira de entender o desacordo entre Davidson e McDowell é considerando o pensamento singular. Davidson abraça um holismo associado à idéia de que a experiência é epistemologicamente irrelevante (ver *Experiência,* p. 69), e nossas convicções são confrontadas com outras convicções uma vez que grande parte das convicções deve ser verdadeira para que nossos pensamentos sejam inteligíveis. McDowell pensa que convicções ancoradas apenas em outras convicções não respondem ao mundo, e um confronto entre pensamento e mundo pode acontecer sem a experiência atuando como um tribunal. McDowell pensa que alguns dos nossos exercícios conceituais são passivos; em um modelo que se espelha parcialmente na concepção aristotélica de ato virtuoso, ele entende que nós, se estivermos preparados com as capacidades conceituais relevantes, podemos ter conteúdos disponíveis para nós por meio da experiência. Ele entende que o pensamento só pode fazer contato com o mundo se tiver condições de estar passivo diante dele – episódios de passividade garantem, para ele, aquilo que nós queremos de relações externas entre o pensamento e seus objetos: o pensamento os acolhe sem a eles, naquele momento, adicionar nada. Para evitar os problemas com a suposição de bedelhos imediatos do mundo em nossos pensamentos, McDowell[50] recomenda que tomemos o acolhimento do mundo pelo pensamento como requerendo uma preparação: nosso intelecto não pode ser composto apenas de um *sensorium* despreparado e, também, não pode ser um intelecto qualquer (ver *Bedelho,* p. 27), mas deve ter capacidades específicas para poder ser afetado por uma parte do mundo e detectá-la.

Com respeito ao pensamento singular, McDowell[51] entende que podemos responder a objetos singulares porque termos e expressões são capazes de apontar para uma referência mesmo sem passar por uma descrição; podemos saber a referência de um termo ou expressão – o que para ele equivale a conhecer seu *Sinn* – sem ter acesso a uma descrição definida do item referido. Entender o significado de um termo ou expressão envolve captar seu sentido *de re*. McDowell[52] entende que *Sinne* determinam a referência de um termo ou expressão, mas não são descrições nossas, e sim características das coisas, dos itens singulares. No caso dos nomes próprios, especialmente relevante para a singularidade, os *Sinne* são como lugares do que é nomeado; conhecer o *Sinn* é saber a que ele se refere. E ele escreve "to know

---

[50] 1994/2005.

[51] 1977.

[52] 1984a, 1986.

the reference of a name would be [...] to know that object: *acquaintance*, perhaps, but in any case not knowledge of truth but, what is grammatically distinct, knowledge of things".[53] Ele se apóia na distinção entre saber e conhecer (*savoir* e *connaître*, *wissen* e *kennen*) para entender conhecer *Sinne* como sendo um contato com coisas nomeadas, e não com descrições que especificam o que as coisas devem satisfazer. Dizemos que sabemos fatos, verdades, estados de coisa, porém conhecemos lugares, coisas, pessoas – não dizemos "sei a Patagônia" e nem "conheço que Brasília é uma cidade planejada". Assim, um *Sinn*, para ele, é algo que pode ser conhecido, e não algo que se pode saber.

O acesso às singularidades acontece, portanto, sem passar por descrições definidas e sem, portanto, apelar para um anteparo que especifique que tipo de item cabe como referência àquilo que é pensado. Em Davidson, a relação com itens do mundo é uma relação triádica que envolve o pensamento e as convicções de base que tornam a relação inteligível (ver *Confronto*, p. 38). McDowell, em *Mind and World*, recomenda um empirismo mínimo que entende que só um tribunal da experiência pode tornar possível um confronto entre pensamentos e mundo. Na experiência, o mundo aparece aos nossos sentidos eles mesmos dotados de capacidades conceituais sem as quais não ouviriam nenhuma mensagem ("intuições sem conceitos são mudas", ele parodia Kant).[54] A manobra de McDowell, introduzindo um tribunal da experiência em que o mundo ofereça, aos nossos

---

[53] 1977, p. 174. "Saber a referência de um nome seria como [...] conhecer esse objeto: *acquaintance* [trato, familiaridade], talvez, em todo caso, não saber verdades mas o que é gramaticamente distinto, conhecimento das coisas" (tradução do autor).

[54] 1999.

sentidos bem-formados, veredictos sobre nossas convicções, re-estabelece certa relação diádica entre pensamentos e partes do mundo. McDowell reforma os *relata* da relação diádica para poder mantê-la sem fazer apelo a conteúdos imediatos, sem aderir ao mito do dado. Um apelo aos *Sinne de re* permite que a receptividade capture itens conceitualmente articulados. É certo, porém, que o significado do que é capturado pelos sentidos já aparece especificado de uma maneira que contorna a necessidade de uma descrição que torne identificável o conteúdo de pensamento: conceitos são entendidos em conexão com *Sinne* e não em conexão com descrições.[55]

Em contraste, a posição de Davidson concebe a soberania e a contribuição do mundo por todas as partes do nosso pensamento – soberania e contribuição dispersas por entre nossas convicções. Essa capacidade de resposta holista ao mundo faz com que nenhum item, localmente, possa entrar em contato específico com o pensamento sem um pano de fundo de convicções que especificam com o que estamos em contato. O holismo garante que não há nada de passivamente presente diante do intelecto, que é sempre ativo. A aquisição de convicções acerca do mundo com um conteúdo específico é função dos significados que outras convicções de suporte emprestam aos termos usados para especificar o que estamos pensando (ver *Confronto,* p. 38).

---

[55] Ainda assim, pode parecer que resta uma dimensão dos *Sinne* que, em algum sentido ainda prefigura singularidades no pensamento – podemos pensar um *Sinn* com certa independência da singularidade referida. Eis o que tenho em mente: se conhecer o *Sinn* de uma expressão não é mais do que saber qual é a referência dela, o que é referido já está de alguma maneira prefigurado no conhecimento do *Sinn*. Talvez algo semelhante possa ser dito da idéia de caráter para expressões indexativas como demonstrativos em Kaplan (1989, 1989a); cf. também Wettstein, 2004, p. 153.

Tudo aquilo que está acessível ao pensamento está à disposição do intelecto para produzir convicções diferentes, dados, outros panos de fundo e outros padrões sobre que convicções abraçar – mas essa soberania é a cada passo limitada pela inteligibilidade: o cenário de verdades tem de estar presente. O conhecimento das coisas, assim, fica reduzido ao conhecimento das verdades; aquilo que pode ter um conteúdo específico determinado por um esquema de conceitos é uma convicção que é o que pode, por meio de uma relação triádica, ser objeto de um confronto com o mundo. Uma posição holista não empirista[56] concebe o pensamento como estando em constante movimento, uma vez que os significados não formam uma paisagem fixa e determinada; eles não formam um espaço suplementar distinto do movimento do pensamento. A soberania do pensamento e as verdades que o tornam inteligíveis estão espalhadas por toda parte onde se pensa. Especificações conceituais – que produzem descrições – são produções do pensamento e, portanto, não de itens do mundo que já apareceriam pensados. Conteúdos de pensamento são sempre produtos de atos de pensamento: essa é uma peça central na recusa de qualquer forma de empirismo.

McDowell, por outro lado, abraça um empirismo mínimo que envolve um reencantamento parcial dos itens do mundo, o que para ele significa dizer que na experiência já recebemos conteúdos conceitualmente articulados: recebemos conteúdos de pensamento vindos de um mundo exterior independente de nossos esforços de pensamento; ou seja, de nossos atos de pensa-

---

[56] Interessante comparar a posição de Davidson com o holismo de Derrida, especialmente em 1968. Ali também nada aparece como presente diante de um intelecto nem mesmo depois que o intelecto firmou algumas convicções (cf. Wheeler III, 2000). Ver também *Presenças plenas*, p. 164.

mento. Quando buscamos justificações encontramos não mais que conteúdos pensáveis, nada que se pareça a um dado isento de conceitos e também nada que não seja pensável – é restrição ao pensamento vindo do mundo, como quer o empirismo, mas em forma já de conteúdo pensado. O re-encantamento parcial do mundo é o que permite que recebamos conteúdos conceitualmente articulados (se bem que dubitáveis). Os veredictos do mundo aparecem re-encantados: somos capazes de receber por meio dos nossos sentidos – nossa receptividade inseparavelmente trançada de espontaneidade – fatos.

Tais relações diádicas de confronto entre um *sensorium* (conceitualmente capacitado) e mundo – uma relação passiva de confronto de onde o pensamento recebe veredictos do mundo – são atomísticas: é preciso que o conteúdo de pensamento possa ser semanticamente auto-suficiente, é preciso que a parte do mundo que é objeto do confronto possa ser inteligível por si só. A manobra de McDowell pretende tornar possível uma relação sem terceiro elemento entre pensamento e mundo, onde fatos do mundo podem ser recebidos por mentes conceitualmente habilitadas. Re-encantar a natureza é já atribuir a ela uma parte do trabalho semântico. É também entender que nosso pensamento responde isoladamente a como as coisas são naturalmente – a corrigibilidade é naturalizada mesmo que a natureza seja ao mesmo tempo reencantada.

O empirismo mínimo, em contraste com um holismo davidsoniano, concebe o conhecimento das coisas como mais do que o conhecimento de verdades: podemos aproximar-nos das coisas e, uma vez conceitualmente capazes, conhecê-las em sua singularidade. Em uma posição holista, estamos envoltos em convicções e verdades e todo contato com itens do mundo singulares deve ser inteligível para serem pensados – e, assim, associados a convicções e às verdades de fundo. Vemos aqui, em cores vivas, o contraste entre o que pretende uma concepção holista do pensamento de um lado e a atenção, pelo pensamento, a singularidades de outro. De um lado, o pensamento se afunda em seus próprios requisitos de soberania em todas as partes e de conceitualidade e inteligibilidade que, entendidas até a sua raiz como pretendem empreitadas holistas, nos fazem entender a articulação das convicções em padrões e o conhecimento de verdades que oblitera a nossa percepção de coisas singulares destacadas da nossa percepção das descrições em que elas cabem. Surge assim um resquício de tentação por alguma forma de distinção transcendental entre verdades como nós as conhecemos e coisas singulares elas mesmas. De outro lado, a experiência permite uma passividade diante das singularidades que nos são apresentadas e que se impõem desde fora aos movimentos do pensamento; diante do que recebemos do mundo – se devidamente conceitualmente preparados – podemos ter pensamentos singulares que atentam para itens singulares do mundo mesmo que não sejamos capazes de especificá-los. Por esse caminho sentimos a força da atração de um postulado segundo o qual um plano suplementar de significados fica fixo quando confrontamos nossos pensamentos com veredictos da experiência.

De fato, o esforço empirista sempre é o de nos convencer que uma parte do que recebem nossos sentidos já vem pensada – já vem com um lugar pronto entre as galerias do nosso pensamento. Assim, por exemplo, com dados da sensibilidade que são elementos que recebemos e que, em certos sentido, já estão parcialmente reencantados, uma vez que não cabe à nossa soberania decidir o impacto que esses conteúdos poderiam ter sobre nossas demais convicções. Um empirismo mínimo está assim em conflito com requisitos holistas que podem ser formulados nos termos do segundo dogma denunciado por Quine: o impacto que nossos sentidos recebem já surge com um conteúdo específico que não cabe a nossa soberania ajustar – trata-se de um veredicto atômico. Esse contato com elementos atômicos do mundo está associado por McDowell à possibilidade de que se entendam singularidades como pensáveis por meio de *Sinne*. Em termos de uma tentativa de conciliação entre um holismo acerca de conteúdos de pensamento e da singularidade pensada, o empirismo mínimo parece tender para uma redução dos compromissos holistas.[57]

Em todo caso, a singularidade talvez não possa ser completamente representada pela posição de McDowell. Relações intencionais entre o pensamento e itens do mundo podem permitir que haja um contato com itens singulares – poderia ser possível talvez imaginar um contato intencional com a *haecceitas* dos itens singulares. Mas o empirismo mínimo entende que aquilo que recebemos na experiência aparece de uma forma conceitualmente articulada – um conteúdo de pensamento articulado em um esquema conceitual.[58] É como se, com o reencantamento da natureza, as singularidades com que tomamos contato já são instâncias que, para serem perce-

[57] Talvez isso se dê pela tentativa de McDowell de entender o pensamento singular como um conteúdo de pensamento – fixo, estável e não afetado pelos atos de pensamento ao seu redor. A idéia de um pensamento singular fixo encontra sua contraparte em singularidades que podem ser tratadas como átomos – mesmo que pensáveis desde capacidades conceituais.

[58] O *Sinn de re* de uma expressão é como um tropo, como uma propriedade particular da expressão que, nesse caso, é a de ter uma espécie de mapa para chegar a uma singularidade. *Sinne* e os tais mapas estão sempre inseridos no contexto dos conceituais e seus significados.

bidas enquanto tal, requerem que nossos sentidos estejam informados por capacidades conceituais. O reencantamento da natureza nos deixa também indiferentes a singularidades que sejam mais do que instâncias, diferentes de casos de conceitos que podemos reconhecer por nossa *Bildung*. É certo que McDowell insiste que adquirir um conceito não é adquirir um emaranhado de descrições universais – conceitos podem ter um foco em particulares.

Contudo, os conceitos pelos quais adquirimos perceptualmente singularidades estão já de alguma maneira prefigurados, uma vez que pensamos nos itens do mundo em termos dos conceitos que estão presentes, de forma passiva, em nossa receptividade. Nessa forma, como podemos ter a experiência de alguma coisa que não venha já colocada nas galerias de pensamento forjadas por uma articulação de capacidades conceituais já prefiguradas na nossa sensibilidade? Fica parecendo que um contato (por exemplo, intencional) com uma singularidade e que preserve nesse contato sua *haecceitas* só poderia ter a forma de um conteúdo que apareça ao pensamento como dado, como bedelho imediato do mundo sem qualquer especificação conceitual – uma pura *acquaintance*, como suspeitou McDowell. Parece que a posição de McDowell fica assim a meio caminho da possibilidade de contato entre o pensamento e um Outro que não seja imediatamente transformado em um Mesmo: podemos conceber pensamentos que não precisem apelar para uma caracterização em termos de descrições, mas as singularidades seguem pensáveis apenas por meio de conceitos que, de alguma medida, prefiguram o que pode ser recebido pelos sentidos e, assim, as singularidades não ficam pensadas senão enquanto casos de conceitos. Vale notar que as singularidades não são mais inacessíveis ao pensamento nessa maneira de pensar do que em um holismo davidsoniano. Em ambos os casos, conteúdos permeados de conceitos – e de *Sinne*, no caso favorecido por McDowell – estão sempre incorrendo o risco de enquadrar singularidades em esquemas de pensamento que não lhes façam justiça.

Descrições

Achava que as coisas dentro dos livros
eram mais verdadeiras do que fora
que as coisas nos livros e as pessoas
estavam no lugar certo e se destoavam
era só para depois retomarem o lugar
exato em que deveriam estar
Vera Lúcia de Oliveira

Quando damos um nome próprio a alguma coisa, a alguma região, a alguma pessoa (ou mesmo a algum acontecimento ou processo), o pensamento parece estar lidando diretamente com uma singularidade presente: parece depender, para ter conteúdo, de haver algo singular de alguma maneira presente; entende que tudo aquilo que pode ser inteligível sem que haja um objeto denotado não é um genuíno nome próprio[59] – pode ser sistematicamente substituído por outro tipo de expressão, por exemplo, por descrições definidas. Nas descrições definidas,

[59] Ver Russell, 1905, e Evans, 1982.

pelo menos em seu uso atributivo,[60] a singularidade é capturada por meio de especificações de lugares: aquilo que está em certo lugar mapeado pela descrição é o que é denotado – se houver uma única coisa nesse lugar.

Na construção de Russell das descrições definidas, enunciados com descrições definidas que falham em apontar para uma singularidade são falsos, porém inteligíveis. Para que o pensamento por descrições possa ser sobre um item singular, ele precisa contornar as armadilhas das descrições que prefiguram o item. O perigo é de a singularidade de algum item ser dissolvida na descrição que o torna acessível ao pensamento. As discussões sobre especificação de conteúdo procuram movimentar-se nesse atoleiro: como pode um item singular ser pensado em sua singularidade? Podemos claramente distinguir a questão da metafísica da singularidade daquela da possibilidade de pensá-la: pode ser postulado, concebido ou suposto que há singularidades no mundo – itens possuem sua *haecceitas* – e sobra ainda a questão acerca de como elas poderiam estar presentes no pensamento. Descrever – à primeira vista um modo do pensamento que contrasta com nomear – é uma das maneiras de trazer alguma coisa ao pensamento; o esforço de colocar tal coisa em um espaço estabelecido pelo pensamento. Agamben[61] explora o que significa haver lugar: o pensamento acolhe elementos porque há lugar para eles; no pensamento há lugares e, porque há lugares, o pensamento não se envolve com as imperfeições das coisas que ocupam os lugares. O pensamento e o entendimento fazem assim com que itens

[60] Quando usamos "o assassino de Smith" atributivamente designamos quem quer que tenha assassinado Smith, quem quer que satisfaça a descrição definida; nem sempre as descrições, segundo a fecunda distinção introduzida por Donnellan (1966), são usadas de modo atributivo.

[61] 2001, p. 15-19.

sejam acolhidos, que ocupem um lugar. Parte da mensagem de Wittgenstein na seção 257 das *Investigações* pode ser apresentada assim: criar uma nova palavra é um exercício inócuo se não estabelecemos que lugar o significado da palavra pode ocupar – a gramática de uma nova palavra "mostra a posição em que a nova palavra fica estacionada".[62] Cada palavra é entendida se posta em relação com as demais que a circundam; entender é, em algum sentido, poder encontrar o endereço. Se o pensamento é sempre entendido como acolhimento em suas galerias, ele corre o risco de não alcançar nada que não caiba nelas.

Em uso atributivo, descrições não especificam diretamente algo singular, mas apenas o lugar que aquilo ocuparia. Descrições não seriam mais do que a construção de um lugar – o que em si mesmo poderia não envolver a possibilidade de erro – para que algum item ocupe o lugar que pode vir a ser ocupado se a descrição consegue tratar de alguma coisa. As galerias do pensamento – como lugares a serem ocupados por itens entendidos do mundo – podem, em grande medida, no espírito da teoria das descrições, ser independentes de qualquer item do mundo. Descrições, se nada as prende a itens do mundo, podem jamais ser satisfeitas por um único conjunto de objetos: há, de fato, o risco de que jamais falemos de mais do que os lugares criados por nossos pensamentos e que nossas descrições definidas sejam todas falsas porque não há uma única singularidade que as satisfaça – pode ser que haja muitas singularidades que satisfaçam à descrição, pode ser que não haja nenhuma. Pensar por meio de descrições é pensar por meio de lugares, e não de seu preenchimento – é ter uma atitude de pensamento *de dicto*, sobre o que se diz, e não acerca da coisa sobre a qual se diz o que se

[62] PU, I, 257.

diz. O contato com um item sem lugar é um contato com uma coisa sobre a qual nenhum juízo pode ser feito e não pode ser especificada: pode estar ocupando qualquer lugar; ou, antes, um lugar qualquer.

Descrições (definidas e indefinidas) aparecem no esforço da crítica à certeza sensível já no primeiro capítulo da *Fenomenologia do Espírito* de Hegel: a dissolução de um *isto* em uma encruzilhada de descrições. Para Hegel, dissolvemos o imediato da certeza sensível quando percebemos que sua verdade está nos universais que a linguagem permite formular. Parece que dissolver a certeza sensível – aquilo que pode ser dado sem mediações pela experiência sensível – envolve dissolver a possibilidade de que se possa genuinamente pensar em um *isto* que não seja uma construção a partir de descrições.[63] Assim, o que chamamos *isto* – e os demonstrativos, como os nomes próprios, parecem precisar de alguma coisa presente – é dissolvido e pode ser inteligível sem o uso do demonstrativo, por meio de um aglomerado de descrições. A manobra, se pode ser aplicada a todos os usos de demonstrativos, pode ser também estendida para nomes próprios: eles não seriam jamais, conforme a prescrição de Russell acima, genuínos, ou seja, insubstituíveis.

Podemos entender essa deflação da importância da presença pura para Hegel em termos de uma interpretação forte daquilo que Evans[64] denomina de princípio de Russell, segundo o qual é preciso ser possível especificar sobre que coisa falamos para que

---

[63] Mais sobre a teoria do fardo, que Hegel parece adotar, em *Verdades insuficientes,* p. 110, e em *Haecceitismo,* p. 210.

[64] 1982, cap. 4. A interpretação de Evans do princípio, vale notar, é bem distinta dessa interpretação forte que tende a exigir que todo pensamento seja *de dicto*. Russell, também, resistiria a essa interpretação forte.

possamos fazer juízos sobre alguma coisa. A interpretação forte entenderia a especificação necessária inteiramente em termos de descrições: precisamos ser capazes de descrever o que falamos para que possamos fazer juízos, para que possamos identificar do que falamos. Se pensarmos que precisamos descrições para especificar do que falamos, dissolvemos o singular, o *isto*, em descrições.[65] Os passos podem parecer convidativos: se não podemos apelar para o imediato, especificamos do que falamos apenas por meio de descrições, apenas *de dicto* e, assim procedendo, as singularidades não podem ser mais do que aquilo que cabe em nossas especificações. Dizemos alguma coisa acerca dos particulares, não porque estamos diante deles – a presença de alguma coisa particular é irrelevante para que possamos capturar verdades acerca deles –, mas porque prefiguramos o lugar em que eles podem ser colocados dentro de nossos pensamentos. E, assim, nossas afirmações sobre os particulares são não mais do que articulações de lugares em nosso pensamento.

A relação do pensamento com um item que ocupa um lugar estabelecido por ele mesmo não pode ser caracterizada facilmente como uma relação externa: todas as características que fazem do item pensado aquilo que ele é dependem do lugar que ele ocupa no pensamento. Vale esclarecer que não

---

[65] A questão invoca aquela de se a ostensão – quando dizemos *esta* chaminé – está a salvo das críticas ao imediato. Hegel e Wittgenstein, por exemplo, insistem que a ostensão requer capacidades conceituais desde o início: precisamos conceitos para entender os dedos apontados ou a direção do olhar. Ou seja, para identificar conteúdos singulares, precisamos também aqui ser capazes de entender os dispositivos conceituais que determinam qual é o item intencionado. Cf. Lamb (1980) e Bensusan (2007) para uma aproximação entre as conseqüências das críticas ao imediato na *Fenomenologia* (PhG) de Hegel e nas *Investigações* (PU) de Wittgenstein.

se trata de dizer que as características de uma parte do mundo dependam de especificações subjetivas ou plurisubjetivas, mas antes que é por meio dessas características (já pensadas) que uma singularidade é inserida entre pensamentos. O lugar do item o antecipa; ou, se quisermos, o prefigura. Há um contraste com algumas formas de conceber relações externas: esbarrar, encontrar com surpresa, descobrir. O pensamento por descrições, quando acolhe o item que pensa, o dispõe em um lugar – o lugar que o prefigura. Porque pensar parece ter que obedecer ao princípio de que não se pode pensar em um tema que não tenha um endereço certo entre os lugares do pensamento – temas para o pensamento são temas para os quais há um lugar. A alternativa para que possamos ter algo mais próximo de relações externas com os temas de nossos pensamentos é admitir que os itens do mundo imponham eles mesmos seus lugares – como se eles aparecessem (em parte) já pensados. Pode surgir daí talvez uma simpatia pelo imediato e, por exemplo, pela concepção de que percebemos dados sensoriais: dados sensoriais aparecem a nós já impondo um lugar no pensamento, como se o mundo colocasse o bedelho nos nossos pensamentos, impondo itens e abrindo para eles seus lugares. Os dados sensoriais já são recebidos empacotados em suas descrições; eles possuem lugares fixos. Intuições sem conceitos nos brindariam com a matéria-prima de um entendimento inteligível – itens do mundo em toda a sua externidade, sem contribuição nenhuma de nossas capacidades de pensamento. Se o pensamento tematiza aquilo que já vem com um endereço fixo, dissolve-se a possibilidade de um descolamento massivo entre as descrições que estabelecem lugares para o que é pensado e os itens que são objetos desse pensamento.

A idéia de *acquaintance* parece atraente porque tenta encontrar para o pensamento relações, em grande medida, externas com itens do mundo – externas como a relação de esbarrar: tenho *acquaintance* com aquilo com que simplesmente entro em contato, ainda que não consiga descrever; basta que eu toque em alguma coisa, por exemplo (ver *Matamoros,* p. 78). A *acquaintance* tem um parentesco com conhecer coisas (ver *Conhecer coisas,* p. 89) e, assim, parece capturar alguma coisa importante da atividade de pensamento quando nomeia. Compreende-se, assim, o intuito de encontrar uma forma mais geral para uma tal relação – por exemplo, naquilo que Evans chamou de modelo fotográfico[66] ou qualquer tentativa de grudar partes do mundo aos nossos termos de uma maneira robusta e que possa aplicar-se em casos em que não pode haver *acquaintance*. Trata-se da tentativa de postular que o pensamento pode encontrar atalhos para fora das descrições; além de descrever, o pensamento pode se situar e ficar diante de algo ou em algo sem impetrar o esforço de descrever. Este é o cerne da discussão de Evans acerca do princípio de Russell, ao qual ele quer aderir sem deixar de fazer justiça à possibilidade de que possamos tratar de partes do mundo – referir-nos a itens – por meio de artifícios similares à *acquaintance,* que passa ao largo do esforço de especificar por descrições.

O princípio, tal como endossado por Russell, não associa capacidade de descriminação com descrições, e Evans é sensível aos méritos de projetos de alargar as possibilidades que são

[66] 1982, p. 76-87. O modelo fotográfico postularia que podemos pensar em alguma coisa porque estivemos em uma apropriada relação (externa) com ela, por exemplo, causal, sem que precisemos saber dessa relação e, portanto, que estamos pensando naquela coisa.

descortinadas pela noção de *acquaintance*, insistindo que não precisamos abandonar o princípio de Russell – em sua interpretação – para tanto. De um lado, identificações e reidentificações de itens por meio de descrições não permitem que consideremos singularidades diante da possibilidade de reduplicação massiva. De outro lado, se considerarmos que, como diz Devitt,[67] a identificação depende apenas do que quem fala ou pensa faz e não do que ele pode fazer ou viria a fazer – de nenhuma capacidade de quem fala ou pensa –, poderemos ter juízos cujo objeto é inteiramente desconhecido de quem os faz. Evans[68] pretende evitar esses dois pólos por meio de um apelo a relações informacionais que determinariam, com certa independência das convicções de quem pensa, o objeto dos pensamentos. Assim, poderíamos apelar para elos informacionais entre um item e um pensamento para determinar que objeto está sendo pensado mesmo que o pensante não possa oferecer uma descrição do item capaz de especificá-lo. Elos informacionais estão presentes em casos de *acquaintance*, mas se estendem para além deles sem

---

[67] 1974, p. 205.

[68] O conjunto de preocupações de *The Varieties of Reference* (1982) se aproxima em muitos pontos daquelas que dão origem às questões deste livro. Em particular, a concepção de identificação e reidentificação de objetos que é apresentada no capítulo 4 como parte de uma defesa do princípio de Russell e de um ataque ao modelo fotográfico. Ali é apresentada uma concepção não verificacionista e centrada na restrição da generalidade (ver *Atividades da manteiga,* p. 205) em que a capacidade de descrição por meio de conceitos é central. Porém, na última seção do capítulo (4.6) um contra-exemplo relacionado à identificação de singularidades é apresentado. Evans prossegue apresentando uma concepção informacional do objeto dos pensamentos que, em alguns sentidos, caminha por direções diferentes do que é pretendido neste livro. As preocupações, contudo, em grande parte, são similares.

fazer apelo a meras conexões causais entre objetos e pensamentos. Ou seja, é preciso que haja episódios de memória ou de testemunho conectando o pensamento ao objeto – e não uma mera proximidade ou relação causal.[69]

Podemos pensar em demonstrativos como um exemplo da capacidade intencional do pensamento. As maneiras por meio das quais o pensamento pode tematizar sem apelo a descrições são suas capacidades intencionais: ter demonstrativamente em mente, por exemplo, aquela que será a primeira pessoa nascida no ano que vem em Chubut. Aqui parece que fazemos alusão a uma capacidade que está presente quando damos nome a alguma coisa – uma capacidade que passa ao largo da satisfação das descrições e que aparece de forma explícita em concepções da referência direta que podem ser descritas por meio do modelo fotográfico de Evans (ver nota 68). Se aqui há pensamento, trata-se de um pensamento direcionado, por exemplo, a objetos singulares no mundo que são assumidos pelo sujeito que pensa. Mesmo que as descrições os coloquem em lugares em que eles não caibam, os itens singulares podem ser tocados por uma es-

[69] Evans entende que, assim, pode separar o conteúdo do objeto de um juízo ou pensamento; o objeto é dado por um mecanismo informacional que é entendido como em grande medida independente das convicções de quem pensa. Seu exemplo, na página 123, envolve casos como a da ilusão de Miller-Lyer. Ele considera que a informação que recebemos pelos sentidos de que as linhas são de diferentes tamanhos é independente de qualquer juízo que façamos sobre as linhas. Tal suposição de independência é problemática, e dela depende a distinção entre objetos de pensamento que nos informam de algo acerca do como são, de um lado, e conteúdos de pensamento, de outro; ver crítica a esse uso da ilusão de Miller-Lyer em *Experiência,* p. 69. Em contraste, pode ser que aquilo que não é conteúdo apenas localize, por assim dizer, geograficamente, o que é pensado; ver *Essências,* p. 231.

pécie de braço intencional desde o pensamento – como os casos de uso referencial de descrições popularizadas por Donnellan.[70] O pensamento poderia estender um braço intencional que toca alguma coisa mesmo sem se dar conta: aquilo que o pensamento quer dizer com a descrição e não aquilo que a descrição descreve, ou aquilo que o pensamento trata independentemente do lugar que ele institui. Assim, o pensamento pode tocar itens singulares – ainda que não possa especificar quais sem dispô-los em um lugar (ver *Haecceitismo,* p. 210).

Aquilo que é tocado pelo pensamento não pode precisar ser objeto de um esforço pensado para especificá-lo; isto nos faria invocar outra vez a mediação das descrições. Não parece que pode haver uma teoria das intenções para além das circunstâncias dos usos: tal espécie de anatomia do braço intencional que separasse de um lado as nossas capacidades intencionais conseguidas por práticas de pensamento e de outro nossas habilidades descritivas tornaria nossas capacidades intencionais reféns de uma descrição teórica das nossas intenções. Não é que tal teoria se tornasse imediatamente verdadeira ao ser formulada, mas é antes que a possibilidade de que verdades sobre nossas intenções possam ser formuladas de uma maneira geral por meio de descrições abre outra vez a possibilidade de que os itens do mundo escapem de nossas descrições e de que algo como a *acquaintance* não aconteça. Nossas intenções são como a atenção ao rosto de outra pessoa na imagem que faz Lévinas da nossa experiência de alteridade (ver *Tornar-se conceito,* p. 169): o rosto emerge como o rosto de alguém, um específico outro do

[70] Cf., por exemplo, 1966. No uso referencial, uma descrição não precisa ser satisfeita para denotar.

qual devemos privar-nos de oferecer uma descrição completa que o faça encaixar-se em um lugar do nosso pensamento. Apenas dado um contexto de uso podemos determinar a referência de uma descrição definida indiferente àquilo que ela especifica – e, também aqui, especificar uma referência é fazer uso de uma descrição. Gestos intencionais só podem ser especificados por meio de mais descrições e, se não podemos recorrer a um ambiente privado de onde saem os braços que tocam itens do mundo, só podemos vislumbrar algum contato com itens que não estão prefigurados no pensamento por meio das fissuras do nosso aparato descritivo. A atribuição de conteúdo aos pensamentos consiste em grande medida em encontrar lugar para o que se está pensando – apenas acontece que, às vezes, o objeto pensado fica, por algum tempo, fora de lugar.

Verdades insuficientes

Yves Tanguy routinely refused to comment on his work,
on the grounds that to do so would lock him
into whatever he might say,
and thus shackle his imagination.
Judith Suther

Há uma dimensão daquilo que consideramos verdade que é freqüentemente descrita como uma espécie de adequação – quando falamos da *adequatio* entre intelecto e coisa, por exemplo –, e podemos apontar para essa dimensão ainda que tenhamos motivos para não tomá-la como parte de um suposto *definiens* da verdade. Uma convicção, uma frase ou um pensamento verdadeiro parece ter de ser adequado ao que tenta tratar ou descrever. Essa dimensão é também capturada quando falamos de satisfação: verdades devem poder ser satisfeitas por alguma coisa – essa era a noção primitiva a partir da qual Tarski confiava poder esclarecer o conceito de verdade para frases de uma linguagem. Podemos falar também em cabimento: em português dizemos que uma enunciação não cabe em como são as coisas; ela não se encaixa naquilo em que pretende encaixar-se, dizemos de uma enunciação falsa que ela *não tem cabimento*, ou seja, que ela não cabe onde deveria caber.

Essa dimensão da adequação, do encaixe, da satisfação, do cabimento supõe que um item verdadeiro seja capaz de, ao mesmo tempo, determinar do que está tratando e encaixar-se naquilo do que está tratando. Não precisamos pensar, para reconhecer essa dimensão de encaixe, que o *intellectus* formula pensamentos com independência da *res* e é limitado em sua liberdade desde fora por itens fazedores de verdade (*truth-makers*). Basta pensar que, em cada episódio em que algum item pode ser verdadeiro, parece haver algo, de alguma natureza, a ser encaixado. Noto desde logo uma propriedade do encaixotamento: é certo que várias caixas podem encaixotar o mesmo item – escolha a caixa que quiser –, porém também várias coisas podem caber em (satisfazer, adequar-se a) uma caixa e assim várias coisas podem tornar o que é verdade, verdade.

Muitas vezes ouvimos dizer que enunciados nomológicos – digamos leis científicas – não nos permitem saber nada acerca do comportamento dos objetos do mundo (não nos permitem prever comportamentos futuros e explicar observações passadas) por si mesmas. Enunciados nomológicos, que carregam supostamente alguma dimensão de universalidade, não nos contam sobre objetos particulares sujeitos, por exemplo, a leis. Laplace, para poder prever a trajetória de corpos em um sistema mecânico, precisava de leis e também de condições iniciais. As leis contam sobre o trajeto de um corpo a partir de um determinado lugar, mas são inúteis enquanto não localizarmos o corpo – para isso, precisamos de condições iniciais que nos digam algo do tipo "o corpo ξ se encontra em λ" onde λ são coordenadas espaço-temporais. Trata-se de algo análogo ao debate acerca dos quantificadores universais: o que faz um silogismo como *barbari* controverso é um desconforto acerca de que se possa inferir algo de particular a partir de premissas puramente universais.

Gostaria agora de chamar a atenção para uma propriedade análoga das verdades que é uma conseqüência da dimensão – de novo, que não necessariamente define o que é verdade – que apontei acima. Podemos imaginar-nos em uma situação em que temos um acervo de verdades e ainda não sabemos a que elas se aplicam. Podemos imaginar que temos verdades e não sabemos ainda; para usar uma metáfora de Quine, alfinetá-las aos objetos, estados e eventos do mundo. Tentemos – como um passo provisório e uma escada a ser abandonada depois de subirmos – entender a distinção entre conhecimento dos fatos e conhecimento das coisas (ver *Conhecer coisas,* p. 89). Podemos saber muitos fatos – que a grama é verde, a neve é branca – e não saber do que eles tratam; ou seja, não conhecer a grama ou a neve. Há um parentesco aqui com o impasse da Mary de Jackson:[71] "saber que" o sangue é vermelho não é ainda ter sido apresentado ao sangue. Uma tecnologia de identificação do que estamos falando não está ainda presente quando sabemos que coisas são vermelhas. Podemos retomar um caminho que fez Russell postular relações de *acquaintance*: podemos pensar que φ é 'F' sem saber ainda que há uma coisa que é (ou que é a única que satisfaz) φ. Russell se inclinava a pensar que deve haver alguns casos em que pensar em φ já é saber que há uma coisa que é φ. Ao falar do que é susceptível de *acquaintance* em Russell, Evans define o que ele chama de propriedade cartesiana:

[71] 1986.

> It is not possible for a subject to think that there is an item of the relevant kind with which he is acquainted (and hence to think that it is possible to essay a thought about it) without there being such an item.[72]

Por exemplo, ocorrências mentais – digamos, sensações ou pensamentos x de um sujeito S – satisfazem a propriedade cartesiana: se S pensa que está em contato com x, S está em contato com x. A *acquaintance* permite passar do conhecimento de fatos para o conhecimento de coisas. Se nosso pensamento não tiver nenhuma cola com seus objetos, ele pode sofrer uma patologia como a de reduplicação massiva diagnosticada por Strawson[73] entre diversos outros cenários céticos que fazem o pensamento atuar em um vácuo sem atrito direto do mundo – o pensamento descolado na sua denotação. Estamos diante da situação em que podemos saber verdades sem ter ainda nenhum conhecimento das coisas; tal como podemos ter em nossas mãos todas as leis da natureza e ainda assim não podermos explicar (ou prever) nenhum fenômeno natural por falta das condições iniciais em que se encontra nosso *explananda*. Ou seja, podemos ter as caixas certas sem termos ainda conhecimento daquilo que, de fato, está dentro delas. A reduplicação massiva é a possibilidade de que em cada caixa caibam também coisas diferentes das que imaginamos: podemos não capturar aquilo que queremos capturar mesmo pensando verdades.

---

[72] 1982, p. 44. "Não é possível para um sujeito penar que há um item do tipo relevante com o qual ele está familiarizado [acquainted] (a assim pensar que é possível ter um pensamento acerca dele) sem que haja tal item" (tradução do autor).

[73] 1959, p. 20.

Estamos a um triz da maldição de Macbeth: podemos estar mentindo enquanto falamos a verdade. Talvez convenha repetir os passos que fizemos para chegar até aqui e tratar de repeti-los com cautela. Podemos procurar construir a verdade de uma frase em uma linguagem (ou de um pensamento, ou de um enunciado) a partir da denotação de seus termos. Os termos estariam fincados em uma denotação e, a partir de então, as frases estariam, por composicionalidade, fincadas em estados de coisas. Para isso teríamos que encontrar uma cola entre os termos e suas denotações: alguma coisa que nos poderia oferecer uma noção de *acquaintance*. Uma vez que reconheçamos que nossos enunciados em uma linguagem pública permitem a identificação e a individuação das nossas denotações, estamos às voltas com a inescrutabilidade da referência.[74] Ou seja, a menos que encontremos uma maneira independente de qualquer descrição de determinar a denotação dos termos dos itens capazes de ser verdadeiros, os *denotata* dos nossos termos serão relativos ao que pode satisfazer – caber na caixa – de outras descrições. Quando dizemos "o gato pulou da janela" e acoplamos ao entendimento do enunciado que "gato é um felino", "o gato em questão é aquele que é preto e mora na casa do vizinho", "a janela fica no terceiro andar" etc., ficamos em uma situação em que a verdade do primeiro enunciado depende da verdade de todos os outros. O elo entre um termo singular e sua denotação parece muitas vezes depender de algumas verdades.[75] Dito de outra maneira, o conhecimento das coisas pode ser reduzido a um emaranha-

[74] Cf., por exemplo, Quine 1960.

[75] Frege (1892) considera que as linguagens contêm expressões que, por sua forma gramatical, parecem destinadas a designar um objeto, mas que em casos especiais não o fazem, pois para tanto requerem a verdade de uma sentença. Podemos sentir o risco de que esses casos especiais sejam, de fato, a regra.

do de saberes sobre fatos – um pouco ressoando a situação da Mary de Jackson[76] quando podia predicar de vermelho objetos sem ver nada vermelho. É da inescrutabilidade da referência que parte o holismo de Quine e, dele, o esforço de Davidson de costurar verdade e inteligibilidade (ver *Confronto,* p. 38). São verdades de fundo que especificam do que estamos falando (ou pensando); se todas as minhas (ou de quem quer que seja) convicções forem falsas, não será possível para ninguém determinar do que elas tratam: nem Deus poderá considerá-las falsas e nem poderei eu ser considerado alguém que pensa com conteúdo. A manobra contra algumas variantes de ceticismo pode parecer magistral: são outras verdades, e não a cola termo-denotação, que escoram qualquer verdade, e a possibilidade do erro massivo é exorcizada por ser ininteligível.

O contato do nosso pensamento com o mundo é feito por meio de verdades – estamos condenados a pensar verdades e, assim, no seu todo, nosso conhecimento tem de estar respondendo ao mundo. Não podemos pensar com um *intellectus* que seja uma variável independente do resto do mundo; existe uma presunção de verdade em favor de cada uma de nossas convicções. Dito de outro modo, ainda que possamos estar errados com respeito a cada uma das nossas convicções, não se segue que possamos estar errados com respeito a todas elas: minhas convicções não são logicamente independentes do conjunto das verdades. E, contudo, já famosamente, McDowell[77] se frustra que Davidson parece estar patinando no vazio sem fricção e tratar de verdades com insuficiente pressão por parte de como as coisas são.

---

[76] 1986.

[77] 1994/2005, I.

Podemos tentar entender a frustração de McDowell a partir de um diagnóstico que Davidson poderia sentir-se inclinado a fazer sobre o experimento de pensamento do cérebro em uma cuba.[78] Davidson poderia dizer que ainda que não haja mesa, sala, pessoas nessa sala onde está o cérebro na cuba, pensamentos como "a mesa é marrom" ou "as paredes são brancas", bem como a maioria do que pensa o cérebro, seria verdadeiros. Ou seja, mesmo que não haja paredes ou mesas tal como nós imaginamos (ou mesmo coisas marrons ou brancas), seria verdadeiro dizer que "a mesa é marrom" – bastaria que acrescentássemos uma teoria acerca do que é aquilo que chamamos mesa, mas essa teoria não seria nada de especial ou mais fundamental, seria apenas um conjunto de verdades que tornaria algumas das minhas convicções falsas. Ou seja, eu teria algumas das minhas convicções falsas, porém isso não seria suficiente para destituir o valor de verdade da (maioria das) minhas outras convicções. As verdades acerca dos *denotata* dos meus termos não são verdades especiais, nem mais e nem menos fundamentais, apenas um subconjunto das verdades que eu preciso incorrer para que minhas convicções sejam inteligíveis. Ora, já vemos o problema. A ameaça da reduplicação massiva pode ser formulada a partir da possibilidade de eu ser um cérebro em uma cuba: posso estar falando verdades sobre a mesa e as paredes e posso, também, estar falando verdades sobre algo muito diferente (por exemplo, fios elétricos). Davidson poderia aqui simplesmente concordar

[78] Este não é o diagnóstico que McDowell (e Rorty) fazem desde a perspectiva de Davdison. Eles dizem que, para Davidson, o cérebro em uma cuba estaria pensando em fios elétricos sem saber. Ainda que Davidson muitas vezes sugira que este pode ser o caso, parece-me que ele teria recursos para recusar o diagnóstico.

e adicionar: "Pois sim, podemos estar errados sobre cada uma de nossas convicções; eu não tenho argumento contra esse tipo de ceticismo *local* e nem acho que deveria ter, apenas argumento contra a possibilidade do erro *global*". É como se Davidson insistisse que aquilo no que pensamos e aquilo que pensamos daquilo que pensamos estivessem em um mesmo plano. Podemos desconfiar, contudo, que esse mesmo plano seja o plano do conhecimento dos fatos (do saber), e o acúmulo de verdades não pode ainda nos livrar da maldição de patinar no vazio sem fricção. A questão que emerge aqui é: o que conseguimos quando conseguimos verdades, fica ainda faltando um conhecimento das coisas?

Tentemos trazer a questão ainda mais para o nosso foco. Podemos ainda buscar uma maneira de exorcizar os temores de vacuidade do nosso conhecimento de verdades insistindo em uma relação próxima entre denotação e inteligibilidade. Um enunciado ou um pensamento não pode denotar se não é inteligível e sua inteligibilidade requer que algum enunciado ou pensamento tenha uma denotação. Ou seja, podemos tentar um exorcismo holista. Consideremos o exemplo "X está pensando em Bismarck" e aceitemos a receita russelliana de que aqui temos dois enunciados acoplados, um do tipo *i)* "X está pensando que φ é F" e outro do tipo *ii)* "Bismarck é, por uma questão de fato, o único φ". É certo que convicções de fundo como "A Prússia teve primeiro-ministros no século XIX" ou "Bismarck foi um bípede implume" devem ser verdadeiras para que seja inteligível que X esteja pensando coisas como φ é F. Porém o perigo de reduplicação massiva não pode ser exorcizado ainda completamente; Russell se deu conta de que podemos entulhar todas essas convicções de fundo no baú em que estão enunciados de tipo *i* e isto deixaria ainda não resolvida a questão (de fato) sobre se um específico objeto do mundo é o único φ. Notemos, no entanto, que a questão da vacuidade só faz sentido se tivermos uma maneira de caracterizar os objetos do mundo – por exemplo, Bismarck – de modo independente de descrições do tipo φ é F. Ou seja, apenas se pudermos separar as coisas que podem ser conhecidas dos fatos que podem ser sabidos – de que possamos estar na situação de saber fatos sem que nosso conhecimento aponte para algum item específico do mundo. Podemos apostar que um acúmulo suficiente de fatos sabidos eliminará a possibilidade mesma de que estejamos em risco de uma reduplicação massiva. Mas podemos mesmo eliminar essa possibilidade? A reduplicação massiva será sempre possível se supusermos que as singularidades das coisas são caracterizadas por uma *haecceitas* para além de qualquer propriedade qualitativa intrínseca ou extrínseca; ou seja, se supusermos que mais de uma coisa pode satisfazer a qualquer conjunto de descrições (que componham um saber acerca de fatos). Itens com a propriedade cartesiana permitem que o pensamento não se descole completamente do que ele pretende denotar, uma vez que certos pensamentos só ocorrem se houver *acquaintance* – se houver uma conexão garantida com a denotação singular e, assim, com a *haecceitas* do item em questão.

A questão da vacuidade e da reduplicação massiva parece, portanto, depender de nossa posição sobre aquilo que David Kaplan[79] caracterizou como um debate (metafísico) entre haecceitistas e anti-haecceitistas (ver *Haecceitismo*, p. 210). Para os primeiros, itens do mundo têm uma *haecceitas*, e isto faz com que meras verdades sejam insuficientes para produzir conhecimento das coisas.

---

[79] 1975.

Para os últimos, as singularidades não são mais do que interseções de generalidades: algo como aquilo a que se chama às vezes *teoria do fardo*[80], e saber verdades seria, portanto, já suficiente. Em um cenário anti-haecceitista, a reduplicação massiva é prevenida pelo mero acúmulo de verdades – se soubermos verdades suficientes sobre uma coisa x, conheceremos tudo o que há para conhecer a seu respeito. Há ecos nos debates sobre conteúdos não conceituais e na controvérsia acerca dos *qualia* nos quais Mary de Jackson é protagonista habitual. Quando dizemos "esta cor" ou "esta dor", podemos substituir a ostensão com demonstrativo por um emaranhado de descrições que pode, está claro, ser arbitrariamente longo para que caracterize uma intersecção suficientemente singularizadora de instanciações dos predicados. É certo que se nosso pensamento se move por descrições – e é essa a imagem que parece emergir da maneira que Davidson entende o elo entre pensamento e mundo por meio das verdades necessárias para que haja inteligibilidade – a singularidade só pode ser pensada como tal intersecção. De um ponto de vista haecceitista, a singularidade passa ao largo de toda descrição de propriedades qualitativas.

Apesar dos ecos nas questões acerca de *qualia* e conteúdos não conceituais, a polaridade haecceitismo/anti-haecceitismo é uma polaridade metafísica, e não epistemológica. A teoria do co-

[80] A chamada teoria do fardo (*bundle theory*) coloca em relevo alguns problemas com a indiscernibilidade dos idênticos (ver Black, 1952) que aparecem na vizinhança das discussões sobre *haecceitas*: dois itens podem ser distintos, ter distintas *haecceitas* e ser indiscerníveis. Por outro lado, de acordo com a teoria do fardo, se dois itens instanciam as mesmas propriedades, eles devem ser numericamente idênticos – uma versão do problema da reduplicação massiva. Sobre a teoria do fardo e a indiscernibilidade dos idênticos, ver Zimmerman (1997) e Rodriguez-Pereyra (2004). Algumas versões da teoria do fardo consideram que particulares são constituídos por tropos. (Ver *Haecceitismo,* p. 210).

nhecimento por *acquaintance* – por trato ou por contato – pode ser apresentada como uma maneira de oferecer uma epistemologia das relações de trato com a singularidade e, contudo, pode ser que nenhuma epistemologia adequada seja possível para que saibamos mais do que verdades. Pode ser, por exemplo, que o haecceitismo encoraje fortemente uma epistemologia das coisas, que requeira que certas convicções sejam semanticamente mais importantes que outras – porque estabelecem uma cola entre termos e *denotata* – e que essa diferença de importância entre as convicções coloque em questão algumas teses holistas, em particular a idéia de que nenhum subconjunto próprio específico de convicções é suficiente para determinar o significado de um termo (um corolário do primeiro dogma denunciado por Quine). Pode acontecer que não haja nenhuma epistemologia aceitável que leve a sério uma metafísica haecceitista. Estamos outra vez às voltas com a gangorra entre o holismo e as singularidades pensadas – aqui vemos o dilema nas cores da relação entre verdade e singularidade (ou nas cores do que acontece na vizinhança da tese da inescrutabilidade da referência): como acomodar um haecceitismo com uma epistemologia holista?

Kaplan diagnostica que o haecceitismo desce suave em um nível metafísico, mas traz muitas dificuldades epistemológicas. Outra vez, pode mesmo acontecer que as dificuldades epistemológicas sejam insuperáveis. Ou seja, o haecceitismo, como toda forma de realismo,[81] posto que talvez se trate de um realismo quanto a singularidades não redutíveis a propriedades qualitativas, pode tornar possível aquelas formas de ceticismo que emanam da possibilidade

[81] Interessante comparar, por exemplo, com o impasse apresentado por Benacerraf acerca do realismo e do antirealismo quanto a objetos matemáticos (1973).

da reduplicação massiva e da vacuidade de nossos discursos. A situação seria a seguinte: nossos discursos são em grande parte verdadeiros, mas, ainda assim, não somos capazes de tocar as coisas com eles. Esse cenário faria com que padecêssemos de um mal cético mesmo sabendo um número considerável de verdades. Já o anti-haecceitismo nos curaria desse mal: não há conhecimento das coisas que não possa ser expresso em termos de descrições verdadeiras.

Chegamos ao ponto de abandonar a escada da distinção entre conhecer coisas e saber fatos: também fatos – ou, se preferirmos, eventos ou estados de coisas – podem ter *haecceitas*. Ou seja, podemos conceber um mundo tractariano[82] feito de fatos e não de coisas e, ainda assim, adotarmos um haecceitismo. Pois conceber que "a grama é verde" pode ser um estado de coisas que não pode ser completamente descrito por nenhuma propriedade qualitativa – pode ser que cada fato tenha uma propriedade que é o que o faz singular e que seja diferente de qualquer descrição. Entretanto, podemos querer dizer que fatos são pensamentos verdadeiros – como quer uma teoria da verdade como identidade como a de Frege, a de Jennifer Hornsby ou a de McDowell[83] quando ele parafraseia a seção 95 das *Investigações I*[84] e diz que nossos pensamentos não param em parte alguma antes dos fatos. Nesse caso poderíamos ter até uma estranha espécie de *acquaintance* definicional entre pensamentos e fatos. Essa posição seria anti-haecceitismo quanto a coisas ou objetos (ou propriedades ou eventos) e postularia que eles são por completo especificáveis por meio de descrições verdadeiras, ou seja, por meio de fatos. Também com respeito aos fatos, a posição seria anti-haecceitista,

---

[82] Wittgenstein, TLP.

[83] Hornsby (1997), McDowell (1994/2005: II, §3 e ss.)

[84] PU I, 95. Ver, *Presenças plenas*, p. 164.

uma vez que pensamentos verdadeiros não apresentam singularidade para além de suas propriedades qualitativas – um pensamento verdadeiro tem a singularidade de uma proposição (ou de uma sentença eterna) e não pode, por definição, ser distinto de como nós o pensamos. Ou seja, também aqui a inteligibilidade de um discurso sobre a verdade parece obliterar a possibilidade de que itens singulares possam ter *haecceitas*. Esse parece ser o osso duro de roer: a inescrutabilidade da referência faz com que os discursos verdadeiros possam sistematicamente voar alto demais para serem alfinetados nas coisas – e passar ao largo de qualquer singularidade genuína.

A manobra anti-haecceitista é considerar que não há nada que não possa ser capturado por descrições apropriadas – as verdades capturam, por assim dizer, a estrutura do mundo e nada mais há no mundo senão estrutura. Se esta for a imagem metafísica que abraçamos, a reduplicação massiva se torna ininteligível e nosso conhecimento requer apenas que possamos ter acesso a fatos – apenas o conhecimento de verdades que precisamos conhecer para que nosso pensamento seja inteligível. Contudo, em um cenário haecceitista, todo o campo do nosso conhecimento das coisas fica ainda descoberto pelo domínio de verdades – a não ser quando tivermos garantias de que nossos pensamentos são pensamentos que Evans chamava de russellianos, ou seja, se houver uma cola entre o que pensamos e as coisas acerca das quais supostamente pensamos e que podemos chegar a conhecer. Aqui surge o espaço para a cunha cética entre nossas convicções e os itens que intentamos conhecer: se há mais do que estruturas capturáveis por verdades no mundo, como podemos estar certos de que nosso conhecimento não trata de algo diferente do que pensamos que ele trata? Podemos apelar para conexões que desconhecemos entre o que pensamos (ou falamos) e supostamente conhecemos e itens singulares no mundo por meio de elos (cadeias causais ou outras conexões entre os objetos dos nossos pensamentos e nossos pensamentos) que não precisamos conhecer. Apelaríamos, por exemplo, para aquilo que Evans chamou de modelo fotográfico (ver *Descrições,* p. 99), que nos permitiria dizer que conhecemos as singularidades porque estamos em uma relação com elas e não porque sabemos que estamos em uma relação com elas. O problema com uma manobra assim, do ponto de vista da cunha cética, é que estaríamos requerendo que o mundo, de alguma maneira, nos fizesse favores, colocasse nossos pensamentos em relações que garantiriam nosso conhecimento de singularidades.

A estratégia cética, aqui, pode ser simplesmente demandar que tenhamos mais do que a sorte de estar em uma relação adequada com uma singularidade. A suspeita – que é parte do traçado do tema deste livro – é que as singularidades passem sistematicamente despercebidas ao pensamento apenas porque ele não é constituído por nada que lhe permita atenção ao que é único. Não basta que possamos esbarrar por casualidade, é preciso que o pensamento tenha recursos para que o que é único possa se tornar aparente. Talvez isso signifique uma demanda de que possamos identificar – pelo menos aproximadamente – quando estamos em uma relação de trato com uma singularidade. Talvez simplesmente precisemos assegurar-nos que as relações de trato não sejam sistematicamente tratantes.[85]

[85] Versões preliminares deste capítulo foram apresentadas no seminário "O Problema da Verdade" na Universidade de Brasília, em abril de 2007, organizado por Agnaldo Portugal, e no encontro do Grupo de Trabalho sobre Ceticismo, em maio de 2007, organizado por Luis Eva. Sou grato aos organizadores e aos participantes desses eventos por muitas sugestões que tornaram o capítulo mais vívido.

Segunda Parte

Pensar o Único

Credenciais

One of the first things we learn in school is
if we know the answer to a question
We must raise our hand and be called on
before we can speak.
Seated on some rocky outcropunder all the stars,
I find myself raising my hand as I did in first grade
Mimicking the excitement and expectancy felt then.
No one calls on me but the wind.
Antler

Um elemento central na discussão sobre os requisitos para que possa haver pensamento é a noção de correção. Nas observações de Wittgenstein sobre predicados privados, a noção aparece precisamente na diferença entre aquilo que está correto e aquilo que apenas parece correto – tal como surge nas famosas últimas linhas da seção 258 das *Investigações.*[86] Wittgenstein parece apontar na direção de que não há conteúdos de pensamento especificados e identificados sem um apelo a uma instância pública que atue sobre o vão entre o correto e o parecer correto. Esse vão – essa

[86] PU, I, 258.

diferença – parece ser central ao pensamento. Em uma linguagem privada – uma linguagem de conteúdos imediatamente acessíveis ao falante que, portanto, não faz uso de conceitos cuja aplicação é zelada por uma comunidade – não há uma distinção entre aquilo que parece correto e aquilo que é correto e, portanto, não se pode falar de correção. Sem correção, aparentemente, tudo é possível, como se cada regra de aplicação de cada conceito estivesse sendo instituída em cada uso. Posso inventar predicados privados e até me corrigir a respeito de seu uso, mas não posso cometer um erro que eu próprio não note; os critérios de correção em uma situação assim dependeriam inteiramente de mim, como no caso da criança genial da seção 257: como alguém poderia saber que o signo privado significa dor de dente e não dor-de-dente-ou-de-ouvido, ou dor aguda ou latejamento, ou estado interno diferente do habitual ou o que quer que seja?

Seguramente, a diferença entre o que é correto e o que apenas parece correto está correlacionada com a diferença entre uma linguagem privada e uma linguagem pública. Mas em uma linguagem pública não há também nada que possa corrigir os usos públicos dos termos desde fora – também em uma linguagem pública aquilo que parece correto a uma comunidade de usuários da linguagem é o que é correto e, também aqui, não haveria como falar de correção. Um intérprete não teria como distinguir casos em que sua conjectura de tradução está errada de casos em que toda a comunidade comete um erro: erros não notados são não apenas impossíveis de serem detectados, mas ininteligíveis. Se há um argumento contra linguagens privadas, há também um argumento contra linguagens públicas.[87]

[87] Cf. discussão em torno de Wright (1986).

Não parece ser a correção – ou uma instância independente responsável pela inspeção da individuação e da identificação de conteúdos de pensamento – o que constitui o pensamento se não há conteúdos de pensamento privados. Não há mais inspeção externa sobre conteúdos especificados publicamente que sobre conteúdos especificados privadamente. E, contudo, há um vão, que de certos ângulos parece diminuto, entre uma linguagem pública e uma linguagem privada. É o vão de onde surge a normatividade do pensamento e o que parece ser seu caráter público – e de onde parece nascer a conexão intrínseca entre pensamento e inspectabilidade que parece associar pensamento à busca de credenciais.

O vão pode ser descrito assim: em uma linguagem pública, temos mais de uma voz que fala com independência. Ou seja, se bem que desde fora não haja normas de correção para uma linguagem pública, desde dentro de uma comunidade de falantes há uma instância em que as regras de uso de termos são mantidas fixas enquanto elas são usadas em outras instâncias. A diferença é a pluralidade: uma comunidade de falantes não fala – e nem pensa – em uníssono; e, apenas por isso, as regras de uso de termos não estão sendo instituídas em qualquer aplicação. Em contraste, a criança genial que inventou o termo *t* e procurou associá-lo a ocorrências que lhe parecem relevantemente semelhantes ao seu episódio interno de dor de dente está sempre instituindo as regras de aplicação de *t* em qualquer situação que o aplique. Assim, se ela aplicar *t* a qualquer outro episódio (por exemplo, a uma chaminé), apenas ela mesma poderá corrigir-se. Agora, a suspeita de Wittgenstein parece ser que não haveria como determinar, quando ela estiver a se corrigir, se ela está instituindo a regra ou corrigindo sua aplicação. A regra não está fixa em parte alguma senão na vida mental da criança genial e, então, do ponto de vista de qualquer outro pensante, a regra pode estar sendo constantemente instituída. O pensamento ocorre apenas quando há suficientes marcos públicos, de correção independente – a imagem que emerge é a de que o pensamento só pode ser reconhecido em um pano de fundo de normatividade.

O pensamento pode ser entendido quase que inteiramente dentro do quadro de um dispositivo para manipular credenciais: ele trata de justificar. Cada passo seu, assim, poderia ser visto como uma tentativa de se aprontar para uma vistoria. Instâncias externas a nós que pensamos – outros pensantes, o mundo – podem aparecer sempre no nosso pensamento e nos dar uma incerteza. Pensar, nesta imagem,[88] é como introduzir um gargalo ou um funil que seleciona da abundância de idéias as que merecem constar no domínio supostamente mais escasso das idéias adequadas – pensamos filtrando por meio de credenciais. A noção mesma de um pensamento com um conteúdo inteligível requer que saibamos muitas coisas – sem conhecimento não há inteligibilidade. E conhecimento é também abertura à inspeção; posso ser corrigido sobre tudo o que penso uma vez que eu reconheça uma autoridade sobre meus conteúdos – se minhas convicções sobre artrite estão erradas – como nos casos que interessaram Tyler Burge – nem sequer penso o que eu penso que penso. Minha autoridade sobre meus pensamentos (a autoridade de primeira pessoa) é uma autoridade conferida

---

[88] A expressão imagem do pensamento é reminiscência de Deleuze (1968, cap. 3), que procurou mostrar como imagens do pensamento são reféns de postulados de que elas não conseguem escapar; um pouco porque as imagens conduzem o pensamento e não permitem que elas mesmas sejam facilmente visíveis a ele.

por alguma instância que quer, pelo menos, conferir sentido às minhas expressões e ações. (Minhas crenças, ou aquelas de que eu confesso que me dou conta, devem ser capazes de poder ser atribuídas a mim; é exatamente por isso que podemos encontrar falhas na autoridade de primeira pessoa – porque ela está sujeita a um cartório público que reconheça a sua firma.)

No âmbito da *Anerkennung*, do reconhecimento, o pensamento tem um valor associado – pensamentos de valor alto são escassos, e pensar é tentar encontrá-los. Essa abertura à vistoria, como numa repartição em que tudo pode ser objeto de uma auditoria, torna todo pensamento atrelado a um mecanismo de gargalos e manivelas de formatação. Começamos a pensar sendo parte desse emaranhado de cartórios e nos esforçamos para que nossos pensamentos estejam à altura da firma que pretendemos reconhecer. Temos de estar prontos para pôr em questão uma peça documental diante da outra – a qualquer momento, no entanto, pode aparecer um Bartleby de Melville que Deleuze e Agamben tanto gostaram de exaltar: – *I prefer not to*.

O pensamento pode, dissociado da genealogia que lhe dá credenciais, a qualquer momento – se bem que talvez não possa fazê-lo em todos os momentos – deixar de lado a busca de credenciais e apenas seguir um curso qualquer. Em contraste com a imagem do pensamento como busca de credenciais, podemos perguntar-nos como é possível construir para si um pensamento – sem imagem – que segue um curso qualquer. (Ou, ainda mais ao lado das intrigas de Deleuze, como podemos construir para nós um pensamento sem órgãos.)

Talvez se trate de acabar com o juízo de Deus, como queria Artaud; um juízo onipresente a cada passo que damos entre nossos pensamentos. O juízo de Deus dentro de nossas cabeças é também o que traça os caminhos permitidos e os desfiladeiros que ficam fora da ordem do discurso – onde atolamos na ininteligibilidade. As pistas das estradas disponíveis ao pensamento são feitas com britadeiras normativas; o pensamento se conduz a partir da força de sua capacidade de justificação, uma vez que normas podem ser apreciadas pelo pensamento desde dentro (ver *Bedelho,* p. 27). As britadeiras normativas fazem com que os caminhos sejam indicados aos pensamentos de uma maneira que eles mesmos os possam seguir, sem precisarem de guardas de trânsito externos para guiar-lhes o caminho. Porque a argamassa dos caminhos do pensamento é normatividade e, assim, não é fácil escapar dela.

Sem o juízo de Deus, alguém poderia ecoar Dostoievski, tudo é permitido ao pensamento. Escapar das normas do pensamento é já escapar do que seja pensamento no escopo das *Anerkennungen* – conteúdos especificáveis, interpretabilidade, possibilidade de correção. Ou seja, o que restaria ao pensamento, de acordo com o que desenharia a paródia de Dostoievski, é deixar de ser pensamento e, portanto, não pensar nada. Em um cenário cartesiano, podemos imaginar que é possível ainda *pensar com loucura*, pensar sem que as normas que tornem o pensamento valioso estejam presentes –, de que seja possível derrapar para fora da estrada e continuar rodando. Esse cenário nos permite pensar que estamos de fora das boas normas e a suspeita (cética) é que jamais conseguiríamos chegar nelas, e nosso pensamento poderia estar condenado a estar sempre fora da estrada. Um cenário que considera as credenciais como sendo intrínsecas ao espaço que ocupa os pensamentos desmonta a possibilidade do erro global – a possibilidade de que jamais percorramos as estradas pavimentadas é eliminada uma vez que a pavimentação é feita, em certo sentido, pela própria inteligibilidade do pensamento. Tal movimento de distanciamento do cenário cartesiano, contudo, instaura no horizonte a impossibilidade de *pensar com loucura*. Um cenário holista davidsoniano promove um pensamento que coloniza tão extensivamente que não pode admitir pensamento que não esteja conectado aos demais por alguma teia de inteligibilidade (e verdade) – o império fica consolidado por uma enorme teia de relações internas.

Esse cenário que torna impossível pensar com loucura começou a ser articulado pelo movimento que fez Kant ao conceber as relações transcendentais entre os sujeitos e as formas e as categorias que tornam possível o pensamento (empírico). O movimento de Kant substituiu a busca pela certeza, tal como Descates entendia o esforço do pensamento para alcançar algo claro e distinto, pelo caráter necessário do pensamento que o faz estar atrelado a uma estrutura transcendental que, por sua vez, garante o conhecimento dos fenômenos. Kant promoveu uma revolução copernicana ao conceber que os pensamentos não poderiam ser independentes do mundo – pelo menos do mundo tal como nós o experimentamos.[89] Com isso o pensamento começou a correr o risco de se tornar incapaz de ser independente da teia de conhecimentos e suposições de inteligibilidade que tornariam possível o seu reconhecimento. O pensamento passou a ser visto como algo sobre o qual temos menos controle do que imaginaríamos. Brandom escreve:

> Part of the significance already of Kant's displacement of Cartesian certainty as the central phenomenon in concept use in favour of the rule-governedness he called "necessity"

---

[89] Em um sentido limitado pela distinção transcendental, que não é compulsória, o movimento de Kant é o que torna possível o externalismo e, com ele, uma posição como a de Davidson.

> was a shift from concern with our grip on concepts to concern with their grip on us.[90]

Aqui nossos pensamentos passaram a ser vistos e reconhecidos como estando à mercê dos conceitos que usamos e não – como um cenário cartesiano queria – eles estando à mercê de nossas capacidades. O pensamento – e podemos imaginar um processo hegeliano em direção à autoconsciência e que passa pelo momento em que há que alcançar uma certeza exterior – é reconhecido pela pressão que um esquema de conceitos exerce sobre ele. Ou seja, podemos interpretar pensamentos porque eles não podem fugir a um padrão de convicções e conceitos que os fazem responder à verdade sob pena de que não possam mais ser identificados e especificados (e reconhecidos como pensamento). A interpretação é possível porque o pensamento não pode perder as rédeas sem parar de pensar, porque os conceitos exercem uma pressão sobre nós e, assim, temos uma garantia contra a possibilidade de *pensar com loucura.*

A passagem para fora de um cenário cartesiano em si mesma não instaura o juízo de Deus – ou o emaranhado de cartórios –, mas o transforma; a autoridade passa a se instalar dentro mesmo dos pensamentos. Uma autoridade exterior faria com que pudéssemos sair da estrada. E como é possível sair da estrada sem construir uma nova estrada pelo caminho? Não podemos mais conceber apenas que o pensamento segue sem interferência os caminhos que ele mesmo traça, uma vez que

[90] 2001, p. 608. "Parte do significado do deslocamento promovido por Kant da certeza cartesiana como fenômeno central no uso de conceitos em favor do que chamava de 'necessidade' e que era governada por regras foi uma passagem da preocupação com nosso captura sobre os conceitos para a preocupação sobre como eles nos capturam" (tradução do autor).

isto seria fazê-lo seguir por onde passa a britadeira da normatividade. Teríamos que conseguir considerar que um pensamento pode ser singular e que, assim, tenha suas estradas construídas sem nenhuma interferência dos outros pensamentos. O esforço de conceber pensamentos desconectados da teia de relações internas que engloba os demais pensamentos e sua relação com o mundo faz lembrar o esforço de produzir uma aparência de loucura. Uma aparência de loucura – no pensamento – já é com certeza loucura suficiente. Contudo, para que a aparência de loucura no pensamento seja possível, é preciso que o pensamento, enquanto tal, possa ser reconhecido.[91] Estaríamos tentando encontrar um pensamento – portanto, um conteúdo

---

[91] Uma tentativa de soltar o pensamento dos grilhões que atuam internamente sobre ele pode ser encontrado no serialismo filosófico, movimento surgido em Brasília em 2006 capitaneado por Hilan Bensusan, Luciana Ferreira e Rudhra Gallina. O esforço do serialismo filosófico (Bensusan, Ferreira & Gallina, 2006) pode ser relevante aqui. Trata-se de tentar libertar o pensamento dos encadeamentos implícitos que estariam presentes neles, assim como na composição musical, em que aparece sem ser chamada a nossa ânsia de tonalidade. O manifesto diz:

Quando procuramos soltar-nos destes grilhões, eles nos prendem por serem subjacentes, por estarem implícitos, por ficarem na espreita por onde pensamos. Apenas uma disciplina de liberação livrará o pensamento de seus hábitos, argumentos viciados e pressuposições: apenas uma série filosófica nos soltará das cadeias das tonalidades filosóficas. Fazemos para nossas cabeças o que Schoenberg fez há 100 anos para nossos ouvidos: apresentamos uma disciplina de liberação, uma maneira de trapacear as inclinações de nossos pensamentos ludibriar nossos carcereiros que nos espremem contra as palavras e seus dutos prontos. Trata-se de travar a batalha da inteligência serial contra o feitiço aprisionante da linguagem, que são palavras que sempre aparecem rodeadas de expectativas de outras palavras. p.1

O esforço, contudo, parece insuficiente para produzir a possibilidade de *pensar com loucura* como reconhece o próprio movimento uma vez que as palavras dos textos serialistas filosóficos estão sujeitas às armadilhas do juízo interno do pensamento que se instalam tão logo começa a haver a possibilidade da interpretação.

ou uma cadeia de conteúdos inteligíveis – que não fosse inteligível. O perigo é oscilarmos sem parar entre um cenário holista que torna impossível pensar com loucura e, de outro lado, um cenário cartesiano. Mas talvez a possibilidade de que vejamos o pensamento como um fluxo que pode ir para qualquer lado não exija que apresentemos, diante das exigências de um cenário holista, um caso de pensamento sem inteligibilidade. Talvez baste ver o pensamento de uma outra maneira, como alguma coisa capaz de produzir o enunciado de Bartleby. Uma maneira de procurar fazê-lo é tentar aliviar a tensão, sobre o pensamento, de englobar, incorporar ou abranger o resto do mundo como uma relação de sujeição.

Tentar alcançar um ponto de vista que permita que o pensamento seja capaz, como os demais itens do mundo, de conectar com todo o resto por meio de algum tipo de relação externa. Como construir para o pensamento uma relação externa com algum item singular? Seria preciso que abandonássemos a busca por uma relação com o mundo em que o pensamento aparece como em um plano suplementar em que as coisas são pensadas. Ou seja, exorcizar a imagem de que o espaço onde se move o pensamento seja diferente do espaço onde estão as outras coisas e, portanto, que pensar seja uma forma de acolher. Quando acolhemos alguma coisa, a trazemos de um lugar para um outro lugar, a abrigamos, mas não a deixamos onde está. Pensar, se for, prioritária e paradigmaticamente, entendido como tratar de alguma coisa – pensar como pensar sobre –, estará sempre próximo de nos tentar com a imagem de um acolhimento.[92]

[92] No acolhimento, o pensamento pode querer assujeitar o resto das coisas – e para isso fazer uso de espontaneidade – ou pode o pensamento abrir-se a uma sujeição e fazer uso de um receptáculo, um dispositivo de

(Trazemos, em uma metáfora que não é dificilmente entendida, alguma coisa para dentro da nossa cabeça; dizemos, *coloque isto na cabeça* ou *tire isto da cabeça.*) Em contraste, podemos conceber que o pensamento se move entre as coisas que encontra e não fica no lugar de nada. Nem acolhe nem pousa. Apenas consta dos itens do mundo e não está nem mais nem menos submetido a um juízo onisciente. Mas conceber o pensamento como se movendo ao lado das coisas contrasta com uma imagem arraigada do que fazemos quando pensamos; é que se o pensamento fica lado a lado com o que é pensado, ele não está mais em condições de julgar – e a imagem arraigada é aquela de acordo com a qual pensar é julgar.

---

receptividade, uma matéria informe a ser moldada pelo mundo. Certamente a receptividade e a espontaneidade podem atuar juntas e inseparavelmente: quando assujeitamos é que nos tornamos sujeito, e pode ser que não possamos separar estas instâncias de controle nem sequer em princípio. E, contudo, todas essas alternativas se movem ainda no campo do acolhimento onde a relação entre pensamento e mundo é concebida a partir de um dentro e um fora, de um já-acolhido e de um ainda-por-acolher (comparar com as galerias do pensamento em *Descrições,* p. 99). O pensamento que está lado a lado com as coisas, por outro lado, não faz lugar para itens do mundo e nem os recebe – e nem os constrói. Apenas fica ao lado.

Pilastras

Repare como cada partícula se move.
Repare como cada uma chegou aqui depois de uma jornada.
Repare como cada uma quer uma comida diferente.
Repare como as estrelas desaparecem.
Quando o Sol surge e como os córregos correm
para o oceano.
Rumi

Estou diante desta chaminé em uma casa de chácara na Patagônia. Uma chaminé igual a muitas outras, copiada de um modelo, mas que está aqui. Não pretendo fazer uma fenomenologia da minha experiência singular que pretenda ser alguma forma de começo de algum empreendimento de pensar a singularidade. Mas esta chaminé, porque pode facilmente ocupar meu pensamento, entra por meus olhos e pelos espaços entre meus pensamentos. Ela está no meio. Não é que a chaminé presente a alguns metros agora seja um bedelho do mundo dentro dos meus pensamentos; ela alcança apenas os seus interstícios e pode dilatar ou contrair as distâncias entre os pensamentos – conteúdos que descrevem a chaminé como se a abrigassem e assim oferecessem a ela um endereço. A diferença entre o endereço e aquilo que o ocupa é feita da mesma coisa que o vão entre as especificações do pensamento e os objetos singulares.

Heidegger, que se esforçou por entender o pensamento dentro do mundo, escreveu em uma carta a Beaufret[93] que o *Dasein* seria melhor expresso em um francês talvez impossível como *être-le-là*. Nós somos o aí em que nós estamos. Nós ou nossos pensamentos? Ocorre com os nossos pensamentos talvez o que ocorre com os nossos corpos, eles são como biógrafos não autorizados[94] porque contam sobre nós mais do que queremos contar – talvez sejam mais nós que nossos. Os pensamentos têm um sítio, uma chácara como esta na Patagônia, detrás de uma janela de onde se vê a chaminé. O *aí*: os pensamentos, como nós, estão em um endereço e em um lugar, mas a questão é fazer com que aquilo que o situa não lhe passe despercebido. A chaminé – esta chaminé – pode ocupar com sua presença os interstícios entre meus pensamentos e, ainda assim, ela não é um bedelho do mundo. Davidson procurou mostrar que o pensamento precisa ser apoiado em convicções – as convicções que estacam em descrições definidas o que está aí presente à minha volta – para que sejam inteligíveis e possamos interpretá-los, ao mesmo tempo, estas convicções devem ser verdadeiras em grande medida para que possamos trazer algum item do mundo ao pensamento. O pensamento requer algum conhecimento do mundo, porém nada de específico, nada que o prenda em um varal. Preciso saber que os relógios não vão parar (ou que o Sol

[93] Carta de 23 de novembro de 1945, citada na abertura de Agamben (1985).

[94] Considero o corpo como sendo biógrafo não autorizado em Bensusan, 2006.

vai nascer amanhã, ou que a terra vai continuar girando) para poder pensar sobre o futuro, preciso saber o que significam os termos de cor na língua que falo (ou o que são contrastes cromáticos relevantes) para poder pensar sobre objetos coloridos, preciso saber que chaminés são mais altas que os telhados das casas para poder identificar no item presente à minha frente uma chaminé (ver *Nenhum pensamento é uma ilha,* p. 61). E, no entanto, tais conhecimentos podem ser adquiridos em qualquer parte: são descrições, universais, aplicáveis a qualquer item ao qual aplicamos os termos – a chaminé poderia estar ausente, poderia estar duplicada e, ainda assim, as descrições aplicáveis a ela estariam apoiadas sobre conhecimentos.

O mundo está presente em nossos pensamentos – se valem as manobras de um holismo de tipo davidsoniano – porque nossas descrições não são apenas formais, mas envolvem conteúdo de mundo, temos que saber sobre como as coisas são para que possamos fazer juízos (ver *A res e os pés do intellectus,* p. 54). Temos, portanto, que saber alguma coisa sobre o mundo para que possamos ter pensamento. E, no entanto, o pensamento ainda pode ficar alienado do que está aí – das singularidades à sua volta.

Como fazer com que esta chaminé não seja apenas um contexto externo para os meus pensamentos registrados aqui a poucos metros dela – algo como o odor de maçãs podres que pode inspirar quem compõe? Posso pensar sobre ela, apresentar um conjunto de descrições definidas que ela seguramente satisfaz – outras chaminés as satisfariam também; posso substituir esta chaminé por *outra*, igual a ela em todos os aspectos que eu descrevi. Caeiro tenta colocar a mão nesse vão das coisas que escapam ao pensamento e nos deixam apenas com o lugar em que elas, ocupam afirmando que

[...] o Tejo não é o rio que corre pela minha aldeia
[...] O Tejo desce da Espanha
O Tejo entra no mar em Portugal
[...] Pelo Tejo vai-se para o Mundo
Para além do Tejo há a América
E a fortuna daqueles que a encontraram.
Ninguém nunca pensou no que há para além
Do rio da minha aldeia.[95]

O rio da minha aldeia escapa das descrições do Tejo por mais que meus pensamentos sobre o Tejo tenham o rio como conteúdo. Caeiro insinua que todo contato – toda *acquaintance* – que temos com o Tejo é por meio do rio de (alguma) aldeia. O rio da aldeia escapa às descrições do Tejo – ainda que possamos descrevê-lo como o rio da minha aldeia. Podemos também fazer descrições arbitrariamente específicas, até chegarmos ao *este* – que Agamben procura aparentar com o aí que Heidegger via no *etre-le-là*. Se podemos chegar ao *aí* por meio de descrições – como gostaria o anti-haecceitista –, não sobra nada desta chaminé que não seja universal, pelo menos nada que possa contribuir em alguma coisa à minha certeza de que há uma chaminé na minha frente. É como se meu conhecimento extraísse das singularidades o que é comum e, assim, pudesse lidar apenas com endereços especificados por predicados universais.

Em uma cena impressionante de Tristana, de Bunuel, a personagem de Catherine Deneuve pergunta para a de Fernando Rey qual dentre as mais de 850 pilastras de mármore e granito da grande mesquita de Córdoba ele prefere. São todas

[95] O guardador de rebanhos, XX, Pessoa, 1984, p. 215-216.

iguais e ele se impacienta. Ela escolhe uma. Não é uma escolha casual – ou uma questão de um gosto de Tristana sem nenhuma contraparte na pilastra –, mas ela detecta naquela coluna alguma coisa que não enxerga em nenhuma outra, todas qualitativamente sendo iguais.[96] Ela a escolhe por alguma coisa que a pilastra tem. Deneuve está tentando responder a um elemento singular que está aí em vez de responder às propriedades qualitativas do elemento singular – tentando responder a sua *haecceitas*.[97] A cena é desconcertante porque insinua um limite do pensamento – quando está diante de uma singularidade, um *este*, um *aí*, de uma propriedade que não se rende ao acolhimento das descrições. Pode ser que não haja singularidades assim, que cada pilastra da mesquita de Córdoba seja uma instanciação de um aglomerado de propriedades qualitativas que cada uma delas possui e que as caracteriza completamente (o que diferenciaria cada uma das instanciações?).

Para o anti-haecceitismo, o pensamento não precisa incomodar-se com *haecceitates* porque não há tais coisas. E parece que o pensamento está orientado para um cenário assim; seria como a personagem de Fernando Rey que passa ao largo (ou se evade) do desconforto. Chegamos a uma imagem segundo a qual o pensamento parece ficar mais con-

---

[96] Interessante comparar esse caso com o das esferas idênticas de Max Black (1952). As pilastras, mas não as esferas, estão fixas no espaço.

[97] Vale notar, contudo, que não se trata exatamente de sua *haecceitas*, uma vez que a pilastra preferida está em uma determinada posição no edifício e, portanto, tem uma propriedade qualitativa extrínseca ou relacional através da qual podemos identificá-la.

fortável diante de uma suposição metafísica que podemos querer rejeitar por alguma insistência na atenção às singularidades. O diagnóstico pode ser o de um conflito entre a atitude diante do mundo que queremos recomendar e as capacidades do pensamento. E as alternativas metafísicas – na querela do haecceitismo – podem até mesmo ser deixadas à margem: podemos apenas sentir o desconforto produzido pela idéia de que o pensamento pode não ter recursos para tratar o mundo como se houvessem singularidades – mesmo que singularidades nele não haja.

Necessidade sem universalidade?

The pressure of necessity
The strange violence of need
Quaking the marketplace and the palaces
Will grace our anger with love
The bellowings in the sky
Touch the fields
With fresh anguish:
Hold us all in the palm
Of incandescent understanding.
Ben Okri

Freqüentemente se entende que a universalidade é uma condição *sine qua non* para que haja necessidade. Seguramente podemos pensar em universalidades sem necessidade – é como comumente pensamos nas generalidades acidentais, nas convenções sociais ou, muitas vezes, nos hábitos. São universalidades contingentes, que acontecem muitas vezes e não permitem nenhuma previsão, não encarnam nenhum senso do que deve acontecer, não *capturam* a potência das coisas – a idéia é que haveriam universalidades inteiramente dissociadas de qualquer compromisso modal. Mas é comum que entendamos que para haver necessidade de algum tipo – uma conexão necessária entre eventos, a correção de uma ação,[98] a obrigatoriedade de uma prática – deve haver alguma coisa garantindo ou que *há* uma repetição regular daquilo que consideramos necessário ou, pelo menos, que *deve haver* essa repetição em casos similares.

Trata-se, talvez, de uma generalização da lição humana sobre as capacidades causais. Quando ouvimos que alguma coisa particular é, em algum sentido, necessária, esperamos que seja assim em algum caso mais geral. De uma maneira geral, a suposição de que a universalidade é requisito da necessidade está balizada na suspeita de que sem universalidade imputamos necessidade apenas de modo *ad hoc* ou em função de elementos espúrios (interesses pessoais, inclinações, conveniências teóricas etc.). A suposição é que necessidades não podem ser encontradas em casos particulares, em itens singulares ou em eventos irrepetíveis; aquilo que não se repete está rodeado de contingência por todos os lados, é um mero acidente que não pode ter importância: *einmal ist kein Mal.* O peso da existência necessária não pode ser encontrado em casos particulares a não ser que eles fiquem submetidos a formulações gerais que carregam universalidade e podem ter o ônus de suportar necessidade.[99] Um só caso é leve demais para poder ser necessário. De acordo com

[98] Normas prescritivas devem garantir pelo menos a repetibilidade da ação prescrita. A relação entre regularidade e correção é complexa; surge daí a dificuldade de entender o que seja seguir regras. No entanto, para tomarmos uma ação como normatizada, procuramos regularidades; se a ação não se repete em caso algum é difícil considerarmos que ela seja correta.

[99] A idéia de que a existência necessária não pode ser suportada por singularidades está muitas vezes associada à idéia de uma ontologia em que mandatos gerais, e não itens individuais, são os primeiros postulados. Ver *Por uma ontologia não fascista,* p. 319.

essa maneira de pensar a necessidade, ela só pode ser carregada por um elemento universal – um enunciado, uma regra, uma lei – e não pode ser concebida, a não ser de forma derivada, como sendo *de re*. É possível, contudo, suspeitar da tese de que necessidade requer universalidade (NRU).

Necessidades sem universalidade requerem que haja um lócus de necessidade em um item (objeto, processo, acontecimento, relação) em sua singularidade – que o item singular possa conter a necessidade. Uma crítica a NRU deve procurar, de uma maneira geral, capturar potências que possam estar de alguma forma nas singularidades – em vez de delegar toda capacidade às generalidades que itens singulares instanciam. Encontrar modalidades *de re* significa poder postular que possibilidade e necessidade não vêm ao encontro de eventos, objetos ou relações singulares desde fora, mas que habitam de alguma forma em seu bojo. Poder pensar singularidades requer que possamos pensar em mais do que necessidades que elas têm de satisfazer – se as necessidades vêm de fora, podemos terminar pensando que as singularidades não são mais do que executoras de uma ordem alheia. NRU, que não permite que encontremos necessidade nas singularidades, pode ser um empecilho para que as singularidades possam ser pensadas. Nesse caso, seria preciso criticar NRU. Não vou fazer mais do que apresentar alguns indícios para um esboço de crítica a NRU:

1. Crítica ao caráter nomológico da causalidade. A crítica aparece, por exemplo, naquilo que McDowell[100] denominou de quarto dogma do empirismo. A idéia é que a causalidade parece requerer nomologicidade apenas de um ponto de vis-

---

[100] 1985.

ta comprometido com impressões ou conteúdos empíricos em geral que possam ser apreendidos imediatamente ou, em todo caso, sem o auxílio de conceitos. Uma vez que precisamos de capacidades conceituais para que possamos detectar casos – de cores, formas, virtudes morais –, podemos, com o auxílio de conceitos, detectar conexões causais salientes, mesmo que elas jamais se repitam. Podemos falar de causas sem mencionar leis ou regularidades, já que podemos perceber causas apenas com o auxílio das capacidades conceituais relevantes. Não há nenhum princípio geral que possa orientar o nosso esforço de encontrar relações causais, porém o mesmo é o caso para qualquer de nossas percepções: muitas capacidades conceituais estão envolvidas, por exemplo, na detecção de alguma coisa vermelha em cada caso. Hume, ele mesmo, considera alguns casos de causação sem regularidades[101], casos em que podemos dispensar observações repetidas. Surge a questão de se podemos encontrar poderes causais associados a uma singularidade; a *haecceitas* de um item não pode ser causa de algum evento, por exemplo, pois isso faria com que a propriedade fosse qualitativa – que tivesse uma qualidade extrínseca associada a ela. Ou seja, se uma pilastra da mesquita de Córdoba (ver *Pilastras,* p. 138) é capaz de causar alguma coisa, não é por causa de sua *haecceitas*, pois esta não faz nenhuma diferença qualitativa. A relação entre a pilastra de um lado e a preferência de Tristana de outro, portanto, ou não é ocasionada pela *haecceitas* da pilastra ou não é uma relação causal. (Isso mostra que talvez não seja sempre adequado entender a singularidade apenas por meio de uma propriedade não qualitativa).

[101] EHU, 24-28.

2. Particularismo quanto à aplicação de regras. A avaliação da maneira adequada de aplicar uma regra pode ser ela mesma singular como singular é o caso a que a regra está sendo aplicada. McDowell[102] também explora essa possibilidade em relação às virtudes e às observações sobre seguir regras de Wittgenstein: cada caso requer uma atenção aos elementos salientes. Éticas como a de Ross, por exemplo, já supunham que princípios gerais têm limitações, e Dancy faz uso delas para recomendar uma ética sem princípios.[103] Ele diz que mesmo deveres *prima facie* à la Ross podem ser não apenas silenciados diante de outras demandas da situação ética particular, mas também podem atuar em direção oposta. Ele mantém que deveres tipo *prima facie* (formuláveis como princípios universais) não são nem suficientes nem necessários para determinar o nosso dever em uma situação particular. Uma formação ética não é uma disposição a obedecer a leis, mas antes uma capacidade de responder de modo específico a uma situação particular. Nesta direção se encaminham as éticas da virtude nas quais não há senão capacidades de responder a situações particulares. Algo nesta direção é examinado por Agamben quando ele considera a sugestão de Walter Benjamin de que quando o direito não é mais aplicado e apenas estudado abre-se a porta da justiça.[104] Analogamente, Graham Priest tem insistido que nós não precisamos de nenhum princípio geral contra as contradições; nós podemos avaliá-las caso a caso.[105] Não precisamos de nenhum princípio geral de aceitabilidade

---

[102] 1979.

[103] Ross 1939, Dancy 2004.

[104] 2003/2004, p. 96-98.

[105] Cf., por exemplo, 2000.

de um caminho de pensamento: a avaliação do caminho pode ser feita caso a caso, uma vez que tenhamos desenvolvido uma apropriada capacidade de atenção ao contexto singular em que o pensamento tem lugar.[106] Seria, talvez, como Tristana avaliando, com sua sensibilidade apenas, as pilastras da mesquita – e encontrando uma pilastra em particular sem ter aplicado nenhum princípio geral que pudesse ser compartilhado em uma conversa com quem visitava o edifício ao seu lado.

3. Davidson defendeu a tese de que não há uma coisa que podemos entender como linguagem, no sentido habitual de regras universais de sentido para cada enunciado.[107] A competência lingüística não é nem suficiente nem necessária para interpretar corretamente o que os diversos falantes querem dizer. O significado das expressões é interpretado em atos particulares em que o conhecimento dos significados das expressões é dispensável (*Presenças plenas,* p. 164). A interpretação adequada provém apenas do encontro do intérprete com um enunciado

[106] Daqui podem se seguir certas formas de contextualismo epistemológico em que não haja regras gerais de justificação, e certas convicções são aceitas apenas em contextos específicos, particulares; os contextos podem ser determinados por formas de discurso, por situações de investigação, por comunidades doxásticas ou, mesmo, por idiossincrasias de quem tem as convicções. A força das convicções – e seu elo com verdades – não precisa que elas sejam alheias a contextos, uma vez que importam massas críticas de convicções, que a maioria delas seja verdadeira. A justificação pode então ser pensada em termos de circunstâncias em que a convicção é adquirida e mantida. Há situações em que esta atenção a contextos fica suprimida em nome de regras metodológicas universais cuja aplicação é monitorada para garantir a permanência de elementos de uma forma de vida fixa (ver *Cético e ascético,* p. 156).

[107] 1986a.

e com um falante; é preciso apenas fazer justiça a quem fala – e não a um conjunto de regras universais que estabeleçam significados. Interpretar, com toda carga de necessidade de uma mensagem que é transmitida, não se baseia em princípios semânticos gerais. Mais uma vez, pode ser que o conhecimento de regras universais abra a porta da interpretação, mas no ato singular de interpretar enunciados, estamos diante de um caso em que a atenção se dirige a uma singularidade (que abriga, nela mesma, uma necessidade na forma das interpretações corretas ou adequadas).

Tentações transcendentais 1

Quando argumentamos sobre a possibilidade do conhecimento e mesmo de sua ubiqüidade, assegurando-nos de que deve haver um elo entre verdade e inteligibilidade, podemos ter a suspeita, com um sabor cético (ver *Verdades insuficientes*, p. 110), de que o conhecimento que alcançamos é demasiadamente nosso. Podemos atormentar-nos pelo perigo de que há um mundo deixado de lado de coisas-em-si-mesmas que nem foram triscadas pelo esforço de pensamento. Podemos, em outras palavras, defrontar-nos com as muitas formas da distinção transcendental que, de alguma forma, procura introduzir algo como uma cunha cética entre o que nossos pensamentos alcançam e o que – de alguma maneira – está presente para ser alcançado. Em particular, podemos conformar-nos que o pensamento não alcance as singularidades e que há, contudo, de alguma forma, singularidades-em-si que nos escapam sistematicamente quando tentamos pensá-las. É possível um tratamento dessa inclinação de se conformar com a impossibilidade de pensar singularidades se abandonarmos de vez qualquer vestígio da idéia de que é por meio de gargalos específicos – pontos de contato – que o nosso pensamento toca o mundo.

Podemos dizer que, pelo menos em parte, Kant se sentiu impelido a fazer a distinção transcendental pela maneira como considerou a possibilidade dos juízos sintéticos *a priori*. Juízos assim dependeriam de capacidades que precisam estar presentes em um sujeito transcendental capaz de fazer juízos empíricos. Agora, consideremos a distinção entre atos de pensamento e conteúdos de pensamentos tal como é feita por McDowell.[108] Atos de pensamento são deliberações, argumentações, justificações e outras atividades que requerem conteúdos de pensamento – sobre o que deliberamos, o que argumentamos, que idéias buscamos justificar. Quando tentamos conceber o mundo como uma variável independente dos nossos pensamentos, estamos tratando da independência entre o mundo e nossos *atos* de pensamento.

Pode ser, como pensa McDowell, que não haja nenhum vão ontológico entre o mundo e os conteúdos de nossos pensamentos – pode ser, na imagem que ele usa inspirado em Wittgenstein, que nossos pensamentos não se detenham em parte alguma antes das partes mesmas do mundo.[109] A tese da independência diz respeito a que o que julgamos, deliberamos, argumentamos ou justificamos não tem um impacto sobre como as coisas são – elas são indiferentes às atividades do nosso pensamento. Assim, por exemplo, as partes singulares do mundo não são afetadas pelo nosso esforço de pensá-las ainda que possamos pelo menos almejar que são elas que podem ficar pensadas se conseguirmos abrigá-las em nossos conteúdos de pensamento – colocá-las em um lugar dentro da arquitetura do que podemos pensar.

[108] 1994/2005, II, §3.

[109] PU, I, 95. Wittgenstein e McDowell falam de não parar em parte alguma antes dos fatos – insinuando uma concepção tractariana do mundo. Sobre as diferenças entre fatos e coisas – e as conseqüências para a singularidade de uma concepção tractariana – ver também *Verdades insuficientes*, p. 110.

Entretanto, ainda que admitamos que a neve seja branca independentemente de qualquer dos meus atos de pensar que a neve é branca, o mundo não parece poder ser completamente independente de qualquer ato de pensamento. Que a neve seja branca depende de outros conteúdos pensados que determinam o conteúdo desse pensamento; esses outros conteúdos precisam ter aparecido em atos de pensamento – anteriores *e* simultâneos. São atos de pensamento que arrumam a cena para que haja conteúdos de pensamento que possam tematizar partes do mundo. De novo, as conexões entre verdades e a inteligibilidade do que pensamos nos fazem conectar conteúdos de pensamento e atos de pensamentos – os primeiros requerem os segundos. Essa manobra holista coloca em questão a inteligibilidade de coisas em si inteiramente distintas do que pensamos; torna a distinção transcendental atraente apenas em um quadro atomista. Uma perspectiva holista nos ajuda a perceber que ainda que possamos estar enganados em relação a cada uma de nossas convicções – cada uma das coisas em si mesmas pode ser muito diferente –, não podemos estar enganados quanto a todas elas ao mesmo tempo. O holismo dissipa a idéia mesma de que haja um domínio de fatos em si alheio a qualquer ato de pensamento. Não é que o mundo se torna refém de nossos pensamentos, mas não podemos separar as contribuições dele ao que pensamos: ele aparece como co-autor onipresente (e elusivo) uma vez que admitamos que nossas convicções não possam ser, senão em sua maioria, verdadeiras.

E uma imagem do pensamento assim que requer atos de pensamento para que haja conteúdos a serem pensados coloca as singularidades marchando em fuga. Se pensarmos nas coisas singulares, pode parecer que nossos atos de pensamento, caso se deparem com elas, terão de passar por cima ou ao largo delas. O apelo a singularidades externas ao pensamento é alguma coisa que pode parecer mover-nos em direção a uma distinção transcendental e, se é assim, o apelo não mais procede se rejeitamos a inteligibilidade da distinção. Fica parecendo que alguma distinção transcendental pode salvar as singularidades do perigo de serem trucidadas pelo pensamento. Porém, há que se ter em conta que postular uma forma de distinção transcendental não faz com que o pensamento respeite singularidades – se bem que pode fazer com que o pensamento as ignore e não as alcance. É certo que o holismo afugenta singularidades e torna distinções transcendentais ininteligíveis, mas não é certo que tais características estejam conectadas necessariamente uma à outra.

Assim, o holismo estabelece uma teia de relações internas entre o mundo e nossos (atos e conteúdos de) pensamentos que torna inconcebível uma distinção transcendental e que, também, mas não necessariamente por isto mesmo, afugenta singularidades enquanto tais. Uma distinção transcendental não poderia fazer mais, aqui, do que deixar singularidades-em-si alheias ao pensamento; enquanto que o holismo deixa tais singularidades-em-si ininteligíveis. E, talvez, o que queremos não seja mais do que uma maneira de ter, em algum sentido, um acesso a singularidades para nós – conceber alguma relação (supostamente externa) entre as singularidades e nosso pensamento. Distinções transcendentais não nos podem dar singularidades senão em si mesmas e, portanto, alheias ao escopo de qualquer relação conosco. Se o problema é pensar singularidades, qualquer tentação por uma distinção transcendental fica fora de propósito. Uma distinção transcendental nos daria não mais que a possibilidade de conceber um mundo haecceitista, ainda que não consigamos pensar em singularidades.[110] Estar sensível a um apelo das singularidades é tentar fazer com que elas possam ser respeitadas pelo pensamento – nem trucidadas e nem ignoradas. Ainda que tenhamos que adentrar aos meandros do que tornam os pensamentos – ou o que percebemos deles – inteligíveis.

[110] Em contraste, Lévinas poderia inspirar-nos a almejar (ver *Tornar-se conceito,* p. 169) que possamos atentar para singularidades mesmo em um mundo anti-haecceitista.

Cético e ascético

Suis-je dans l'ensembre 'on'? [...]
On n'est pas moi, c'est tout ce que je peux dire.
Ou trouver On? On se produit quelque
part hors de mon oeil. [...]
Je ne saurais jamais comment j'aurais pu m'appeler si
c'était moi qui avais contenu 'on'.
Hélène Cixous

A pergunta por credenciais para os pensamentos deve ser uma pergunta que surge de alguém que está em condições de proceder a uma vistoria. A tradição do ceticismo global, tal como é atribuída a certa maneira cartesiana de pensar, sugere que boas credenciais são aquelas que não necessitam elas mesmas de mais credenciais: não queremos pregar para o convertido e, para estarmos seguros de que nossos argumentos não dependem de premissas que podem mostrar-se frágeis e insustentadas, melhor seria pregar para quem não foi convertido por nada. Trata-se de conquistar um crivo não-contaminado, de alcançar a *Anerkennung* límpida de quem não está já no meio de convicções – o reconhecimento de um sujeito que não precisa já ter reconhecido coisa alguma. Esse sujeito vácuo *ab ovo*, esse ponto inicial do esforço de convencer – podemos imaginá-lo como um crivadouro em estado puro, ascético, sem manchas de nenhuma preconcepção e que (ainda) não acredita, não deseja nada – é a personagem do ceticismo, o sujeito em si.

O primeiro passo para poder alcançar o mundo com o pensamento é a purificação, a descontaminação – tratar de fazer de si mesmo um sujeito em geral. O pensamento, propriamente conduzido, é produzido por uma singularidade que abriu mão de sua singularidade e fez com que todos os passos de seu pensamento sejam independentes de tudo o que já constitui sua subjetividade. Bem pensar é se colocar em uma estaca zero sem desejos anteriores, sem suspeitas anteriores, sem convicções anteriores.

As lições que a introdução de um sujeito ascético como modelo de subjetividade aconselhável para a investigação do mundo deixou na nossa maneira de entender o pensamento foram tão marcadas quanto duradouras. Uma das lições é que as singularidades que fazem personalidades de pensamento – maneiras de pensar que são próprias dentro do espaço comum do pensamento – devem ser esvaziadas. Conhecer o mundo é sacrificar as singularidades por um sujeito pronto que pensa a partir de caminhos estabelecidos por um método; um método que começa com a empreitada de construir para si um sujeito com uma vida (mental) nua. A busca de uma ascese do sujeito é também uma maneira de estabelecer uma tirania do comum sobre a singularidade – sobre convicções singulares que se adaptam a corpos e maneiras de pensar singulares. O legado da ascese nos recomenda dissolver as singularidades para acessar o mundo; é o espaço comum de pensamento que tem os instrumentos para acessar o mundo desde nossos pensamentos; em contraste, nossa singularidade não teria nada a contribuir para nossa capacidade de acolher itens do mundo em nosso pensamento. As lições da imagem da ascese do sujeito são tão fortes que sobrevivem mesmo a um abandono de pontos de partida próximos ao ceticismo. Podemos exorcizar o perigo de um ataque cético à totalidade de nossas convicções e, ainda assim, manter a suspeita de que precisamos aprender a pensar e, para isso, deixar de lado nossas idiossincrasias para sermos relevantes, prudentes, empiricamente adequados – para alcançarmos qualquer virtude epistêmica. Esse baú de legados cartesianos contém, portanto, dois elementos interligados: o sujeito ascético que devemos construir em nós para que possamos estar em condições de ter as boas condições de investigar o mundo – um sujeito que está em condições de assujeitar o espaço de suas convicções sobre como são as coisas – e um procedimento criterioso de justificação das convicções a partir dessa estaca zero – um método de construção desde baixo, desde uma subjetividade em forma nua. O papel da higiene cética sobre nossa vida mental é a de encontrar um denominador comum neutro a partir do qual poderíamos estar em condições de responder ao mundo sem a interferência de nossas singularidades; responder ao mundo de acordo com normas que talvez não nos persuadissem enquanto portadores de convicções e desejos específicos, mas conduziriam o pensamento, supostamente mais relevante, de um sujeito ascético dentro de nós.

A higiene remove, como se fosse um empecilho, os elementos próprios dos sujeitos, os quais deixam de ter que ser levados em conta para a persuasão. É como se, ao alcançar as convicções apropriadas, tivéssemos que deixar de levar em conta quem já somos e, assim, introduzir um corpo estranho em nossa subjetividade; tais convicções impostas não se adaptariam necessariamente ao ambiente de nossa subjetividade.[111]

O sujeito ascético é uma subjetividade supostamente universal – a higiene ascética o apresenta como um substrato universal para todas as propriedades específicas que constituem um sujeito singular. O sujeito ascético é uma versão modesta daquilo que Kant queria com a postulação de um sujeito transcendental que sustentasse as condições de possibilidade de nossa investigação; trata-se de um sujeito universal. O sujeito transcendental não está de todo desprovido de suposições acerca de como são as coisas – o que torna possível que possamos fazer juízos sintéticos *a priori* – e é ascético no sentido de que é desprovido de qualquer convicção singular. O sujeito universal, enquanto substrato que sustenta toda subjetividade singular, é também condição para que possamos ter mesmo conhecimento de nós mesmos, de nossas vontades, de nossas aflições, de nossas intenções e também de nossas convicções e de nossas dúvidas.

Uma vez que a justificação é entendida como o crivo do sujeito ascético subjacente, só conhecemos a nós mesmos se nossas convicções sobre nós persuadirem a esse sujeito subjacente den-

[111] A idéia desse corpo estranho pode ficar mais clara se pensarmos na nossa subjetividade como um ambiente onde se articula uma ecologia que está em muitas relações com a ecologia do ambiente a nossa volta e do socius no qual convivemos, como sugeriu Guattari (1989). Penso que esse mecanismo de imposição dessa espécie de estado epistêmico de exceção pode estar associado ao esforço de naturalização de nossos dispositivos de formação de convicções; ou seja, de entendê-los a partir de universalidades (biológicas, por exemplo) que regeriam as convicções que mantemos. Também algo desse mecanismo parece estar presente em algumas formas do que é chamado por vezes de cientificismo e que considera a ciência como fonte de certeza independentemente de sua capacidade de persuadir (ver *Pensamento próprio*, p. 284).

tro de nós. Ou seja, também sobre nós mesmos sabemos apenas com um crivo que possa livrar-nos de qualquer possibilidade de estarmos sob o efeito de uma ilusão – também convicções sobre nossas convicções e dúvidas requerem uma construção desde baixo a partir de um sujeito ascético. Mas mesmo se esse sujeito tiver algum acesso a dúvidas e convicções particulares, como ele poderá saber que um conjunto de dúvidas está presente? É preciso que o sujeito, na estaca zero, tenha já acesso a essas conclusões indutivas; que alguma capacidade conceitual (ou pelo menos de generalização) esteja disponível. Essa é uma tensão sempre que tentamos caracterizar o sujeito ascético da maneira mais modesta possível – algo de que Kant tentou escapar na caracterização de seu sujeito transcendental. O problema, que aparece, portanto, sempre que tentamos narrar as peripécias de um sujeito pensado ao gosto cético que começa a conhecer, é que a estaca zero permite muito pouco: trata-se de um ponto de vista de um sujeito desprovido de qualquer elo com conceitos e anterior a qualquer conhecimento – um pensamento sem conhecimento, até desprovido de auto-conhecimento. A estratégia habitual para remediar a tensão é imaginar que o sujeito ascético inaugura um domínio próprio – um teatro cartesiano – onde pode haver certezas indutivas não acerca do mundo, mas acerca de suas próprias dúvidas e convicções (ou de suas sensações). O sujeito se moveria entre um espaço de conteúdos estreitos ou puramente mentais[112] que comporia um espaço reservado de subjetividade pura impermeável, por definição, ao mundo – indiferente a qualquer verdade de fato (ver *A res e os pés do intellectus,* p. 54). Sobra a pergunta acerca de como o teatro cartesiano – que parece uma mônada – é inaugurado.

---

[112] Cf., por exemplo, Bloch, 1986.

A inauguração poderia ser privada – o que faria com que os conteúdos estreitos fossem, pelo menos em sua base, conteúdos privados. Os passos seguintes são conhecidos e não vão merecer maior detalhe aqui: se demandamos uma mente externa que instaure conteúdos em nossa vida mental – um tutor –, demandamos também que haja algum sinal fora do teatro para nos ensinar os conteúdos de dentro dele; algo como as manifestações exteriores de dor. Davidson (ou Wittgenstein) associam a inteligibilidade dos conteúdos a uma interação com elementos externos que têm de aparecer ao pensamento. Algo como uma triangulação: os elementos externos, no entanto, aparecem como artimanhas no processo de inculcar conteúdos em uma vida mental. Os elementos externos ficam incluídos no processo de aquisição de pensamento – como ficam, em alguma medida, alguns fenômenos no processo de aquisição de pensamento para um sujeito transcendental kantiano. Em todos os casos, os sujeitos são deslocados para fora de uma estaca zero e deixam de ser ascéticos.

O crivo que um sujeito pode dar a qualquer conteúdo fica dependente dos demais conteúdos de pensamento em que ele se move – se não existe um sujeito na estaca zero, não há um crivo que possa ser dado, por assim dizer, desde fora do emaranhado de pensamentos que o sujeito adentra. Um sujeito não ascético é constituído pelas capacidades de pensamento que ele possui – não precede nenhuma capacidade e, também, não fica em nenhum subconjunto fixo de capacidades; ser um sujeito requer apenas que haja uma suficiente quantidade de capacidades aglomeradas: sujeitos florescem de massas críticas.

Sem um sujeito na estaca zero, desaparece o problema do sujeito que, desprovido de mundo, procura ter acesso a um objeto que aparece como um outro e que, nesse processo, se enreda nas malhas céticas (e ascéticas) de si mesmo. O pensamento passa a ser concebido já desde o início como uma teia de inteligibilidade, normatividade e verdades e, portanto, concebido desde o começo como conectado com o mundo externo e com as correções que provêm de outras pessoas. Sobra outra dificuldade, já familiar e que também pode ser apresentada em termos de acesso: como o pensamento – emaranhado em normas, inteligibilidade e verdades – pode fazer contato com as singularidades que podem ser alheias ao Mesmo que ele espalha. O problema da relação entre o pensamento e as singularidades pode ser apresentado como a sobra de um problema de contato entre sujeito e objeto depois que o sujeito inaugural (e ascético) foi dissolvido. Ou seja, mesmo com a questão do acesso ao mundo curada ou dissolvida por meio de alguma artifício como uma terapêutica holista (ou alguma outra estratégia de cura e dissolução dentre as muitas propostas desde Hegel), sobra a questão de como podemos lidar com o pensamento, com singularidades (ver *Casos pensados,* p. 21). O exorcismo do sujeito ascético pode sugerir que também singularidades em forma pura não podem aparecer nas paragens onde há pensamento.

Talvez tenhamos que abandonar também a idéia de uma *haecceitas* ascética por trás de qualquer outra propriedade qualitativa – como em uma estaca zero do objeto pensado. Podemos tirar a lição de que falharemos se tentarmos alcançar com o pensamento um objeto em forma pura alheio às descrições; assim como um sujeito puro não sai do chão sem que nele seja inculcado algum conteúdo de pensamento em forma de descrições, um objeto não pode mesmo ser pensado em sua forma ascética. Se concebermos que sujeitos e objetos não podem ser desconectados daquilo que há de comum entre fatos e versões, talvez também devamos exorcizar a idéia de que haja singularidades ascéticas. Pode parecer então que as singularidades não estão nem no início – na estaca zero anterior a qualquer descrição – e nem no fim – nos casos pensados. Sobra-lhes, se sobrar algum lugar, o meio.

Presenças plenas

En unos ruedos, la escritura es de água.
Rito Ramón Arroche

O avesso do imediato é a mediação. O problema que a crítica ao imediato parece apresentar, a possibilidade de singularidades serem pensadas, pode começar quando nos damos conta de que *pensar é julgar* ou quando nos damos conta de que *pensar é mediar*. Também o que já foi pensado, para ser trazido de volta ao pensamento, precisa de mediação. Derrida, em seu hegelianismo sem limites, considera que o trabalho da mediação nunca chega ao fim; ou seja, nunca alcança objetos como presenças plenas diante de nós, eles são sempre apenas indícios dependentes da *differance* entre o objeto que significa e o que ele procura capturar. Conteúdos de pensamento são vultos sempre menos que objetos concebidos como plenamente presentes – é antes um caminho em direção a um objeto que se move pela *differance* e que não chega à presença plena alguma. A lição é que não há nenhum trabalho do conceito que pode levar os conteúdos à redenção de encontrarem alguma coisa imediatamente a sua frente.

O problema com o imediato se torna mais amplo: não é apenas imediato aquilo que pode ser recebido sem nenhuma interferência de pensamento (ver *Bedelho,* p. 27), porém também tudo o que pode ter se tornado um conteúdo de pensamento e prescindir de atos dos pensamentos mesmo, que para chegarmos nele tenha havido atos de pensamento (ver *Tentações transcendentais 1,* p. 151).

Derrida[113] descreve o mito do imediato como a lenda de um heterológico dentro do próprio pensamento – o que vem de fora do pensamento, porém que já surge pensado. Sem imediato, o pensamento não se move entre presenças plenas, mas faz movimentos de idas e vindas entre as distinções que talha: move-se entre vultos, sombras, rastros. O pensamento não chega, ele é sempre arco lançado; não há pensados anteriores ao trabalho do pensamento – nada pode estar presente e estar indiferente ao esforço dos atos de pensamento. Não há conteúdos plenos de pensamento porque entre cada signo e seu conteúdo há uma maresia de atos de pensamento que não podem ser dispensados sem que o conteúdo fique irreconhecível – não basta que haja a memória de conteúdos em um conjunto de regras escritas porque cada regra precisa ser seguida da maneira que garanta que o significante copule com o significado. O pensamento não é assunto de coisas prontas, é um rodeio por entre rastros. Nada além de formas de vida fixas e convenientemente adestradas garantem que os conteúdos fiquem estáveis. A interpretação requer essa estabilidade de fundo – algum traço comum entre nossas ações; ela requer a estabilidade que é trazida por conjuntos de verdades – o que, por um lado, impede que tracemos entre nossas formas de vida e alguma coisa para além dela uma distinção transcendental e, por outro, impele-nos a aceitar sempre menos do que um contato com presenças plenas.

A conexão entre as diferenças que formam o sistema dos nossos significantes e as diferenças que significamos coloca o pensa-

---

[113] 1964.

mento em um elo com atos de passagem de interpretação – e esses atos envolvem tudo o que pensamos sobre quem fala. Não há teorias gerais da linguagem para nos guiar na interpretação – fazemos aquilo que Davidson[114] descreveu como a elaboração de *passing theories*, teorias de passagem que levam em conta o contexto e tudo o que sabemos de quem interpretamos, mas que não implicam nada sobre o uso da mesma expressão lingüística, seja por outros falantes, seja em outros contextos. Importa, então, o que pensamos sobre quem fala – a interpretação não pode ficar indiferente aos nossos atos de alcançar, por atos do nosso pensamento, quem nos fala. Essa interferência do que pensamos sobre os conteúdos que interpretamos pavimenta a possibilidade de que estamos fazendo não mais do que jogar uma rede de Mesmos para tentar captar Outros. O esforço de interpretar desmilingue-se em um ato de violência contra a possibilidade de singularidades que escapem das redes de diferenças nas quais pensamos.

Certo que a interpretação em alguns casos[115] pode ser corrigida e recolocada em outros trilhos: *não era isso que eu quis dizer, eu quis dizer outra coisa*. O pensamento fica então redi-

---

[114] Davidson (1986a). Ver *Necessidade sem universalidade?*, p. 144. Davidson pensa que saber uma língua não pode ser um conhecimento de regras gerais de interpretação: não há uma teoria da linguagem que seja necessária e suficiente para interpretar todas as falas daqueles que supostamente têm competência na linguagem. A concepção de interpretação que emerge da idéia de *differance* apela para um holismo que conecta inteligibilidade e formas de vida compartilhadas por todos os ângulos e que pode ser entendido a partir de Davidson.

[115] Porém não nos casos de interpretação radical em que não há mais do que observação do comportamento de quem procuramos interpretar. Casos assim acontecem mesmo fora da atividade profissional de lexicógrafos de campo: algumas atitudes das pessoas com quem convivemos precisam ser interpretadas imediatamente.

recionado para uma outra trilha, fica procurando entender em outros termos, fazer uso de outros atos de pensamento, trazer para uma rede de outros mesmos. Já que podemos – instados por uma singularidade – mudar de trilhos e continuar pensando, podemos fazer mais do que acompanhar uma trilha de Mesmos e não estamos mais entre os mesmos Mesmos.

Também podemos ser instados pela diferença que introduzimos por meio de nossas inclinações nos atos de interpretação esperados. Coisa alguma é conteúdo a salvo dos atos de pensamento que demolem e reconstroem. Reelaboro alguns dos passos que fizemos. Uma singularidade não pode impor-se em sua singularidade ao pensamento apenas pela sua presença, pois isso, em algum momento do processo de pensamento, demandaria que ele se presenciasse um elemento imediato. A singularidade é refém dos atos de pensar que, por sua vez, dependem da rede de Mesmos que o pensamento pode jogar sobre o que procura pensar. Mas os Mesmos são conteúdos de pensamento que precisam, para subsistir, de atos de pensamento que vêm em seu socorro – atos de interpretação sem os quais não se pode chegar aos conteúdos.

Se o holismo se acopla a uma concepção de conteúdos que requer atividade, pois nenhum conteúdo está pronto em uma presença plena diante de nós, nosso encontro com as singularidades depende de atos que podem sempre destoar daquilo que pode engavetar as singularidades entre nossos conceitos gerais já pensados. Quem pensa traz à tona sua própria forma de seguir as regras, traz para elas suas inclinações singulares nos seus atos de pensamento (ver *Minha singularidade,* p. 270). Atos de pensamento são necessários e podem sempre nos desviar de um modo a que nunca tornemos a encontrar os conteúdos perdidos. Há uma paisagem de mesmos, mas os atos de pensamento – que os mantêm – estão sempre se movendo em meio dela.

Wittgenstein, em uma passagem profícua, considera que nós, e os nossos significados, não paramos em parte alguma antes dos fatos.[116] A lição, que Wittgenstein pretendia talvez que fosse acerca do nosso acesso aos fatos (e, portanto, não de qualquer singularidade), pode ser entendida assim: não há nada de mais pleno para além dos nossos significados a ser alcançado. É certo que alcançamos verdades acerca do mundo e que elas dependem de nossos significados e não podem ser mais plenas, mais presentes do que o que permitem os recursos a eles disponíveis. Também as singularidades que tornamos presentes ao pensamento esvaecem sem a atenção dos pensamentos – em algum sentido elas não podem ser plenas no sentido de serem auto-suficientes. Portanto, não é que nossos significados vão na rota de alcançar algo pleno – completamente presente – e param antes de fazê-lo, mas nossos significados chegam apenas ao que não pode ser mais pleno do que eles determinam sem que isso nos impila a alguma distinção transcendental (ver *Tentações transcendentais 1,* p. 151).

Não é inteligível que cheguemos (ou que deixemos de chegar) a algum ponto cuja inteligibilidade requeira recursos que não estão disponíveis aos nossos significados – tais pontos de chegada seriam indisponíveis para qualquer confronto com nossas convicções. Isso torna os pontos de chegada também mediados por conceitos – pelas verdades que balizam a inteligibilidade das convicções e fazem de "presença plena" não mais do que o nome de uma impossibilidade. Talvez, uma lição sobre as singularidades também se insinue aqui: as singularidades que são tocadas pelo nosso pensamento, se elas o forem, terão de ser tão determinadas e tão fugidias quanto o terreno por onde se movem nossos conteúdos.

---

[116] PU, I, 95. Ver *Verdades insuficientes,* p. 110.

Tornar-se conceito

> *"But I'm not." "What?" "A tin-opener." "I am delighted to hear it but tell me, have people in the past attempted to open things with you?" "Why would they when I'm not a tin-opener?" [...] Then she picked him up and lit her cigarette with him.*
>
> Pat Ingoldsby

Lévinas diagnostica que o esforço de pensar se insere em uma empreitada centrada na colonização do Outro pelo Mesmo – a filosofia, diz ele, é uma egologia. O perigo é o pensamento ser incorrigivelmente tributário de uma eugenia; Lévinas[117] apresenta o que surge às vezes como um dilema para todo pensamento e às vezes mesmo como uma maldição para a pretensão do pensamento de capturar seus objetos:

[117] 1961/1990/2000. 1990, p. 34. Trecho traduzido: "Conhecer ontologicamente é surpreender no ente oposto aquilo por que ele não é este ente, este estranho, mas aquilo por que ele se trai de algum modo, se entrega, se abandona ao horizonte em que se perde e aparece, se capta, se torna conceito. Conhecer equivale a captar o ser a partir do nada ou a reduzi-lo a nada, arrebatar-lhe a sua alteridade". 2000, p. 31.

> Connaître ontologiquement, c'est surprendre dans l'etant affronté, ce par quoi il n'est pas cet étant-ci, cet étranger-ci, mais ce par quoi il se trahit em quelque maniére, se livre, se donne à l'horizon où il se perde et apparaît, donne prise, devient concept. Connaître, revient à saisir l'être à partir de rien, ou à le ramener à rien, lui enlever son alterité.

Entendo que a maldição, associada aos vícios de um pensamento que faz a preocupação com a ontologia preceder qualquer encontro com um Outro, é que o pensamento esteja fadado a ser a expansão do Mesmo – de um Mesmo que se altera apenas por meio da sua capacidade de ampliação por um processo que pareceria uma fagocitose. O pensamento atua por meio de uma espécie de fagoontose –, uma devoração de entes. A maldição é de que pensar é fazer violência à alteridade. O dilema é que o pensamento – se orientado a conhecer o mundo, a apreender o que existe – é arrebatar ao seu objeto a alteridade e, se não a arrebata, não chega ao mundo. O pensamento que abdica de expandir o Mesmo não pode retirar nenhum conteúdo de sua interação com seus objetos, não pode sequer fazer de parte alguma do mundo seu objeto. O pensamento que não está a serviço da supressão da alteridade é um pensamento sem conteúdo, sem tema, não é sobre nada. Quando tornamos algo em conceito, já dissolvemos sua alteridade; e parece que a alteridade é a matéria-prima da singularidade.

O dilema arrebata se entendemos que ter conteúdos é sempre ter conceitos: que não há conteúdos aprendidos imediatamente. Detectar alguma coisa é já colocá-la em uma rede de conexões: nada pode haver de desconexo no pensamento porque pensar é conectar. Se for assim, conteúdos são anátemas a singularidades levadas em consideração, apreender algo é já englobar casos sob algum esquema de generalização. Assim, pensar em alguma coisa já se aproxima de destroçá-la; ou abdicamos de pensá-la ou aceitamos arrebatar-lhe a alteridade. Eis o dilema que nos move desde o início em cores fortes, em matizes violentos; e Lévinas nos impele a procurar uma saída para a maldição, temos que ser capazes de fazer mais do que acomodar com nossos esforços por pensar. Precisamente porque não podemos captar singularidades prontas de maneira imediata, não podemos trazer nada à baila de nosso pensamento senão por meio das mediações de gerais pensados que permitem a compreensão – e o enquadramento do que é pensado em emaranhado de conceitos. Se acontece que nenhum bedelho do mundo pode dar-nos aquilo que queremos, então pensar, se é acolher um Outro em sua teia de conexões, é trazê-lo ao Mesmo.

Pensar não parece poder ser mais do que abarcar alguma coisa, trazê-la às galerias (gerais pensadas) já fabricadas para que, ali, o que for pensado se torne um tema. O pensamento, envolto em si mesmo, não pode fazer mais do que exercícios de *fagoontose* dos quais se alimenta. Derrida[118] uma vez respondeu a Lévinas assim: "A não-violência empírica requer a violência transcendental". Estamos às voltas com a *Anerkennung*: ela parece ser a violência transcendental necessária e fundante das nossas ações, por vezes não violentas, com o pensamento. A marca dessa violência primordial é o reconhecimento desde a nossa autoridade que, nesse caso, quer dizer a autoridade do pensamento constituído. Para re-

[118] 1964.

conhecer é preciso, de alguma forma, trazer o Outro a nós. Um Outro completamente diferente não pode ser pensado – e muito menos ser entendido como possuindo pensamento. A diferença é a diferença pensada: o pensamento aparece de novo como o trator sobre a singularidade e assim sobre a diferença. Talvez a diferença empírica – a surpresa local – requeira a repetição transcendental – ou a previsibilidade global. (Como em um holismo davidsoniano, uma relação externa global requer relações internas locais e desacordos locais requerem um acordo global inescapável. Ver *Resto do mundo,* p. 46.) O pensamento permite surpresas locais, em um pano de fundo de Mesmo. De todo modo, ou o Outro não fica pensado (ou fica pensado apenas em parte, na parte em que ele é trazido ao horizonte do Mesmo) ou ele é posto em um lugar articulado pelo pano de fundo do Mesmo e assim se torna inteligível porque fala ao Mesmo transcendental que torna possível um Outro empírico (ou seja, local, menor, cuircunscrito). A maldição de Lévinas aparece com todas as cores: enquanto pensamos, fazemos violência à alteridade.

Trazer ao pensamento – concebido como acolher – é fazer com que o que é pensado ocupe um lugar. O dilema de Lévinas não é problema associado a algum perigo de subjetivismo; um holismo tem recursos para mostrar que o pensamento precisa trafegar entre sujeitos de uma maneira que passe por verdades que tornam o trajeto inteligível. O problema não é que lidamos apenas com os conceitos das coisas, o problema é antes que ao acolher alguma coisa – composta ou não da matéria-prima de que é feito o pensamento – em um conteúdo conceitual, a caracterizamos em termos das diferenças que tornam o conteúdo conceitual aquilo que ele é. O espaço dos conteúdos e de suas diferenças é o espaço da soberania humana, uma soberania que não é em ponto algum invadida por um bedelho externo e que não é também jamais completa. Lévinas[119] fala da liberdade que reside no pensamento e como nele floresce a verdade:

> La liberté surgit à partir d'une obeissance a l'être: ce n'est pas l'homme qui tient la liberte, c'est la liberte qui tient l'homme. Mais la dialectique qui concilie ainsi la liberté et l'obeissance, dans le concept de verité, suppose la primauté du Même [...] Telle est la définition de la liberte: se maintenir contre l'autre, malgré toute relation avec l'autre, assurer l'autarcie d'um moi. La thématisation et la conceptualisation, d'ailleurs inséparables, ne sont pas paix avec l'Autre, mais suppression ou possession de l'Autre.

No pensamento, estamos condenados a uma medida de soberania, uma vez que é na liberdade que nos movemos. Tal liberdade acolhe alguma coisa diferente apenas a englobando no horizonte das coisas que é capaz de fazer. Alcançamos uma noção de liberdade – e de capacidade de pensar – que parece aniquilar a diferença e, com ela, a possibilidade de genuínas

---

[119] Op. cit., 1990, p. 36-37. Trecho traduzido: "A liberdade surge a partir de uma obediência ao ser: não é o homem que detêm a liberdade, mas a liberdade que detêm o homem. Mas a dialética que concilia assim a liberdade e a obediência, no conceito de verdade, supõe a primazia do Mesmo [...] Tal é a definição da liberdade: manter-se contra o Outro, apesar de toda a relação com o Outro, assegurar a autarcia de um Eu. A tematização e a conceitualização, aliás inseparáveis, não são paz com o Outro, mas supressão ou posse do Outro". 2000, p. 33.

singularidades. A violência de Lévinas pode ser descrita assim: o pensamento que diz que acolhe itens do mundo procede mais precisamente arrebatando esses itens do mundo e os confinando em lugares estabelecidos pelo Mesmo. O pensamento não seria como um leve polinizador que pousa na flor e acolhe aquilo que então leva para um outro lugar, mas antes como um pesado trator que arranca aquilo por onde passa e deposita o que recolhe em armazéns premoldados.

Lévinas considera que o pensamento massacra a alteridade porque não damos o tipo de atenção que requer o que é singular – não a atenção do entendimento, mas uma atenção ética que repousa no infinito que encontramos no rosto do Outro. O rosto guarda uma potência maior que nosso esforço por descrever – e um rosto é o que escapa sistematicamente a todo esforço de descrição, ele não está aí para ser descrito ou pensado, mas antes para receber uma atenção em outra dimensão, uma atenção que em algum sentido é paralela aos nossos esforços para entender o mundo por meio do pensamento e que tem uma primazia quando tratamos de um rosto, de um outro rosto. A liberdade – a soberania do pensamento – não pode fazer de um rosto senão o satélite de um aglomerado de pensamentos. Pensar o Outro com liberdade é não entendê-lo como um anteparo ao Mesmo, mas como alguma restrição aos nossos esforços de acomodação. Trata-se, talvez, da diferença entre escrever sobre alguém e tê-lo presente, diante de nós – quando escrevemos, a alteridade já está de alguma maneira processada, preenchida de Mesmo, tentamos compreender e há surpresas apenas quando nos damos conta de alguma coisa que não havíamos pensado antes sobre quem escrevemos. Quando estamos diante de alguém, não temos a última palavra e, em certo sentido, não temos mesmo palavra alguma que não seja uma projeção do nosso Mesmo – ainda que afetada por uma restrição externa, um Outro presente. Lévinas parece insistir que há algo mais, mais importante e anterior, a se fazer com um rosto: estar sujeito[120] a suas possibilidades de alteridade – suas capacidades de singularidade.

[120] Poderíamos entender quc Lévinas está solicitando uma passividade quando pede menos liberdade ao pensamento em nome da atenção ao rosto do Outro. Como McDowell, ele poderia suspeitar que o pensamento sem restrições externas apenas patina sem atrito. Penso, contudo, que não é passividade, mas uma atenção ativa o que ele prega como início de uma saída para o impasse. De toda maneira, é preciso que o pensamento tenha recursos para, de alguma maneira, ser sujeito ao rosto do Outro.

Univitelinos

Two roads diverged in a yellow wood,
And sorry I could not travel both.
Robert Frost

Gêmeos são muitas vezes confundidos. Não vemos a diferença. Falhamos nessa atividade de *Anerkennung*. Gêmeos podem levar-nos rapidamente ao problema da *haecceitas*: podemos reconhecer diferenças singulares ou precisamos de regularidades para distingui-las? Aprendemos freqüentemente a reconhecer a diferença entre gêmeos por meio de recursos mnemônicos que apelam a alguns de nossos conceitos familiares. Aprender conceitos é uma maneira de aprender a reconhecer diferenças – as diferenças que importam para a comunidade que toma conta daqueles conceitos. Pensar assim – se podemos reconhecer as diferenças singulares ou precisamos sempre apelar para distinções que já conservamos em mente – nos arremessa rapidamente para o tema da privacidade em conteúdos de pensamento. A criança genial do 257 das *Investigações*[121] poderia construir seu sistema de diferenças – ainda não singulares, mas pelo menos

[121] PU, I, 257.

percebidas apenas por uma pessoa, ela própria – por meio do fragmento de linguagem que ela construiu por conta própria.

Quais são as credenciais que a criança genial pode apresentar para aplicar seu termo privado que ela inventou durante um episódio de dor de dente a um novo episódio de dor de dente (ou a uma dor de ouvido, ou a um tronco caído, ou a uma pessoa na multidão)? Vista de fora, a criança genial poderia aplicar seu termo a qualquer item do mundo – e, vista de fora, não poderíamos distinguir situações em que um intérprete está errado acerca do que significa o termo da criança genial de situações em que ela mesma se enganou na aplicação do termo. Pode a criança genial se enganar realmente? Bem, ela pode corrigir-se em seguida; mas pode cometer o erro não detectado? Procuramos as credenciais da criança para poder seguir na atividade interpretativa de lhe atribuir conteúdo – quais são as diferenças que podemos reconhecer e, assim, sancionar como intérpretes. Como intérpretes, temos que ver a diferença que a criança genial está apontando; em uma triangulação entre intérpretes, interpretados e mundo, precisamos que o vértice ocupado pela diferença seja um só.

Entendemos apenas quando compartilhamos essa diferença. Até aqui, podemos dizer apenas que devemos que ter duas perspectivas sobre a mesma diferença – a diferença que a criança genial enxerga deve ser compartilhada pelo intérprete. Contudo, para enxergarmos a mesma diferença, temos de agrupar aquela diferença (ou aquela semelhança) com outros exemplos (de dor de dente, de dor de dente e dor de ouvido, de dor de dente e galhos caídos etc.). A diferença, para dar credenciais para a aplicação futura de um termo, precisa ter sido repetida e precisa poder ser repetida. De fato, parece muitas vezes que a diferença surge somente em um pano de fundo de repetição, mas é certo que a diferença precisa do pano de fundo não apenas como contraste.

Entre dois gêmeos – ou entre duas espécies de animais, ou entre dois episódios internos – deve haver alguma diferença, nos ensinam os pastores de nossos conceitos públicos; cabe a nós, privadamente, encontrar uma tecnologia para detectá-la. (Encontrar uma tecnologia: também podemos entender *qualia* como uma parte dessa tecnologia, um tipo de resposta comum à pergunta de Jackson[122] sobre o que Mary não sabia: ela apenas não dispunha de uma tecnologia de reconhecimento que a maioria de nós possui. O experimento de pensamento nos permite isolar nossas competências conceituais de nossas tecnologias para apresentar essas competências conceituais.) Ser capaz de reconhecer uma diferença já é dispor de uma tecnologia privada para tanto – e, para uma tecnologia privada poder adquirir credenciais, ela precisa ser aplicada a um número de exemplos. A diferença detectada pela criança genial tem de poder ser repetida – tem de ter regularidade para poder ser aprendida e pensada. Parece que o limite da *Anerkennung* é a *haecceitas*. E, talvez, o limite da capacidade de pensar singularidades seja a necessidade de reconhecimento.

Aqui reside o veneno da maldição de Lévinas. Nem sequer temos conceitos para as diferenças que aparecem apenas uma vez. Conceitos são usados como árbitros de teias de diferenças regulares. Para detectar as diferenças – e estabelecer um plano de projetibilidade[123] para futuras semelhanças como faz a criança genial – é preciso que possamos apresentar credenciais.

---

122 1986.

123 Penso no sentido que Goodman (1954) dá à projetibilidade de predicados.

Pensar fica parecendo uma atividade de se preparar para a inspeção (ver *Credenciais,* p. 127). Não poderia a criança genial simplesmente ter detectado uma diferença qualquer e não se importado com as credenciais que apresentaria em uma futura inspeção da qualidade semântica dos predicados que construiu? Sem o apelo a credenciais, podemos falar de diferenças privadas, detectadas apenas privadamente e, por isso mesmo, não constituindo nenhuma tecnologia para o futuro reconhecimento. Perderíamos o elo entre pensamento e inteligibilidade.

Talvez as palavras para diferenças e semelhanças singulares sejam os nomes próprios. É certo que damos nomes próprios distintos aos gêmeos e o nome corresponde à diferença entre eles – cada nome próprio corresponderia à *haecceitas* de cada um. Nomes próprios não são repetidos e não podem ser aplicados senão a um item em particular. Mas, é claro, precisamos aprender a usar os nomes próprios – encontrar uma tecnologia (privada) de reconhecimento. Tal tecnologia pode se nomear, em oposição a descrever, pensar coisas em vez de pensar fatos, ter a atenção orientada para alguma coisa do lado de fora, *de re,* e não aos juízos do pensamento. Essas capacidades, de todo modo, têm de estar embrenhadas com as estrelas que vemos no céu, com os pensamentos tais como nós os vemos, cheios de juízos, de mediações, de *Anerkennungen.* O atentado ao pensamento que parece oferecer a singularidade reside em que o pensamento opera por repetições: aprender a pensar é aprender a ter em mente diferenças regulares. Nomes próprios são nomes de itens em particular; mas os distintos gêmeos são sempre os mesmos – e por isso podemos ter esperança de reconhecê-los.

Mesofácio

Noueliane tem seus momentos de autoconfiança: ela consegue entender – sente o conforto de que as coisas estão acomodando-se, estão ocupando lugares quase que naturais; parece que a poeira baixa e fica o que há para pensar nítido. É como se ela pudesse tocar também com a ponta da cabeça naquilo que a rodeava e, às vezes, até mesmo do que poderia vir a lhe rodear. Nem era sempre explicar as outras coisas, nem prevê-las, nem controlá-las – apenas compreendê-las, colocar cada coisa particular em um eixo com um começo, um meio e um fim, ainda que esses três andassem sempre embaraçados. Não era que fosse sempre assim, porque, muitas vezes, vinha pensamento de todas as direções, sem data, sem hora marcada, sem respeito às leis de trânsito, e ela sentia a idéia torpedeada de areia fina quase sem ver o que ficava embaixo da duna, se era dobra na montanha de areia ou lençol de água cheio de turistas sem fôlego e a imagem dissipada da toalha de banho de dona Haecceitina onde sobre o fundo, todo verde musgo desbotado, ela lia em letras brancas uns versos de Yehuda Amichai; no lugar onde temos razão não crescem flores na primavera. Aquela dona intrépida nunca sabia as safras dos vinhos nem parecia lembrar que já havia antes estado no meio da areia – tinha uns lampejos eventuais de um longo desequilíbrio com Noueliane:

DONA HAECCEITINA: Nó nos pomos a pensar e já estamos colonizando as diferenças de semelhanças e especificidades; podemos ter conceitos refinados ao ponto de nos motivar a uma impaciência diante da teimosia de uma exceção. E as singularidades nos escapam sempre que pensamos nelas com uma usina de decalques – como casos a serem catalogados. E o pensamento precisaria fazer mais do que pôr etiquetas nas singularidades. Há de haver um modo de não ter que fazer toda poeira baixar.

NOUELIANE: As singularidades não podem ser tão sacrossantas. Meu medo é que, se as prezarmos em demasia, cairemos logo em alguma armadilha que tivemos cuidado em contornar desde quando começamos a conceber os pensamentos como precisando sempre de outros pensamentos para lhes injetar ânimo, capacidade de serem entendidos, condição para se defrontarem com o mundo, habilidades para fazer alguma diferença – conteúdo, enfim. Como poderíamos pensar no que ainda não é conceito se não conseguimos fixar o foco sem conceitos? Parece que estamos querendo pensar e, ao mesmo tempo, deixar o que pensamos escapar ao pensamento. Ou então estamos postulando algum âmbito suprapensável que podemos, no máximo, entre-pensar...

DONA HAECCEITINA: Talvez seja só isso que podemos fazer, pensar de passagem, pensar no intervalo entre os conceitos. É com essa atenção que os conceitos, com muita capacidade para a suntuosidade, por vezes atrapalham; a atenção de olhar para os detalhes das coisas e as minúcias da pessoas mesmo que nossa cabeça esteja cheia.

NOUELIANE: Mas desse jeito fica parecendo que os conceitos são como um véu que nos impede de focar no que há, que eles são como uma fumaça que nos impede de pensar o que haveria para ser pensado por trás deles. O pensamento fica parecendo um empecilho, um estorvo em vez de ser uma maneira de nos ajudar a lidar com o que encontramos. Se postularmos singularidades que podem ser sistematicamente violentadas pelo pensamento, faremos do pensamento no máximo uma capa que nos separa do mundo – e eu acho que não há um mundo inteiramente inacessível ao nosso esforço de pensamento.

Dona Haecceitina: Pode ser que não possamos jamais entender aquilo que está em completo desacordo com nossas convicções – pode ser que o limite do nosso entendimento seja um mínimo acordo. Mas não é que as singularidades clamam para serem entendidas, talvez não devamos tentar entendê-las; entendemos enquadrando, isso nós bem podemos fazer; é que elas pedem um outro tipo de atenção, a atenção que damos apenas ao que há, ao que é outra coisa...

Noueliane: A atenção que damos ao que não entendemos, ao que não entendemos ainda.

Dona Haecceitina: Antes de descer a duna e ver o lençol, ao longe. Não é que a cabeça não alcance, mas a cabeça quando se mete a tematizar tem de entender e quando se mete a entender já trata as singularidades como casos particulares.

Noueliane: Elas têm de ter algum lugar em nossa cabeça...

Dona Haecceitina: Não estou dizendo que temos de pensar nelas sem colocá-las em nossa cabeça, nem sequer quero dizer que nossos pensamentos não podem chegar até elas. Noueliane, não sei como entender as singularidades que nos escapam, mas elas nos apelam. Veja aquele casal mergulhado no lençol com os rostos voltados um para o outro; eles se vêem, eles se entendem – ou talvez não –, mas isso não é tudo. Nós podemos pensar que se trata de um casal de turistas ansiosos, que se trata de gente que veio de longe, que se trata de heterossexuais brancos, que se trata de um casal apaixonado e muito mais – mas nunca colocaremos os dois inteiramente dentro da nossa cabeça.

NOUELIANE: Não colocaremos os dois inteiramente dentro da nossa cabeça, mas podemos entendê-los, em parte. Talvez, se tivéssemos mais conceitos à nossa disposição poderíamos colocá-los em uma encruzilhada de conceitos em que só coubessem eles, e mais ninguém. Paramos antes apenas porque temos recursos limitados, mas sempre poderemos dizer o que mais há de específico naquele casal – e teremos de particularizá-los por meio de descrições definidas sempre mais completas, ainda que não terminemos nunca...

DONA HAECCEITINA: Pois eu acho que não. Eu posso sempre dizer alguma coisa mais, sempre posso movimentar meu pensamento entre uma descrição e outra – mais específica e, por isso mesmo, com mais flancos abertos. Faço o movimento de circunscrever com mais nitidez. Mas de uma descrição para outra há o apelo de alguma coisa que torna o que pensamos até ali insuficiente. Os conceitos criam essa insuficiência quando tentam abrigar alguma coisa singular – as singularidades são estrangeiras entre os nossos pensamentos ainda que tentemos naturalizá-las. É por isso que elas podem trazer o apelo de alguma coisa distinta dos pensamentos. Esse apelo é que não podemos simplesmente colocar debaixo do tapete...

NOUELIANE: Mas poderemos alguma hora eventualmente terminar a descrição e pronto, o casal estará ali – ainda que talvez para tanto precisemos de descrições que ocupem muitos volumes.

DONA HAECCEITINA: Não poderemos. Pensamos, pensamos e sentimos o apelo para pensar mais. Enquanto isso, os turistas ficam se olhando sozinhos no lençol, correm para a beira d'água, levantam-se e as coisas continuam acontecendo. E cada acontecimento tem a capacidade de escapar das emboscadas que lhes fazemos com os conceitos. Eu, por exemplo, agora, tenho vontade de descer até a água e mergulhar, já que os turistas estão subindo as dunas e a água está ficando quase sem ninguém...

NOUELIANE: Você nunca desconfia dos seus próprios desejos?

Estereoscópica

En cada grano de arena
hay um derrumbamiento de montana.
Dulce María Loynaz

As obsessões com os universais rondam as tentativas de fazer filosofia há muito tempo. Um cenário para as obsessões talvez seja o seguinte: pensamentos universais em um mundo de particulares. Nosso dilema entre o holismo e a atenção à singularidade pode ser mais um caso dessa assombração: atentar para as singularidades nos prepara para ter uma atenção que supõe que há elementos diferentes do que pode até qualquer momento capturar nossos conteúdos; um compromisso holista, em que não há um setor da geografia entre pensamento e mundo em que tudo está pronto para o pensamento, não permite conceber um completo outro – em particular, não permite conceber outros singulares prontos e fora de nós. A soberania espalhada por todo o pensamento torna o pensamento colonizador do Outro enquanto a atenção à singularidade coloca limites ao espaço de soberania dos conteúdos que se interanimam. O dilema – que parece ter uma semelhança de família com outros problemas relacionados aos universais – é se podemos entender o pensamento como um movimento entre formas gerais sem fazer com que ele não faça mais do que expandir o Mesmo.

Os ecos das querelas dos universais aparecem quando pensamos nas singularidades de um lado e no pensamento englobador de outro. A universalidade pode parecer acoplar-se à soberania – compartilhada, uma vez que o mundo é parte do que pensamos –, enquanto singularidade insinua-se como acoplada à passividade. A atenção aos processos de inteligibilidade e de verdade dos conteúdos de pensamento parece nos levar por um caminho que nos cega com respeito à possibilidade de diferença nas singularidades. Se, por outro lado, começamos com a singularidade e nos recusamos a entendê-la em termos de algum elemento comum, podemos terminar por termos alguma forma de relação externa com elementos que têm de aparecer prontos ao pensamento – se é que podemos, de alguma maneira, pensá-los. Em contraste com a controvérsia entre realistas e nominalistas de várias persuasões, um problema semelhante aparece aqui: pode o pensamento englobar singularidades ou apenas, no máximo, aceitá-las como vindas prontas de fora? O nominalismo sustenta que impingimos ao mundo universais por meio de nomes onde havia apenas particulares. Para nós, a questão é se qualquer coisa que não sejam descrições e conceitos podem estar no pensamento ou se, de alguma forma, elas só podem ser impingidas ao pensamento desde fora e nunca ser, de fato, parte dele. Pode o mundo conter universais? Essa é a desconfiança nominalista desde as primeiras suspeitas de que certas maneiras de falar poderiam ser meros *flatus vocis* de nossas maneiras de viver. Pode o pensamento conter singulares (enquanto singulares)? Essa é a questão que interessa aqui e que tem seu *pedigree* medieval nas teses de Duns Scotus sobre a *forma individualis*: melhor especificável em contraste com predicados comuns, a *haecceitas* é, ela mesma, inessencial ao pensamento. Precisa o mundo conter universais? Eis a fórmula para resolver a questão dos universais que mereceu consideração pelo menos desde Ockham. Precisa o pensamento considerar singulares? Essa pode ser a fórmula de uma navalha aplicada à questão da singularidade.

A navalha – em analogia com a de Ockham – poderia ser aplicada assim: o pensamento, considerando apenas as necessidades que ele tem de fazer o que ordinariamente faz (e considerar o que o pensamento faz ordinariamente pode ser indefinidamente arbitrário), não precisa considerar nenhuma *forma individualis*. Ou seja, para tomar itens do mundo como tema e ser capaz de especificá-los e individuá-los, o pensamento não precisa levar em conta, por exemplo, a *haecceitas* das singularidades. O pensamento pode seguir seu curso de sancionar por meio de conceitos e inferências algumas diferenças e desprezar outras, sem levar em conta singularidades para além da sua capacidade de especificação. Pode apenas lidar com verdades. Os nominalistas, quando convencidos a passar a navalha sobre os universais, procuram fazer um elo – uma espécie de lei-ponte ou, de toda maneira, uma espécie de redução[124] – entre os particulares do mundo, de um lado, e nossa *façon de parler* de outro. Mesmo com o elo, é preciso saber ver as coisas com duas imagens, a

[124] Considere programas como os de nominalistas no século XX como Goodman, Quine ou Hartry Field ou mesmo o projeto do *Aufbau* de Carnap (1928). Em todos os casos, a idéia é construir a partir de particulares correlatos das entidades as quais é preciso mostrar que são dispensáveis.

imagem ordinária e a imagem de como as coisas são – duas mesas de Eddington.[125] Um exercício, de resto bastante comum, de estereoscopia filosófica.

Poderíamos tentar esse truque usual aqui e tentar ver o pensamento holista e a atenção à singularidade como duas vistas da mesma fronte – respeitando as exigências internas do pensamento e algum desejo (em algum sentido externo) de não solapar *haecceitas*. O pensamento, enquanto tal, precisa admitir uma dose grande de holismo, mas podemos postular uma outra atenção concentrada nas singularidades externas. Talvez identifiquemos dois interesses da razão a serem atendidos. Como implementar esta estereoscopia? Heidegger chamava atenção para a diferença ontológica, um vão entre o ente e o ser; o ente definido, onde o esforço do pensamento especifica, diferencia e traça contrastes de um lado, e o ser que está presente em todos os entes – aquilo que os entes são, mas que não determina o caráter que cada ente assume. O ser é como uma comunidade entre os entes que não especifica essência alguma e não determina o modo de existir de coisa alguma.

Quando Heidegger procura denunciar o esquecimento do ser em detrimento dos entes – um acontecimento para o pensamento que passa a focar em determinações e especificações e não mais naquilo que subsiste às determinações –, ele está descrevendo uma suposta monoscopia da filosofia. Haveria de corrigi-la fazendo o pensamento prestar uma atenção simultânea aos entes determinados e ao ser que lhes subsiste. O pensa-

[125] Eddington descreveu, em suas conferências Gifford de 1927, a mesa à sua frente como sendo duas, uma colorida, sólida, retangular – a do senso comum – e uma outra sem nenhuma dessas propriedades – a mesa concebida pela teoria das partículas. Cf. Eddington, 1928.

mento atua sobre o mundo colocando determinações, mas só pode fazê-lo pelo que tem de comum com o ser. Tal conexão do pensamento com o ser é que precisa estar presente em um esforço estereoscópico. Eis um exemplo de visão bifrontal: como se um olho focasse nas paisagens e outro nos elementos que as compõem; um olho focasse nos exemplos e outro naquilo que os exemplos exemplificam ou ainda um olho focasse nas regras gerais e outro nas exceções. Uma dioscopia pode ser concebida como em uma via dupla de Parmênides. E podemos ver a via dupla como um foco em alguma parte agregado ao que é reparado de soslaio; como se alguma coisa estivesse, simultaneamente ao tema do pensamento, sendo pensada de soslaio. Seria uma estereoscopia, assim, uma maneira de permitir que o pensamento não caia em armadilhas de universalidade e possa, portanto, pensar itens singulares pelo menos de soslaio?

Poderíamos concentrar-nos duplamente nas necessidades internas do pensamento e no *desideratum* de permitir, no pensamento, a singularidade fora do lugar – fora das galerias do pensamento. Um foco no conhecimento de verdades, um foco no conhecimento das coisas (ver *Conhecer coisas,* p. 89; e *Verdades insuficientes,* p. 110). Algo talvez como a imagem de quem interpreta uma personagem e da personagem interpretada: podemos, no teatro, ter os olhos voltados para ambos. O perigo é que, em vez de uma estereoscopia, terminemos com uma espécie de caleidoscopia em que uma imagem não pode ter nenhuma relação com a outra; apenas vemos duas imagens independentes, aquela que pensamos e aquela daquilo que pensamos. Trata-se de ter em mente, com independência, um *id quo* e um *id quod.* Especificações em que muito pode caber, de um lado, e singularidades que acontecem de caber, de outro. E é como se multiplicássemos pensamentos para atender aos nossos diferentes interesses. A estereoscopia pode ser insuficiente. Não apenas corremos o risco de produzir duas imagens dissociadas uma da outra como também não podemos esperar nada dela até que possamos entender o que significaria ter algo em nosso pensamento que não seja pensado no geral. Talvez o que estamos buscando não possa ser encontrado apenas acoplando uma outra visão ao lado do esforço do pensamento de construir teias inteligíveis. Pensar a singularidade não pode ser ter uma cabeça paralela para elas enquanto uma outra segue desatenta a qualquer idiosincrasia de alguma aplicação de emaranhados de pensamentos universais.

Exemplos

I am thinking, of course, of the peach before I ate it.
Why so velvetry? Why so voluptuous heavy?
Why hanging in such inordinate weight?
Why so indented?
D. H. Lawrence

Os exemplos são sempre exemplos de muitas coisas. Vemos, nos exemplos, exemplos de alguma coisa que está para além do exemplo – mas para vermos mais além temos de ver o exemplo. Agamben[126] escreve:

> Da una parte, ogni esempio è trattato, infatti, come un caso particolare reale; dall'altra, resta inteso che esso non può valere nella sua particolarità. Né particolare né universale, l'esempio è un oggetto singolare che, per così dire, si dà a vedere come tale, mostra la sua singolarità.

[126] 2001, p. 14. "De uma parte, todo exemplo é tratado, de fato, como um caso particular real; de outra parte, fica claro que ele não tem valor na sua particularidade. Nem particular nem universal, o exemplo é um objeto singular que, por assim dizer, se mostra como tal, mostra a sua singularidade" (tradução do autor).

O movimento de exemplificação requer uma singularidade que cabe naquilo que quer ser exemplicado, mas que não o substitui. Uma maneira de apresentar as considerações de Wittgenstein em torno da seção 185 das *Investigações*[127] é dizer que aprender a seguir uma regra é aprender a ver no exemplo do que o exemplo pretende ser um exemplo. Um exemplo de uma seqüência $A_{i+1} = A_i+2$ ou um exemplo de uma seqüência $A_{i+1} = A_i+2$ *se i é menor que 500 e* $A_{i+1} = A_i+4$ *se i é maior que 500* – ou um exemplo de um objeto retangular ou um exemplo de um objeto vermelho (ou, também, um exemplo de verde ou de verzul)[128] –; e a capacidade de ver do que o exemplo é um exemplo deve estar presente em todas as relações entre termos e suas regras de aplicação e itens singulares. Aprender a seguir regras é o problema de aprender o que devemos ver no exemplo. Agamben chama a atenção para o caráter anfíbio dos exemplos: de alguma maneira, e com um foco da visão associado ao outro, requeremos, na exemplificação, uma visão estereoscópica: ver o exemplo e ver o que está sendo exemplificado. Vemos o que está sendo exemplificado, contudo, apenas se mantemos um olho naquilo que exemplifica. Todo exemplo pode ser substituído por outros – muitas vezes oferecemos mais de um exemplo para induzir a indução adequada. Muitos exemplos são muitas vezes necessários para vermos no exemplo o exemplo que queremos mostrar, porque cada exemplo é diferente. De um ponto de vista anti-haecceitista, podemos pensar na singularidade como uma interseção entre universais; cada exemplo tem sua especificidade porque há também, e ao mesmo tempo, outros universais que

---

[127] PU, I, 185.

[128] Goodman, 1954.

ele exemplifica. A singularidade é apenas uma confluência no pensamento – um lugar específico, como um endereço completo. Esta chaminé é um exemplo de bloco de cimento, de item ao alcance dos meus olhos, de objeto na patagônia entre outras coisas; a interseção aponta a singularidade de qualquer coisa que satisfaça tais descrições. Mas podemos manter uma vista no exemplo das descrições que confluem – o olho que ainda não vê o exemplo como um particular de um universal, como um exemplo de alguma coisa.

Quando aprendemos uma tecnologia para reconhecer um exemplo como sendo exemplo de alguma coisa (ver *Univitelinos,* p. 176), ainda nos perguntamos o que pode o exemplo exemplificar. O exemplo, se conseguirmos vê-lo como víamos antes de ele exemplificar, aparece-nos como um devir-exemplificação. Ainda não ilustra nada, mas aparece como um singular que estamos tentando pensar como um particular, como sendo um caso de alguma coisa.

Procuramos no exemplo o que ele exemplifica, olhamos o exemplo procurando nele o que está sendo mostrado. O exemplo – como o caso ou a instância –, quando o trazemos à mente e ainda não foi inteiramente pensado, é uma espécie de ante-pensamento: o espaço antes do pensamento encontra nele um exemplo. Mas não teriam todos os itens a serem pensados seus momentos de antepensamento, seus momentos de devir pensados? Eis aqui o que nos pode dar o conceito de exemplo – um conceito que escapa da antinomia do universal e do particular, como indica Agamben. Quando colocamos alguma coisa na galeria de pensamento do exemplo, ainda não o pomos a exemplificar nada – é como um lugar variável que pode ser ocupado por qualquer coisa. Ponho esta chaminé no lugar de um exemplo, ela ainda é uma singularidade, uma vez que pode ser que ela seja, por exemplo, exemplo de um objeto material (ou de uma coisa branca, ou de uma coisa que não é dor de ouvido). Ela ainda atua como um coringa. Já está lá, mas ainda não está pensada como nada. A estereoscopia é aquela de quem vê uma carta como duas cartas ao mesmo tempo. É como se não soubéssemos ainda o que vai ser o exemplo, ou, dito de outro modo, não sabemos ainda que papel aquele item desempenhará. O exemplo é como um ator no estado bruto, pode ser qualquer coisa e nos aparece como um amontoado de possibilidades. Por isto o devir-exemplificação: é o ator à espera de seu papel. O exemplo aponta para o caráter de personificação que o pensamento inflinge aos itens que pensa; o exemplo é apenas focado enquanto aquilo que está pronto para exemplificar e ainda não exemplifica. Poderíamos dizer: o singular quando ainda desocupado, quando ainda não carrega o fardo de ser caso de algo geral – quando ainda não está a serviço de um conceito.

Agamben[129] fala também da exemplificação como uma inclusão exclusiva, ou talvez uma inclusão que exclui. Quando damos um exemplo, mostramos a significação e, assim, a suspendemos. Assim, quando dizemos que 2, 4, 6, ..., 998, 1.000, 1.002 é um exemplo da seqüência de números formada por '+2', não estamos ainda fazendo uso da seqüência, mas apenas mencionando-a como um exemplo para (tentar) mostrar o que significa +2. Os exemplos são menções antes que uso. Incluímos exemplos como exemplos, e é isto que os exclui de sua significação – o caso paradigmático é apre-

---

[129] 1995/2004, 1.4.

sentado como paradigma e não é tratado ou usado como fazemos com os demais casos. Não pensamos nos exemplos em um curso de pensamento – é como se os objetos que são exemplificados fossem personagens, personagens convidados que estão atuando em nosso pensamento sem estarem ainda presentes. Os exemplos são formas de introduzir alguma coisa em nosso pensamento – nesse sentido, também os exemplos mostram uma dimensão que, em algum sentido, parece anteceder o pensamento. Não é que eles pré-existem ao pensamento, mas eles funcionam como uma lista de *dramatis personae* em uma peça de teatro: eles estão na peça, mas como um elemento de fora que está dentro, uma inclusão exclusiva. Ou seja, o exemplo, quando começa a exemplificar, é como o lócus de uma significação ainda fora de uso: mostro um exemplo de soma e, fazendo isto e sendo bem sucedido em mostrar a soma no exemplo, não estou ainda fazendo uso da soma, mas apenas, em algum sentido, exibindo o seu sentido. Trata-se de uma importante lição da atenção de Agamben ao que está de fora tornando possível o que está dentro – cada conceito requer que o instalemos desde fora; e desde fora não estão os impensados, mas aquilo que torna possível as significações por onde se movem os pensamentos.

Um exemplo é primeiro como um ator à espera de seu papel e depois como uma significação que ainda não é usada: como a lista das personagens que ainda estão sem serem representadas. No exemplo – que aparece ao pensamento antes de exemplificar – está uma singularidade desocupada que nos faz aproximar o pensamento de uma *haecceitas*. Deleuze e Guattari fixaram muita atenção nas singularidades que carregam potências que permitem que elas sejam agenciadas – ou seja, que possam ser postas a trabalhar como exemplos de alguma coisa – por uma estrutura de organização de generalidades. Eles encontram as singularidades – as *haecceidades* as chamam muitas vezes – em um *plano de composição* ou *plano de imanência* em que importa onde cada uma se encontra em relações geográficas de vizinhança mais do que a estrutura organizada que cada uma se ocupa em implementar.[130] Não é que possamos concentrar o pensamento no plano de imanência deixando de lado o outro plano – o *plano de organização* ou o *plano de transcendência* –, mas temos de pensar tendo em mente tanto a *territorialização,* que é promovida pelos agenciamentos no plano de organização, quanto a *desterritorialização,* que pode acontecer quando singularidades esbarram umas nas outras. Ou seja, singularidades estão tanto agenciadas – portanto, servindo de exemplo de alguma coisa – quanto sujeitas ao contato com outras singularidades que podem pô-las a exemplificar outra coisa. Ao viajar, e em contato com nativos de outro país, uma cidadã se torna um exemplo de turista. O plano de imanência não pode ser pensado sem a organização em que as singularidades são colocadas, mas é nele que nos movemos quando encontramos exemplos singulares daquilo que pensamos como sendo uma coisa ou outra. Trata-se de um plano de haeceidades. Resta a questão de como podemos identificar uma haeceidade.

É claro que, quando aponto para a chaminé como um exemplo, já tenho de ser capaz de identificar (aproxima-

[130] Trata-se de relações de contato, de encontro que talvez não possam ser entendidas sempre em termos de relações causais (ver *Necessidade sem universalidade?*, p. 144).

damente) um item para que seja o coringa. Mas esse item – uma vez identificado – não é pensado apenas como aquilo que satisfaz uma descrição em particular; ele é pensado como um exemplo: ele traz algo de si para exemplificar alguma descrição. Olhar o exemplo, além daquilo que ele exemplifica, é um caso de atitude *de re*: uma atitude de pensamento para com uma coisa e não sua descrição (ver *Haecceitismo,* p. 210). Exemplos atuam talvez como algo similar aos demonstrativos acompanhados de descrições definidas: são singulares e são exemplares. Convém pensar aqui em rigidificadores como o operador *dthat* (isso demonstrativo) de Kaplan[131], que demonstrativamente fazem referência direta a objetos singulares. Rigidificadores podem ser aplicados a exemplos: de todos os exemplos de pilastras aqui presentes, aponto para esta – que pode até mesmo nem ser (um bom exemplo de) uma pilastra. Exemplos são sensíveis a contextos – nossa atitude *de re* com respeito a um exemplo requer um pano de fundo de atitudes *de dicto*. É apenas localmente que pode haver um exemplar que fica delineado por ser uma ilha de pensamento singular cercado por pensamento não singular por todos os lados. E essas ilhas apontam para uma maneira de pensar o singular: enxergar aquilo que é singular como um devir-pensado, como algo que ainda está para ser colonizado de Mesmo ou que está em meio às colonizações e entre dois Mesmos. Nossa atenção, por exemplo, já está

[131] O operador *dthat* rigidifica uma descrição definida – trata-se da pessoa específica que está sendo designada por "o assassino de Smith", usando o exemplo de Donnellan (1966): *dthat (o assassino de Smith)* designa quem quer que seja que um uso referencial da descrição definida designa. Cf. Kaplan (1978). Ver *Haeeceitismo,* p. 210.

no exemplo, mas ainda não no que é exemplificado. Ou não está mais no que é exemplificado, mas apenas no exemplo.

Trata-se de atitudes diferentes. Não é que podemos enxergar a *haecceitas*, distinta de todas as propriedades qualitativas que usamos para pensar as singularidades – talvez não possamos despir singularidades dessas propriedades sem deixá-las impensadas ou ininteligíveis –, mas podemos detectar o movimento em direção a uma singularização quando pensamos nos exemplares e no contraste com o foco naquilo que eles exemplificam. É esse movimento que é instaurado no pensamento desde um fora que fica dentro. Talvez pudéssemos falar que, no movimento dos itens exemplificando as diferentes coisas que os fazem pensados, eles revolvem em torno de um devir-*haecceitas*. A singularidade talvez só possa ser pensada no trânsito, de passagem, pelos espaços entre os pensamentos. Em *1730 – Devir-intenso, devir-animal, devir-imperceptível*[132], Deleuze e Guattari procuram pensar as singularidades no contexto da idéia de desterritorialização que não é a simples passagem para um outro território – ao qual a desterritorialização é relativa –, mas antes um movimento. A desterritorialização produz um entre a partir do qual a singularidade pode ser pensada: uma *haecceidade*, eles dizem, "não tem começo nem fim, nem origem e nem destinação, está sempre no meio" (p. 50). A singularidade desprovida de território não está, portanto, no princípio das coisas ou na nossa finalidade na busca por uma desterritorialização; ela está no processo de soltar partículas da ordem estabelecida

[132] 1980, cap. 10.

– não está na ordem que então se estabelece. Ela está no movimento, no meio, no evento de desterritorialização. E, na singularização, no movimento em direção a alguma coisa singular, é que o pensamento escapa; é onde ele pode escapar do Mesmo. Quando damos um nome – mas também quando encontramos um exemplo.[133]

---

[133] Gosto de um poema que escrevi sobre exemplos, que está em *Comunista* (Bensusan, 2005a):

Vivo eu só com a bromélia.
Uma bromélia é quase nada da natureza,
quase nada de seus troncos, suas forças, seus imbrincamentos.
Um eu só é quase nada de mim,
quase nada de meus troncos, minhas forças, meus imbrincamentos.
Somos poucos exemplos um do outro,
confinados juntos:
a bromélia segue o que reza sua semente,
eu só sigo o que rezo eu.
Confinados juntos que estamos não ficamos o mesmo,
ela cumpre seus instintos para florir,
eu cumpro minhas idéias para hesitar.
Ela flore, eu hesito, nunca fazemos a mesma coisa.
Mesmo que as paredes do apartamento nos espremam um no outro,
nem eu não floriria (o que é um troço da natureza),
nem ela não hesitaria (o que é um troço de mim).
A bromélia não é meu corpo, não é a minha alma.
Eu não sou o seu caule, não sou sua raiz.
Nós somos exemplos de coisas muito diferentes.
Mas somos exemplos.

Amor condicional

Al principio le pareció un capricho de actor, si querés me compro una peluca, me dijo riéndose, y de paso a vos te quedaría tan bien una con el pelo crespo, ya que estamos. Pero cuando insistí unos días después, dijo que bueno, total lo mismo le daba el pelo negro o castaño [...]
Julio Cortázar

Fala-se um tanto sobre a condicionalidade do amor. Ou seja, há condições para amar: condições que precisam ser satisfeitas pelo objeto do amor. Então começamos a amar o que conhecemos e com o amor exercemos uma pressão normativa sobre o que amamos: para que eu o ame, você deve continuar assim. O conhecimento com o qual aprendemos a amar, não apenas um conhecimento de trato, uma tomada de contato – é saber (duas ou três) coisas sobre quem amamos: sobre o tipo de sua genitália, sobre sua aparência, sobre onde se encontra. O amor das mães seria, ouço dizer, incondicionado, porque dependeria apenas da condição de que o objeto do amor seja filho. Essa condição, por sua vez, não é satisfeita por nenhuma propriedade intrínseca do objeto, mas de sua relação imutável com o sujeito do amor – em certo sentido, com a relação do objeto com o sujeito, com o lugar que o objeto ocupa – nem é com o trato que a mãe tem com aquilo que ama, mas antes com a relação que ela tem com qualquer coisa que satisfaça a descrição definida "o meu filho". Amo, diz a mãe, aquilo que ocupa este lugar, não importa o que seja – seja quem for meu filho, seja quem for, desde que seja filho. Trata-se de uma condicionalidade – desde que seja o meu filho –, mas é uma condicionalidade para acabar com todas as demais condicionalidades.

A questão é em parte sobre a diferença entre nossa relação com lugares e nossa relação com lugares ocupados; parece que apenas podemos amar lugares ocupados. O amor opera por conexões: a força das conexões se encontra em sua capacidade de mobilizar o sujeito que ama. Dizem que o amor é condicional porque ele acabaria se o objeto fizesse certas coisas – que coisas? – que o sujeito não pudesse aceitar. Assim, se amamos uma descrição definida, se aquela descrição não é mais satisfeita, deixamos de amar: amamos, portanto, fatos sobre o objeto do nosso amor, e não ainda o objeto – incondicionado. O contrário seria amar aquilo que ocupa o lugar: a singularidade em sua *haecceitas* que independe de qualquer propriedade qualitativa.

Millie, personagem de Jackie Kay em *Trumpet*,[134] ama Joss independentemente de sua genitália. Se ela o amasse independentemente de qualquer fato sobre ele, ela amaria Joss enquanto qualquer coisa que ele fosse – incondicionado, incondicional, independentemente de qualquer propriedade que Joss satisfizesse e de qualquer fato acerca de Joss. Amar uma *haecceitas* – uma singularidade incondicionada – é amar com independência de qualquer fato que saibamos acerca do que amamos. E esta pode

[134] 1999.

parecer uma solução para certa tirania de Mesmo que impomos aos outros freqüentemente quando os amamos – ou quando os desejamos – e que nos leva a enquadrá-los em uma descrição para que eles sejam amados: nosso contato afetivo é com aquele lugar que, por ventura, aquela pessoa está ocupando. E aqui o desejo pode ser por um lugar ainda inabitado, e arbitrariamente específico, um lugar específico a ponto de ser único, de poder ser satisfeito apenas por uma única parte do mundo. Talvez não consigamos amar um lugar (específico), podemos apenas desejar e sentirmos a falta que nos faz alguém que satisfaça a descrição definida pela qual ansiamos. Porém, se um lugar ocupado é que pode ser objeto de amor, não amamos descrições definidas por si mesmas – não amamos nossas condições para amar – e também não amamos *haecceitates* puras.

Um amor por uma singularidade não condicionada seria um amor que aparecesse como uma relação externa com alguma coisa que fosse independente de qualquer propriedade associada a como quem ama vive e a tudo o mais que quem ama quer e deseja. Um amor incondicionado assim seria um amor descomprometido de tudo o que quem amamos faz, gosta, deseja, pensa ou espera. (Ascético, higiênico, como um sujeito imaginado sem qualquer convicção, situação ou tendência.) Especialmente se pensarmos que a *haecceitas* não é mais do que uma propriedade – a propriedade que amamos – e que é independente de todas as demais propriedades do que amamos.

Mas e se o objeto de amor não fizesse nada que fizesse o sujeito parar de amar? Ou seja, pode haver condições que podem ser totalmente impossíveis de não serem cumpridas pelo objeto – tal como ele é, em sua especificidade, não pode deixar de ser e de satisfazer aquilo que condiciona o amor. Se o amor fosse condicionado por uma essência (singular) de quem amamos, não haveria como o sujeito deixar de satisfazer a condicionalidade e o amor seria incondicional, porque demandaria apenas que quem amamos esteja no lugar (satisfaça as descrições definidas) que não pode deixar de estar. O apelo a essências singulares poderia consternar certas sensibilidades: se eu escapar da minha essência não serei mais amado? Essa preocupação pode ser exorcizada se pensarmos que a essência não é um destino do qual podemos (ou não podemos) fugir, mas antes o horizonte de nossas experiências na vida; assim, quando amamos uma essência – não podemos talvez saber que amamos uma essência –, amamos uma *démarche*, um caminho a ser percorrido, um emaranhado de devires que não podem ser expressos por nenhum conjunto de descrições definidas (pelo menos enquanto a pessoa amada ainda se transforma).

Amar uma essência não significa, aqui, conhecê-la; trata-se de uma relação que não é uma relação de pensamento, estou postulando que não amamos trazendo para o pensamento (ainda que podemos descrever o objeto do amor por meio de descrições definidas). Posso assim ter uma relação determinada com uma essência singular que não é balizada por uma descrição. (É, antes, uma relação com potências, e o amor é um assunto de potências – de excessos, de *hybris*.) Nem precisa ser, tampouco, apenas uma relação causal entre o objeto do amor e o sujeito do amor. É uma relação em que a singularidade do objeto do amor é pensada apenas de soslaio. A associação de uma essência a uma singularidade não nos remete a um anti-haecceitismo, nos termos de Kaplan. Para Kaplan,[135] o anti-haecceitismo é uma barreira à identidade de um indivíduo em diferentes mundos

[135] 1975, p. 724.

possíveis e pode ser que haja atributos essenciais de uma coisa que estejam presentes em todos os mundos possíveis onde esta coisa está presente – uma vez que já está estabelecido que há identidade através dos mundos, como advoga o haecceitista. Ainda se trata de um amor a uma singularidade, mas uma singularidade que tem atributos postos em uma sucessão; ou melhor, que tem capacidades. Talvez se trate de amar um *conatus*, a força que mantém os ingredientes de alguém conectados e que o carrega por uma trajetória: amar um caminho inteiro que se delineia em alguns passos, ainda que não se possa descrever que caminho inteiro é este. Amar um futuro.

Atividades da manteiga

There are hours when every thing creaks
when chairs stretch their arms, tables their legs
and closet crack their backs, incautiously.
Yahia Lababidi

Na última seção da Parte I das *Investigações*,[136] Wittgenstein insinua, em decorrência de muito do chão que foi percorrido até ali, uma diferença entre a gramática do verbo "significar" e a gramática do verbo "pensar": o que eu significo pode passar ao largo do que eu penso – pode ser uma atividade que é feita por mim apenas no mesmo sentido de que é uma atividade da manteiga subir de preço. Entender a significação como sendo alheia a episódios internos permite que possamos, por exemplo, estar em uma relação de denotação com singularidades sem que precisemos ser capazes de pensar sobre elas. Podemos pensar na especificação de uma singularidade como passando ao largo de nossas descrições – minha lembrança de uma pilastra específica na mesquita de Córdoba não requer que eu possa distingui-la de todas as demais. Eu me lembro de uma pilastra específica

[136] PU, I, 693.

(por exemplo, aquela que foi a favorita de Tristana há muito tempo). A relação entre o processo que culmina na remarcação de preços e o pote de manteiga é uma relação externa, uma vez que a remarcação não é mais que a confluência de processos – a persistência da manteiga e as variações microeconômicas – que ocorrem com independência. A significação, desvinculada de qualquer exercício do pensamento de quem significa, pode também ser vista como uma relação externa entre uma singularidade que está no alvo e os conteúdos de pensamento de quem significa.

A atividade de subir de preço, para a manteiga, é algo que depende de um contexto – uma mesma manteiga pode subir de preço no contexto local da prateleira onde ela está exposta e baixar de preço no contexto maior do mercado internacional de laticínios. Analogamente, para que eu signifique alguma coisa em um contexto, é suficiente – se bem que talvez não seja suficiente para que eu entenda o que eu significo – que alguém discrimine suficientemente do que eu estou tratando, dado o contexto. Duas observações são importantes aqui. Primeira, a distinção entre significar e pensar (ou entender o que eu significo, ou ter a capacidade de aplicar certos conceitos) pode ser entendida em termos da restrição de generalidade (*generality contraint*) de Evans:[137] o pensamento e a possessão de conceitos precisam ser estruturados enquanto que a linguagem pode não ter estrutura. Podemos dispor nossas capacidades conceituais de um lado e os acontecimentos de significação do outro; nesse caso apenas as

---

[137] 1982, p. 99-105. O princípio pode ser enunciado assim: se um sujeito entende que 'a é F', o sujeito deve entender que "b é F" e que "a é G" para qualquer b e qualquer G que o sujeito conheça.

primeiras requerem uma estrutura. Assim, a significação pode passar ao largo do que entendemos ou deixamos de entender (e dos conceitos que somos capazes de aplicar); pode ser que quando eu digo "Vou mergulhar no rio Guaíba" signifique, em certos contextos, coisas que não tem nenhuma relação com a aplicação de "rio" ao Pó, ao Araguaia ou ao Epuyen – em situações assim, eu posso não saber de nada mais geral acerca do significado de "rio" no meu enunciado.[138] Segunda, considero que deve haver algum intérprete para que eu possa significar, porque suponho que a significação requer atos de pensamento – na forma explícita de alguém que me ouve ou me lê ou na forma implícita de alguma situação que é usualmente interpretada de certa maneira (uma máquina que reconhece certos comandos mesmo que eu não os conheça, uma paisagem que é usualmente descrita como tendo um lago e não um rio, mesmo que eu não saiba o que quero dizer com "Guaíba" quando digo "Estou diante do Guaíba" etc.).

Talvez de uma maneira mais geral possamos dizer que é suficiente que algum elemento externo aos meus conteúdos de pensamento incorpore o que eu penso em um dispositivo de significação. Esse dispositivo é o que coloca o pensamento em condições de significar – é, em algum sentido, aquilo que provê condições de aplicabilidade ao que pensamos. É o que situa o pensamento em um lugar específico e o torna mais do que uma capacidade de manipular conteúdos; é apenas em relação ao significado que podemos entender aquilo que pensamos. O significado é o que

[138] Poderia haver uma relação causal – ou uma relação externa qualquer – determinando o que eu significo, ainda que, de acordo com Evans e sua discussão de Donellan (1982, p. 105), não poderia haver tal relação determinando o que eu penso ou acredito.

aloca o pensamento em um sítio específico, e é porque podemos traçar uma diferença entre o que pensamos e o que significamos que podemos perder o objeto dos nossos pensamentos. Podemos estar tentando fazer referência a algum objeto que se perde na teia dos significados dos nossos termos; podemos ter pensamentos vácuos ou pensamentos que não conseguem especificar o único objeto que queríamos tratar; pensamentos que podem ser presas de uma reduplicação massiva.

A distinção entre pensar e significar, contudo, não pode ser superdimensionada; em particular, é preciso notar que não podemos pensar sem algum dispositivo de significação. A distinção entre pensar e significar é talvez como a diferença em argumentos, como os de McTaggart (ver *Não-presencial,* p. 244), entre os eventos indexados por um calendário de um lado e os eventos entendidos como passado, presente e futuro de outro: o significado é uma dimensão sem a qual o pensamento não pode ser entendido (não pode haver pensamento). A distinção entre pensar e significar funciona para corrigirmos as interpretações indesejadas a que submetem nosso pensamento: não é isso que eu queria dizer, é isto... Ou seja, a autoridade de quem pensa é consultada e serve para colocar restrições (não necessariamente com a última palavra) na maneira como o que foi pensado é interpretado. E aqui podemos contemplar o parentesco entre significar, de um lado, e atos de pensamento, de outro: significar é algo externo aos conteúdos de pensamento como os atos de pensamento que giram em torno deles, mas são necessários para que algum conteúdo seja trazido à baila (ver *Presenças plenas,* p. 164). É como se os conteúdos fossem um texto escrito, e os atos de pensamento aquilo que fazemos quando lemos o texto escrito.

A interanimação entre atos de pensamento e conteúdos de pensamento pode ocasionar que nossos objetos de pensamento sejam perdidos. Posso ter um conteúdo de pensamento que, de alguma maneira, fica fora da rota dos atos de pensamento que tentam capturá-lo. Em particular me interessam casos em que itens singulares se perdem. Eu posso pensar em uma pilastra específica da mesquita de Córdoba e ver essa pilastra desaparecer entre meus esforços em descrevê-la. Eu posso, como no exemplo de Evans, pensar em uma bola metálica específica sem saber que havia duas delas na minha proximidade. Eu posso pensar em uma gota de chuva à minha frente sem perceber que era mais de uma gota que ocasionava meu pensamento. Descrições são onde estacionam singularidades, mas elas podem, em certo sentido, escapar e deixar as descrições vácuas, e podem deixar as descrições se aplicarem em excesso.

Grosso modo, podemos encontrar casos de duplicação e casos de vacuidade: pode ser que mais de um objeto caiba nos esforços de atos de pensamento (meus ou não) em determinar o conteúdo de pensamento; pode ser que nenhum (único) objeto possa ser um conteúdo de pensamento determinado pelo esforço dos atos de pensamento. Em ambos os casos, meu conteúdo – singular – pode assim estar perdido, de modo a que nos perguntemos se há alguma coisa (de singular) que está, de fato, sendo pensada. Nosso pensamento pode ser acerca de uma coisa singular ou ele está condenado à universalidade? E, se a singularidade só pode ser atingida nos atos de pensamento, como esses podem deixar de ser atos de pensamento *de dicto* e passarem a ser *de re*?[139]

[139] A distinção *de re de dicto* foi introduzida por medievais como Buridano e Aquino. A discussão contemporânea, aplicada a pensamentos, foi lançada por Quine (1956).

Haecceitismo

Une nuit pour amener.
Un autre soleil.
Edmond Jabès

A possibilidade de que pensemos em singulares – e não apenas em descrições que são satisfeitas – é a possibilidade de que o pensamento não seja sempre inevitavelmente *de dicto*. Estamos às voltas com questões sobre o pensamento *de re*: se podemos ter conteúdos genuinamente (e irredutivelmente) *de re*, se podemos entendê-los e comunicá-los, se podemos interpretar pensamentos como sendo *de re* ou se, antes, toda interpretação atribui a quem é interpretado pensamentos *de dicto*. Podemos distingui-las entre questões de dois tipos: questões acerca da existência de pensamentos singulares – se podemos pensar coisas singulares – e questões acerca de como identificamos (ou re-identificamos) pensamentos singulares. O primeiro tipo de questão, por sua vez, pode ser dividido em dois subtipos: questões acerca de se há algo de singular para ser pensado – uma questão ontológica concernente ao haecceitismo – e questões acerca de se somos capazes de pensar algo de singular. As questões estão emaranhadas: se não houver singularidades ou singularidades pensáveis, já há limites na possibilidade de identificar e re-identificar conteúdos – as bolas de metal poderiam ser identificadas apenas enquanto instanciações de duas diferentes classes de coisas; se elas fossem instanciações (diferentes) da mesma classe de coisas, elas poderiam ser distinguidas apenas por meio dos contextos em que elas se encontrassem, pois não haveria *haecceitas* a distingui-las. As questões do primeiro tipo também se entrelaçam e guardam um grau de independência entre si: podemos ouvir Lévinas dizendo que devemos encontrar um modo de pensar algo de singular mesmo que não haja singularidades no mundo.

O contraste entre haecceitistas e anti-haecceitistas (ver *Verdades insuficientes,* p. 110) tem muitas dimensões, e não pretendo tocar senão em algumas delas. Um elemento importante é que, de acordo com um anti-haecceitismo, em muitas de suas variedades, uma completa apreensão do mundo poderia ser alcançada apenas por meio de pensamentos universais. Ou seja, as nossas incapacidades preditivas, por exemplo, não revelariam nada de ontologicamente significante: apenas que nossos pensamentos universais não são os mais adequados. No mundo não há nada de singular com o que podemos interagir, nossas descrições singulares são, na melhor das hipóteses, *facon de parler*, abreviaturas de descrições definidas que tratam do que são as coisas com que interagimos – e sobre as quais pensamos. Conceitos (ou propriedades) universais – podemos até fazer uso de conceitos demonstrativos, que requerem que um exemplar esteja à mostra[140] – e suas instanciações são tudo o que precisamos para uma descrição completa do mobiliário do mundo

[140] A idéia de um conceito demonstrativo foi introduzido por McDowell na sua polêmica contra conteúdos não-conceituais (ver, por exemplo,

– singularidades não são mais do que instanciações de universais ou intersecções específicas de universais. De um ponto de vista anti-haecceitista, só podemos reconhecer uma singularidade enquanto tal se a virmos como uma instância de algo mais geral que conhecemos. De um ponto de vista anti-haecceitista, instâncias são indistinguíveis, pensar sobre uma instância do mesmo universal é pensar sobre qualquer instância – não há nada, propriedade, potência ou qualquer outro elemento que caracterize um item que não seja comum. A singularidade é apenas uma intersecção de elementos comuns.

A teoria do fardo, como habitualmente apresentada, é um exemplo de ontologia anti-haecceitista e, como tal, tem problemas em fazer justiça à diversidade das instanciações de *bundles* universais – problemas com a discernibilidade dos não-numericamente idênticos como com as esferas de Max Black.[141] A versão da teoria apresentada por Rodriguez-Pereyra[142] introduz instâncias como parte da ontologia, além dos fardos. Uma versão assim, contudo, coloca-a fora do escopo do anti-haecceitismo, chegando a ter de postular algo similar a uma *haecceitas*. Nesse caso, podemos dizer que o conteúdo dos pensamentos é sempre universal e que o que é particular não é mais do que a interpretação; penso em pilastra e alguém entende que se trata

---

1994 /2005, III). João Carlos Brum Torres (2007) se ocupou de esclarecer o que seriam conceitos demonstrativos. Poderíamos dizer que eles podem ser aplicados apenas quando um exemplar que sirva de padrão esteja a mostra: "aquele vermelho ali" pode satisfazer a restrições de generalidade (Evans, 1982, p. 99-105, ver *Atividades da manteiga,* p. 205), ainda que não possamos reter o matiz de vermelho em questão por mais de alguns segundos – basta que um padrão esteja à disposição de quem tem a capacidade de usar o conceito.

[141] 1952, ver *Verdades insuficientes,* p. 110.

[142] 2004.

daquela pilastra à minha frente na mesquita de Córdoba porque estou diante dela.

À primeira vista, o pensamento, ele mesmo, não pode ser *de re*. Poder-se-ia dizer que, contudo, podemos ter uma atitude *de re* diante de uma intersecção de elementos universais – diante de uma singularidade não-genuína. Aqui poderíamos remeter-nos a uma intuição sobre mundos possíveis para nos convencer de que não pode haver uma genuína atitude *de re* em um cenário anti-haecceitista. Para o anti-haecceitismo, não há identidade transmundial senão por meio de universais instanciados em ambos os mundos. Assim, se penso em uma pilastra particular que instancia as mesmas características que muitas outras – inclusive uma outra na Córdoba gêmea –, meu *doppelgänger* pode pensar na mesma pilastra. Não se trata de um pensamento *de re*, pois se aplica a qualquer instanciação. Se atitudes são entendidas em termos do conteúdo que elas focam, não se trata de uma atitude *de re,* pois o conteúdo só pode ser caracterizado em termos de descrições da pilastra – de modo *de dicto*. Apenas se pudermos tratar atitudes *de re* como sendo independentes de qualquer conteúdo é que poderíamos manter essas atitudes em um cenário anti-haecceitista.[143] Em uma ontologia anti-haecceitista, uma atitude *de re* teria de ser independente da singularidade do objeto do pensamento – seria meramente uma questão de atenção. Aqui a atenção – a atitude que Lévinas

[143] Sou grato a Marco Ruffino por me fazer ver a possibilidade de uma atitude *de re* neste cenário. A observação foi feita quando apresentei uma versão deste capítulo no III Colóquio de Filosofia Analítica sobre pensamento *de re* organizado por Paulo Faria em Porto Alegre, outubro de 2007. Agradeço à organização do encontro e aos seus participantes as muitas intuições que adquiri ali.

invoca ao mencionar o infinito no rosto do outro – pode ser entendida como independente de qualquer ontologia; como se a atenção – e com ela a ética que precederia a ontologia – fosse independente da questão sobre as singularidades no mundo.

Lévinas entende que a ética exige atitudes (e atenções) que não derivam e nem pressupõem nada de ontológico. O rosto depende de receber a atenção enquanto "presente na sua recusa de ser conteúdo. Nesse sentido, não poderá ser compreendido, ou seja, englobado".[144] A distinção entre atitudes (*de re*) e singularidades no mundo é paralela àquela entre atitudes e conteúdos; podemos pensar que não devemos retirar aquilo que é o objeto da nossa atenção do que contamos como parte do mundo e, assim, contar a nossa capacidade de atitudes *de re* como instituindo haecceitismo em nossa ontologia. Talvez o mundo, tal como devemos entendê-lo, tenha de incluir os objetos das nossas atitudes, e nossa atenção às singularidades seja então suficiente para garantir que nossa ontologia já não seja anti-haecceitista.[145]

Para as diferentes formas de haecceitismo, elementos singulares são partes do mundo. Singulares são as coisas com as quais lidamos e que são entendidas pelo haecceitismo

---

[144] 1961, p. 173.

[145] A discussão acerca da separação entre atitudes e ontologia traz à baila uma parte do que está em fricção entre Lévinas e Heidegger. Lévinas (1961) entende que a atenção ética deve preceder a ontologia e, assim, deve ser independente dela – uma variável que não está condicionada por como o mundo é. O rosto abre uma fenda na ontologia, seja ela como for. Uma resposta heideggeriana insistiria que é preciso ampliar a noção de mundo para que ela abrigue as atitudes que temos ou que podemos, ou devemos ter, diante dos outros. A ontologia não pode deixar de englobar nossas atitudes – e assim atitudes *de re* instaurariam, elas mesmas, as singularidades.

como sendo singulares, além de serem instanciações de propriedades gerais. O haecceitismo pode ser conciliado com diversas posições sobre se a singularidade é uma propriedade que apenas postula que há singulares (genuínos). Muitas vezes, as singularidades são entendidas como uma propriedade – *haecceitas* – que não está associada a nenhuma qualidade e que, portanto, não pode ser capturada por meio de uma descrição, por meio de um pensamento descritivo que faça uso de conceitos gerais. A construção que postula *haecceitas* entende que, uma vez que singulares não são identificados por si mesmos – ou seja, a identificação de singulares não é primitiva –, uma propriedade não qualitativa precisa ser postulada. A *haecceitas* resolve o problema da identidade de particulares, mas não é compulsório para o haecceitismo. Kaplan[146] define assim a posição:

> The doctrine that holds that it does make sense to ask – without reference to common attributes and behavior – whether this is the same individual in another possible world, that individuals can be extended in logical space (i.e., through possible worlds) in much the way we commonly regard them as being extended in physical space and

[146] 1975, p. 722-723. "A doutrina que sustenta que faz sentido perguntar – com respeito a atributos e comportamento comuns – se um indivíduo é o mesmo em outro mundo possível, que indivíduos podem ser tratados no espaço lógico (i.e., através dos mundos possíveis), em grande medida, do mesmo modo como normalmente os tratamos no espaço e no tempo físicos, e que uma 'estidade' comum pode estar por trás da dessemelhança extrema e distintas estidades podem estar por trás de grandes semelhanças, eu chamo de haecceitismo" (tradução do autor).

time, and that a common "thisness" may underlie extreme dissimilarity or distinct thisnesses may underlie great resemblance, I call Haecceitism.

Uma questão que o haecceitismo permite pensar é se a singularidade não pode ser primitiva. Uma propriedade não qualitativa, adicionada a um item que não seja ele mesmo já singular, não é ainda a singularidade ela mesma. A diferença é apresentada de maneira explícita assim por Carrara e Morato:[147]

> on the one side, established and authoritative uses of the term 'haecceitism' seem to imply that the individuality of a particular is primitive, on the other haecceitates are often postulated because the individuality of a particular is not taken as primitive. There are then forms of haecceitism (and Kaplan's version seems to be a case in point) that do not imply the existence of haecceitates and there are views that postulate haecceitates that would not count as forms of haecceitisms.

Ou seja, um haecceitismo não precisa considerar que a singularidade[148] precisa de uma propriedade (não qualitativa) para ser singular ou que a singularidade é primitiva – e assim

---

[147] 2007, p. 9. [...] "Por um lado, usos estabelecidos e com autoridade do termo 'haecceitismo' parecem implicar que a individualidade de um particular é primitiva, por outro *haecceitates* soa muitas vezes postuladas, porque a individualidade de um particular não é tomada como primitiva. Há, portanto, formas de haecceitismo (e a versão de Kaplan parece ser uma delas) que não implicam a existência de *haecceitates* e há posições que postulam *haecceitates* que não contariam como formas de haecceitismo" (tradução do autor).

[148] Por razões que ficarão claras mais em outros capítulos (ver *Por uma ontologia não fascista*, p. 319), prefiro falar de singularidades e não de individualidades.

anterior a qualquer propriedade. A idéia de uma *haecceitas* parece ser que precisamos de uma propriedade que adicione singularidade a alguma coisa – assim facilmente podemos garantir que singularidades distintas podem ser diferenciadas por meio de suas propriedades. Agamben[149] diagnostica em Duns Scotus a suposição de uma natureza comum como anterior a qualquer singularidade – a esta natureza comum bastaria adicionar *haecceitas*. Em contraste, se supusermos que a singularidade é primitiva, poderemos considerar que não existe uma base de indiferença por trás de cada singularidade – podemos supor que a singularidade é mais que uma propriedade adicionada a um substrato não singular, podemos falar de *haecceidades*. Ou seja, podemos considerar a singularidade estando presente nos itens singulares, (mesmo) independentemente de qualquer propriedade.

Em todo caso, em um cenário haecceitista, é mais fácil acomodar a possibilidade de um pensamento *de re*: um pensamento que alcança as coisas não com uma atenção ou atitude orientada para a instanciação, mas sim orientada para a singularidade. A atitude *de re* muitas vezes aparece como atingindo, de alguma maneira, um item sem sabermos o que aquele item instancia, ou seja, mesmo que não possamos oferecer nenhuma descrição acerca do item. Aqui a idéia de que haja singulares, e que possamos acessá-los por meio de pensamentos que surgem concomitantemente da nossa ignorância sobre como descrever seu objeto, pode ficar associada à idéia de que alguns de nossos pensamentos têm conteúdos imediatos, que não requerem nenhuma capacidade conceitual e que já aparecem com seu objeto

---

[149] 2001, p. 19

pronto para nós, sem que seja necessário qualquer ato de pensamento. Porém, a atitude *de re*, ainda que não seja, ela mesma, completamente dependente de conceitos, pode mover-se entre conteúdos conceituais.[150] Por muitas vezes o haecceitismo esteve associado à postulação de um imediato como fundamento de nosso pensamento sobre o mundo e a uma imagem da nossa visão de mundo que a constrói desde baixo, desde os pensamentos mais próximos das coisas, mais longe dos conceitos.

O haecceitismo também, muitas vezes, é associado a uma posição segundo a qual singulares são itens prontos do mundo, cujas identidades prescindem de qualquer esforço de pensamento; ou seja, singularidades podem ser identificadas independentemente de onde as colocamos, do que fazemos com elas ou de como preferimos descrevê-las. Essa identidade vem da idéia de que certas singularidades possuem uma estidade independentemente de estarem sendo apontadas por alguém. Convém, contudo, considerar o espírito do haecceitismo deixando de lado essas associações que podem parecer problemáticas: o espírito é que há elementos singulares no mundo e, portanto, eles podem ser, enquanto elementos singulares, objetos de pensamento. O haecceitismo é também compatível com um ceticismo sobre nossas capacidades de pensar o singular, seja porque o pensamento requer conhecimento, e não podemos ter um conhecimento de singulares enquanto singulares, seja porque o pensamento é tido como incapaz de pensar singularidades sem colonizá-las de gerais pensados.

---

[150] Vale notar que enunciados (ou frases) são *de re* apenas na medida em que exprimem um pensamento *de re*, um enunciado não está em uma relação *de re* com alguma coisa singular. Entre enunciados que podem exprimir pensamentos *de re* é que aparece uma atitude *de re*.

Penso que nossos escrúpulos epistemológicos acerca do imediato e nossos escrúpulos metafísicos sobre um mundo com singularidades prontas não devem ser suficientes para que descartemos o espírito do haecceitismo e, com ele, a possibilidade de um pensamento genuinamente *de re*. Postular singularidades é postular que nenhuma parte do mundo é tão-somente instanciação de uma outra parte – que há mais potências nas singularidades do que aquelas que elas presentemente apresentam. O pensamento *de re* requer um contato entre o pensamento e uma singularidade que não seja mediada por descrições; algo como a relação entre um demonstrativo e seu *denotata*, a relação entre um termo singular russelliano e seu portador, a relação de *acquaintance*.

A idéia mesma de pensamento *de re* supõe que pensamos não em uma paisagem de conceitos, mas situados entre itens (objetos, eventos, propriedades) singulares e que, assim, nosso pensamento está de alguma maneira situado. Se o pensamento *de dicto* acolhe os objetos pensados e os coloca em um lugar que fica mapeado pelos nossos conceitos, o pensamento *de re* esbarra neles sem ainda ter um mapa onde situá-los. O pensamento *de re* parece estar próximo dos movimentos dos nossos corpos no mundo: próximo das relações causais e informacionais que orientam nossas decisões, nossas composições de grupos, nossos desejos. Não se trata de um pensamento organizado em termos de uma ordem, mas de um pensamento que é de alguma maneira transversal à ordem, perpendicular à maneira como fazemos uso de nossas categorias. O pensamento *de re* é imanente ao nosso contato com os itens ao nosso redor, coloca pensamento e itens em um mesmo plano, onde pode haver uma cognição por acesso direto a singularidades – uma cognição por contato, ainda que o contato não precise ser sensorial.

Minha sugestão de como podemos endossar o espírito do haecceitismo é que consideremos que nem as singularidades precisam aparecer de forma pronta diante de nós – independentemente de como as descrevemos e de qualquer ato de pensamento – e nem a estidade de um item singular precisa preceder, em nosso contato com ele, o seu caráter de instanciação. Ou seja, as singularidades podem depender de conceitos (ou propriedades) universais para atuarem como singularidades e não precisam preceder, na ordem do nosso acesso ao mundo, todo e qualquer pensamento *de dicto*. O pensamento *de re*, por sua vez, não precisa preceder nossas categorias – nem nosso esquema conceitual em geral e nem nenhum de nossos conceitos – e nem precisa ter como objeto alguma coisa que não requeira pensamentos *de dicto* para serem individuados e identificados. O pensamento *de re* pode ser entendido como transversal à ordem dos conceitos que toma singularidades como instanciações: a atitude *de re* é uma atitude (como o esbarrão) que atenta para a singularidade enquanto independente da ordem de universalidades que ela instancia.

A *acquaintance* é um caso de pensamento *de re*, mas não constitui todos os casos: podemos ter pensamentos *de re* sobre o que descrevemos conceitualmente – mesmo sobre o Julius de Evans[151] ou sobre o que quer que venha no escopo de um *dthat* (isso demonstrativo) de Kaplan. Podemos encontrar formas de rigidificar a conexão entre um termo ou uma expressão e um item singular – o *dthat* rigidifica descrições definidas, fazendo-as serem usadas demonstrativamente, como no uso referencial de Donnellan (ver *Exemplos,* p. 191). As singula-

[151] 1982.

ridades não são nem uma contraposição à ordem conceitual nem são meras instanciações delas; proponho que as concebamos como itens, cujas possibilidades (e a identidade) apareçam apenas desde dentro de uma ordem conceitual. Elas estão em um plano geográfico de singularidades; nesse plano, elas são arregimentadas em territórios conceituais, mas que escapam deles. Penso que o haecceitismo tem sua melhor chance de poder ser concebido e recomendado em um cenário de um plano de haecceidades territorializadas por estruturas gerais pensadas. E aqui começa a aparecer a ponta da posição que eu gostaria de esboçar sobre um haecceitismo que pode dar as mãos a uma concepção holista do pensamento.

Assim como eu posso apresentar uma descrição definida da mesa com a qual eu esbarrei, pois não é preciso que eu não a conheça por descrição para que tenha um conhecimento de trato com ela, posso pensar em uma pessoa singular que cabe na descrição definida “a pessoa que inventou o zíper”. Poderia até mesmo pensar que ela poderia não ter inventado o zíper, ainda que nesse caso eu não estaria pensando nela, mas em outra pessoa, Julius. Quando eu perco um objeto, eu não tenho meios para reencontrar a estidade com a qual eu já tive contato senão por meio de descrições gerais que a tornam um caso; assim, não sei mais qual foi a pilastra da mesquita que foi a favorita de Tristana, não sei mais com que bola de metal toquei, não sei mais quais eram as muitas gotas de chuva nas quais pensei, mas sei apenas que a pilastra é uma pilastra, que toquei numa bola de metal e que pensei em alguma coisa que satisfazia o predicado “gota de chuva”. Porém, se podemos vingar esse espírito do haecceitismo, podemos conceber singularidades. Elas podem ser descritas de muitas maneiras e que deixam de poder ser descritas de uma maneira em particular para poderem ser descritas de outra maneira, mas que no processo são singularidades para além de qualquer instanciação. E, assim, podemos entender que alguns de nossos pensamentos podem ser *de re* e passam ao largo das descrições gerais que fazemos dos objetos que pensamos. As singularidades aparecem em um contexto de desterritorialização: elas aparecem quando alguma coisa foge de uma descrição, quando estamos diante de alguma coisa que ainda não se encaixa ou já não tem cabimento.

Aqui o haecceitismo nos leva ao segundo tipo de questão mencionado acima: como identificamos e reidentificamos pensamentos singulares – como sabemos de que *res* tivemos um pensamento *de re* e como reencontramos a pilastra na qual pensamos. Podemos caracterizar singularidades por meio de descrições – de descrições suficientes para especificarmos do que estamos falando – se as descrições forem suficientes. Os casos interessantes são os casos em que elas não parecem ser suficientes. Aqui é interessante considerar brevemente o itinerário de Evans por essas paragens.

O esforço de Evans[152] é o de tentar conciliar as tentativas de alargar o tipo de dispositivo que é invocado quando temos trato com alguma coisa – estamos em uma relação de *acquaintance* –, com a preocupação em não perder de vista o elemento regulador proporcionado pelo que ele entende como o princípio de Russell: para que S faça um julgamento sobre x, é preciso que S saiba sobre o que x está falando (ver *Descrições,* p. 99). Relações de trato são relações que situam o pensamento em alguma paisagem de objetos: o trato funciona como uma cola entre um objeto e uma expressão. É uma cola situada: depende

[152] Op. cit.

da posição de quem fala. Uma tendência, que Evans agrupa sob a rubrica do apelo a um modelo fotográfico da relação entre pensamento e seus objetos, é a de estender relações como relações de trato para além dos limites do princípio de Russell: não importa, para determinar sobre o que falamos (ou pensamos), o que somos capazes de fazer ou aquilo que sabemos, mas apenas em que relações com outras partes do mundo nos encontramos. Rejeitar o princípio assim é considerar que eu posso não apenas falar, mas também pensar sem saber no que penso. Basta, por exemplo, que haja uma relação causal apropriada entre o pensamento e seu objeto, como a relação entre a fotografia e seu objeto – que tem lugar mesmo que minha foto do Guaíba o faça parecer o Nilo.

Evans entende que, pelo menos no caso do pensamento, não deveríamos rejeitar o princípio de Russell, interpretado como o requisito de que devemos ter algum conhecimento discriminativo acerca do que pensamos. Porém, ele reconhece que precisamos de coisas como *acquaintance* e, de preferência, outras relações que fazem a relação entre pensamento e seus objetos para além do que conseguem fazer as descrições. Aqui, seu ponto de partida – e seu termo de comparação – é o verificacionismo, concepção unificada de pensamento e significação que toma identificações demonstrativas – o trato – como a base a partir da qual outras identificações podem ter lugar. Tentando aprender lições do verificacionismo, Evans encontra em relações informacionais o elo que determina o objeto do pensamento com relativa independência do nosso conjunto de crenças.

O objeto do pensamento pode ser traçado por meio de relações informacionais relativamente independentes de nossos pensamentos *de dicto*. Esta relativa independência entre informação sobre o objeto do pensamento e conteúdo do pensamento – aparentada da posição de Evans acerca de ilusões perceptuais como a de Miller-Lyer – talvez deva ser atenuada: pode ser que a informação sobre o objeto do pensamento seja também afetada pelo conteúdo do pensamento. Porém a lição pode ser grosso modo aproveitada: aquilo em que eu pensei quando eu pensei na bola de metal é, não em uma exemplificação qualquer de bola de metal, mas naquele exemplo específico de bola de metal que me foi apresentado – e que me informou sobre suas características. Foram as várias gotas de chuva que fizeram contato comigo enquanto eu pensava em uma gota de chuva com vacuidade. Algumas vezes podemos usar os artifícios de nos mover perpendicular ou transversalmente – ou seja, por meio das nossas descrições – para reencontrar as singularidades (os exemplos) que pensamos.

Relações informacionais podem ajudar a encontrar singularidades por meio do espaço de descrições que as colocamos – essas relações são aparentes por meio das descrições junto às quais podem aparecer itens singulares. É no espaço das descrições que podemos tentar acompanhar com atenção a trajetória de um item singular: o que ele satisfez e o que deixou de satisfazer.[153]

Contemplamos assim a possibilidade de um pensamento *de re* remeter a possibilidade de que singularidades possam ser pensadas por meio das descrições que introduzimos para tentar capturá-las: não é que a singularidade esteja fora das descrições, mas ela nos remete de uma descrição a outra. Talvez seja nesse

---

[153] A distinção entre itens singulares e casos de descrições gerais será explorada por meio do desenvolvimento de uma concepção de essência em essências.

sentido que a atenção *de re* tenha de preceder o pensamento por descrições: a atenção nas singularidades é o que nos remete de um pensamento *de dicto* a outro. A singularidade – e a diferença – é o que nos conduz em direção a diferenciações entre propriedades qualitativas. As singularidades são direções no espaço das descrições – direções em um processo talvez infinito de singularização. Não é que vamos chegar a elas por um completo exorcismo das descrições e das propriedades qualitativas, mas podemos seguir em sua direção.

Lugar

Vem ver que não tem
na casa do ser
não mora ninguém
Manuel Rodrigues

As coisas pensadas adquirem um lugar na nossa visão de mundo. Um holismo de tipo davidsoniano entende que uma visão de mundo está em contato com o mundo – uma vez que tem de conter verdades –, mesmo porque, do contrário, não seria inteligível. Por sua vez, um pensamento é identificado pelo seu lugar em uma cartografia de convicções: entender um pensamento requer saber colocá-lo nesse mapa de convicções. Essas convicções devem ser verdadeiras em sua maioria para que possamos capturar o conteúdo do pensamento. É preciso saber muito para que algum objeto ou aspecto do mundo possa entrar no foco do pensamento.

A cartografia de convicções é relatada da relação triádica que traz para o escopo do pensamento um item do mundo. Essas convicções englobam algum conhecimento – elusivo, disperso e substituível – do mundo em que se encontram. Esses conhecimentos podem ser adquiridos em qualquer parte e aplicáveis a qualquer item ao qual possamos aplicar os termos – qualquer item que satisfaça as descrições definidas por meio das quais formulamos convicções. O pensamento pode assim se enveredar por um caminho de indiferença em relação ao mundo. Podemos estar diante de uma independência do pensamento em relação a cada uma das singularidades do mundo (ver *Verdades insuficientes,* p. 110). Pode ser que possamos – nos interstícios das descrições pensadas – ocuparmo-nos com atitudes de *re* diante das singularidades. Mas como entender a comonalidade sem estar à beira de fazer as singularidades se tornarem meras instâncias?

Como podemos pensar a partir das singularidades das coisas e não a partir de seus elementos comuns? Uma tentativa de encontrar uma concepção das coisas que deixe espaço para a singularidade pode ser encontrada na proposição 37 da Ética II de Spinoza:[154] "Aquilo que é comum a tudo e que está igualmente na parte e no todo, não constitui a essência de uma coisa individual". Essências singulares se relacionam uma com a outra construindo um terreno comum, mas esse terreno comum não é parte do que é essencial. Deleuze, que sentia a atração das filosofias que incluíam um espaço para as singularidades – como Spinoza e muitas formas de empirismo –, concebia o pensamento vinculado a um plano de imanência. Esse plano é o que seria a natureza comum de todos os corpos e pensamentos; um plano comum a todos, "pas un plan au sens de dessein dans l'esprit, projet, programme, c'est un plan au sens géométrique, section, intersection, diagramme".[155] Os diferentes itens do mundo ocupam um lugar nesse plano de imanência que não

[154] Eth.

[155] 2003, p. 164. "Não um plano no sentido de desenho na mente, de projeto, de programa, é um plano no sentido geométrico, seção, interseção, diagrama" (tradução do autor).

os conecta com caminhos de pensamento – que conectariam itens em um plano no sentido de projeto ou de arquitetura –, mas permite que convivam itens que tenham entre si apenas a relação externa de dividir o mesmo espaço. O espaço dividido por esses itens é o espaço comum onde o pensamento, como o movimento, é um modo de afetar e ser afetado, mas não um recolhimento e arranjo das essências. O pensamento está em relações (externas) de velocidade com os demais itens do mundo e, assim, está no meio – nem no começo e nem no fim – do plano de imanência. As relações de velocidade são como Deleuze pensa que Spinoza entende a construção de um espaço comum pelas diferentes capacidades de afetar e ser afetado. Essas capacidades constituem a cada instante o plano de imanência, que é um plano de experimentação para as singularidades.

As heterodeterminações são apenas modos da substância spinozista; descritas enquanto singularidades, os itens do mundo experimentam a construção de um plano comum a partir da descoberta de suas potências. Um plano de imanência, diz Deleuze, "ne dispose pas d'une dimension supplémentaire: le processus de composition doit être saisi pour lui-même, à travers ce qu'il donne, dans ce qu'il donne. C'est un plan de composition, non pas d'organisation ni de développement".[156] Como um plano geométrico – ou talvez geográfico – o plano de imanência não pode ser antecipado ou visto de cima; ele é um plano de experimentação. (Uma experimentação que não é anterior às capacidades conceituais, mas está entre elas, no meio.)

[156] 2003, p. 172. "Não dispõe de uma dimensão suplementar: o processo de composição deve ser produzido por ele mesmo, por meio do que ele dá, no que ele dá. É um plano de composição, não de organização nem de desenvolvimento" (tradução do autor).

Em um plano de imanência, as singularidades são pensadas como uma localização geográfica – como um endereço. Não um endereço entre nossas convicções – em uma organização das coisas que permitiria localizar singularidades em interseções de descrições gerais – mas um lugar em uma composição. Temos de experimentar para determinar o lugar onde estão as coisas. O pensamento, aqui também, está às voltas com lugares; não são lugares prefigurados nas galerias do pensamento por descrições definidas apoiadas em um horizonte de convicções, mas antes lugares descobertos por relações externas – lugares já ocupados onde esbarramos. Uma parte da artimanha de um plano de imanência comum para que o pensamento se depare com singularidades parece estar na maneira como entendemos que o pensamento possa ser *sobre* alguma coisa.

Deleuze diz que no plano de imanência não há dimensão suplementar. A idéia de que alguma coisa pode ser sobre alguma coisa traz em seu bojo também uma imagem espacial; o pensamento ou as palavras, ou os sinais, estariam em algum sentido em cima de alguma coisa, sobre ela como, ao meio-dia, estamos sobre nossa sombra. Os signos ocupariam o espaço suplementar que sombreia e os lugares dos significados seriam determinados pelo lugar sombreado pelos signos. Podemos pensar na relação de referência dessa maneira: qual é a parte do mundo que o termo ou a expressão sombreia. Se a área sombreada, é determinada por uma descrição, é como se calculássemos a forma da sombra para determinar que parte do mundo seria sombreada, e desvinculamos da satisfação da descrição a singularidade. Essa desvinculação é quase como se dispuséssemos um anteparo de descrições entre a dimensão suplementar dos signos e a dimensão do mundo e esperássemos depois confrontar o anteparo com a dimensão do mundo. Algo semelhante parece acontecer com um holismo de tipo davidsoniano: as convicções verdadeiras especificam do que estamos falando – nesse sentido é que estabelecem um lugar para o que estamos falando.

Não podemos confrontar nossas convicções com parte alguma do mundo sem que especifiquemos com que parte confrontamos – e fazemos esse confronto por meio de nossas convicções verdadeiras. Em um plano de imanência comum não há desvínculo entre pensamento e mundo ou, melhor dizendo, não há um desvínculo especial entre eles: conectados por relações externas, todos os endereços estão igualmente desvinculados.

A diferença entre as duas geografias dos lugares nos pensamentos é que em uma delas o pensamento faz lugar para os itens do mundo, enquanto na outra o pensamento encontra os itens do mundo, em seus lugares. No plano de imanência, o pensamento se movimenta entre as coisas e não as engloba – está atento a elas, mas não as representa. Trata-se, nessa imagem, de se movimentar entre lugares e descobrir seus endereços em vez de organizar as coisas em lugares para guardá-las. As haecceidades podem ser entendidas em termos de endereços em um plano de imanência. O plano de imanência entende lugares sendo algo distinto das galerias do pensamento – meras relações em uma composição; além da organização das coisas no mundo, elas têm de estar em algum lugar, elas não podem estar alheias a uma geografia, e é esse estar em algum lugar que permite que singularidades entrem em contato com outras. O pensamento também tem essa capacidade de esbarrar em singularidades – ainda que termine por territorializá-las enquadrando-as em alguma organização geral. O pensamento pode mover-se entre as singularidades e esbarrar em *haecceitates*; porém, seria ele capaz de fazer mais do que fazê-las dissolver no ar?

Essências

Que pode ser aquilo
lonjura, no azul, tranqüila?
Se nuvem, por que perdura?
Montanha,
como vacila?
Paulo Leminski

Quando falamos em essências, tradicionalmente evocamos alguma coisa que sustenta a predicação:[157] um substrato que sustenta propriedades, aquilo que se mantém em algu-

[157] O tema da predicação, entendido em geral como algo que se sobrepõe a um substrato, freqüentemente é considerado como se a verdade do substrato, e sua existência, fosse muito diferente da verdade das predicações. Assim, por exemplo, quando falamos da projeção dos predicados (com Goodman, 1954, por exemplo), deixamos de lado o tema da existência de alguma coisa que pode ser o substrato para predicações, como esmeraldas verdes, esmeraldas verzuis, esmerosas etc. Alguém poderia tentar estender os dilemas da projetibilidade dos predicados para a existência tentando, por exemplo, contrapor a uma afirmação como "há x" alguma coisa como "nhá x" em que "nhá" é definido como algo que há se observado até o momento presente e que não há se observado depois. Que predicados como "verzul" ou "esmerosas" pareçam mais plausíveis que "nhá" mostra que temos talvez uma intuição segundo a qual a existência merece um tratamento diferente da predicação: é a existência, e jamais a predicação, que permite o pensamento *de re*.

ma coisa (ou evento, ou fato, ou propriedade, ou relação), mesmo que suprimirmos todas as suas qualidades, aquilo que pode constituir o *principium individuationis* de alguma coisa. Mesmo quando evocamos propriedades não qualitativas de algum item – como são *haecceitates* – supomos, por vezes, que há uma essência que não se confunde com aquilo que (normalmente) predicamos. Há aquilo que uma coisa é e, em contraste, há as propriedades que ela pode deixar de ter sem deixar de ser o que é.

Não é raro pensarmos na essência como uma espécie de *ur*-propriedade (e a descrevermos como uma espécie de *ur*-predicação): pensamos em propriedades essenciais de alguma coisa e com isso distinguimos propriedades que são, em algum sentido, necessárias e propriedades que são contingentes. Uma essência pensada como *ur*-propriedade parece estar sendo entendida como aquilo que *satisfaz* certa descrição definida: a essência de um tipo natural é a descrição definida que ele satisfaz ("o material que, se aquecido, se expande" etc.), a essência de uma personagem histórica é a descrição definida de um feito que ela satisfaz ("o homem que conduziu os escravos para fora do Egito" etc.), essência de um objeto em particular é o conjunto de descrições definidas que ele satisfaz ("a bola de metal que tem o diâmetro de um centímetro tem uma marca de tinta verde..." etc.). Problemas com a satisfação de descrições definidas e com a escolha das descrições apropriadas grassam, e a possibilidade da vacuidade e a possibilidade da reduplicação massiva parecem ser os agentes provocadores da maioria dos problemas. Se as essências são apresentadas em termos do que satisfaz descrições definidas – para elaborar sobre uma linha de dificuldade diagnosticada há muito tempo por Max Black (1952) –, podemos terminar não tendo nada de essencial que distinga os casos que são subsumidos pelos mesmos predicados (ver *Haecceitismo,* p. 210). Essas dificuldades podem fazer-nos abandonar a concepção de essências como *ur*-propriedades e podem mesmo nos fazer abandonar a idéia de que haja essências ou de que haja um substrato que sustente a predicação.

Talvez seja possível explorar uma linha de conexões entre essências e referência. Quando nos referimos a alguma coisa, nossas palavras em algum sentido tratam de uma parte do mundo, ainda que saibamos quase nada sobre aquilo de que tratamos e ainda que pensemos muitas coisas falsas acerca do que tratamos. Nossa referência pode ser identificada por nossos intérpretes se eles forem bem-sucedidos (enquanto intérpretes). Para tanto, os intérpretes precisam ter capacidades lingüísticas – seja por meio do conhecimento de uma teoria do significado ou do uso para a linguagem em questão, seja por meio de capacidades de formular teorias passageiras (*passing theories*) acerca do que ouvem ou lêem (ver *Presenças plenas,* p. 164). Podemos pensar na referência sendo determinada pela satisfação de descrições definidas e insistir, por exemplo, que não podemos referir-nos a alguma coisa a não ser que tenhamos algum conhecimento que permita discriminar aquilo do que falamos. Existe um doutrina acerca da referência, comumente atribuída a Frege e aos fregeanos, mas que é, em alguma medida, compartilhada por tradições russellianas, segundo a qual a relação entre palavras e partes do mundo é mediada por uma descrição (ou um *Sinn*, ou um modo de apresentação, ou uma especificação). A relação de referência é pensada como uma relação de satisfação. Se nada satisfaz aquilo que pensamos de nossas expressões denotativas, elas fracassam em denotar, e se mais de uma coisa as satisfaz, denotamos (sem querer) de modo ambíguo. O pensamento fica sendo assim um ingrediente da relação entre nossas expressões e a realidade, e uma relação denotativa bem-sucedida requer algum conhecimento (do que satisfaz que descrições); o contato lingüístico com o mundo é feito por meio de um contato cognitivo.

Há uma maneira de pensar que entende que o contato cognitivo é dispensável. Trata-se de pensar na referência de maneira direta: nomes próprios são termos singulares em contato direto com seu referente, demonstrativos não precisam de *Sinne* para referir, cadeias históricas podem determinar a referência (semântica) de um termo ou expressão independentemente do que o falante pensa ou sabe. A revolução da referência direta – como caracterizou Wettstein[158] – veio em muitas nuances e matizes, mas quase sempre a idéia de que quem refere precisa ter algum conhecimento (geralmente discriminativo) do que está sendo referido é colocada em questão ou pelo menos recebe alguma qualificação (por exemplo, pode valer para a referência do que pensamos, mas não para a referência do que falamos). A tese de que preciso saber o que deve ser satisfeito pela parte do mundo que eu denoto – ou mesmo que alguém deve sabê-lo – é vista com suspeita e, em muitos casos, rejeitada. A revolução – protagonizada por trabalhos de Kaplan, Perry, Kripke, Donnellan, Wettstein, Putnam entre outros – foi concomitante com a emergência de uma mentalidade externista em semântica:

[158] O livro de Wettstein (2004) apresenta uma empolgada narração da revolução da referência direta em filosofia da linguagem e procura entender algumas idéias de Wittgenstein como inspiradoras do movimento.

a idéia de que os significados não estão na cabeça. Uma das idéias motrizes das concepções emergentes é que a referência de uma expressão pode passar ao largo da satisfação de descrições definidas e Donnellan foi o primeiro a insinuar que isso pode acontecer mesmo com descrições definidas, elas podem ser usadas referencialmente de tal modo que "o inventor do avião", "o descobridor das Américas" ou mesmo "o atual rei da França" podem denotar aqueles que presumivelmente, mas não de fato, satisfazem uma descrição.[159] A mesma frase, com uma mesma descrição definida, pode ser usada referencialmente ou não – pode ser usada referencialmente ou depender do que satisfaz a descrição. A referência de uma expressão passa assim ao largo do que sabemos sobre o que satisfaz uma descrição, ela não depende do que pensamos ou do que nossos intérpretes pensam, mas apenas do nosso movimento – e do movimento dos nossos intérpretes – em um espaço comum que é a linguagem pública.

Quando contrastamos a referência direta com a satisfação de descrições, podemos entender que se trata de um contraste entre satisfação e referência do falante. Podemos querer dizer aquilo que eu, o falante, tenho em mente quando uso uma descrição – se, por exemplo, eu por alguma razão me refiro, por exemplo, a Cristina Kirchner quando pronuncio "a rainha da Argentina". Se apelarmos para a referência que o falante tem em mente, apelamos para um fragmento de

[159] Burge (1977) descreve casos assim como atitudes *de dicto* sendo utilizadas em atribuições *de re*: usamos descrições definidas para fazer referência a um singular, mesmo que esse singular não caiba na descrição – somos alheios a que ele não tenha cabimento. Expressões *de dicto* são usadas em pensamentos *de re*.

idioleto do falante, que pode até ser perscrutável. O espírito do contraste nas mãos da maioria dos partidários da referência direta, no entanto, é outro. A referência direta aponta para a referência semântica de uma expressão: aquilo que ela quer dizer na linguagem ou na interpretação adequada – o que em larga medida pode ser independente da referência do falante. É como se, no caso das descrições definidas, o uso referencial apontasse para uma parte do mundo específica que é a mesma em qualquer mundo possível – mesmo que outras partes do mundo satisfaçam a descrição em outros mundos possíveis. A associação aqui é com o pensamento *de re* em oposição ao pensamento *de dicto*. A idéia é que podemos, por meio do contato lingüístico, ter uma conexão *de re* com partes do mundo – como se algumas expressões da linguagem atuassem como etiquetas de Mill em partes do mundo e fosse aquela parte que é referida (em qualquer mundo possível). A referência direta a uma parte do mundo é o que pretende garantir operadores como o *dthat* de Kaplan que forçam um uso referencial das descrições definidas – aquilo que é referido torna-se independente do que satisfaz a descrição (ver *Haecceitismo,* p. 210).

Assim, a descrição definida "a primeira pessoa que vai nascer no ano 2012", se precedida de um operador de rigidificação (ou seja, algo como *d-esta* ["a primeira pessoa que vai nascer no ano 2012"]) refere-se a uma pessoa em todos os mundos possíveis – mesmo que em outras circunstâncias outras pessoas poderiam ter sido as primeiras a nascer no ano que vem. Analogamente, *d-este* ["o número de pastelinhos fabricados em Belém em novembro de 2007"] se refere ao número de pastelinhos fabricados na situação atual e se refere a esse número em todos os mundos possíveis.

Agora, o que se pode saber *a priori* sobre a fabricação de pastelinhos em Belém ou sobre a primeira pessoa a nascer em um ano a partir da nossa capacidade de designar rigidamente uma pessoa ou um número? É certo que o que quer que saibamos *a priori* será contingente, uma vez que nenhuma necessidade (supostamente) determina quantos pastelinhos são fabricados em um mês em Belém e nem quem será a primeira pessoa a nascer em um ano (e nem, supostamemente, os equivalentes singulares destas necessidades: acerca do mês de novembro em particular ou do ano que vem em particular). Todavia, parece inadequado dizer que poderemos saber algo acerca de quem satisfaz uma descrição definida de maneira contingente *a priori*. Ou seja, se depois de designar rigidamente a primeira pessoa a nascer no ano de 2012 e o número de pastelinhos produzidos neste mês em Belém, encontrarmos a pessoa que primeiro nasceu em 2012 e determinarmos o número de pastelinhos produzidos, parece inadequado dizer que sabíamos que aquela seria a pessoa ou que aquele seria o número (e que sabíamos disso de modo contingente *a priori* tal como sabemos de modo contingente *a priori* que a distância percorrida pela luz no vácuo absoluto durante 1/299792458 de segundo é de um metro). Se nossa designação rígida nos permite saber alguma coisa de modo contingente *a priori*, não será que certo número ou certa pessoa satisfazem uma descrição. Podemos, no máximo, saber algo da mesma natureza que sabemos quando apontamos para alguma parte do mundo – podemos saber alguma coisa do tipo: onde se localiza um item dentro de um mapa o qual sabemos mais ou menos utilizar. Trata-se de um conhecimento que é do mesmo tipo daquele que nos permite encontrar alguma coisa, localizar algo, traçar linhas em direção a alguma parte – um conhecimento, se algum é possível, de uma natureza que parece ser, em algum sentido, espacial: sei como determinar aquilo do que estamos falando.[160]

A idéia de referência direta pode ser exposta como uma tentativa de expandir aquilo que Russell desejava com a noção de *acquaintance*. Um conhecimento de trato é também, em algum sentido, um conhecimento sobre onde encontrar aquilo do que falamos – em certo sentido, é também espacial. Trata-se de um modelo (limitado) de pensamento *de re* e pode ser entendido por meio do paradigma dos demonstrativos irredutíveis a descrições definidas: aquilo que está à minha frente. Agora, a idéia de um contato lingüístico que prescinde de um contato cognitivo (por meio de descrições) não precisa ser entendida como um apelo a um contato imediato entre partes do mundo e nosso pensamento (ou, melhor, nossas expressões). O contato direto não mostra que não precisamos ter nenhum conhecimento por descrições para que possamos designar, mas antes revela que a linguagem – assim como outros dispositivos de designação –, uma vez aprendida, dá-nos a capacidade de expandir nossa capacidade de contato com partes do mundo. Nem tampouco precisamos entender que as capacidades lingüísticas não nos trazem elas mesmas nenhum conhecimento substancial acerca

[160] Incidentalmente, saber determinar a referência de uma expressão é, às vezes, associado ao que seja o próprio *Sinn* da expressão: conheço o *Sinn* de uma expressão porque sei qual é a sua referência. Em particular, isso é sugerido na crítica de McDowell a Dummett (cf. McDowell, 1977). Isso mostra que em certa medida os neofregeanos – pensemos no caso de Evans – têm recursos para se aproximarem das intuições que motivam a concepção de referência direta e, mesmo, para exorcizar a tese de que a denotação depende da satisfação de descrições definidas. Em certo sentido, eles fazem parte da revolução de que fala Wettstein.

do mundo – podemos aderir à tese de que todo fragmento de linguagem está repleto de teoria.

A linguagem nos oferece como que mapas onde podemos colocar as coisas e traçar caminhos para acessá-las: de todas as pessoas que ainda vão nascer, podemos apontar para a primeira a nascer no ano que vem graças ao aparato demonstrativo que a linguagem torna disponível. Trata-se de uma capacidade espacial de saber em que posição em um mapa está alguma coisa – há uma semelhança entre o conhecimento contingente que conseguimos por este meio e o conhecimento da posição que alguma coisa ocupa, por exemplo, em uma cadeia causal. Vale comparar nosso caso, brevemente, com concepções de eventos ou episódios a partir da cadeia causal em que eles se inserem. Por exemplo, Davidson,[161] nos anos 1960, defendeu uma concepção causal acerca da individuação dos eventos. A idéia era que um evento é individuado pela posição que ele ocupa em uma cadeia causal – assim, a descrição do evento como físico ou mental era irrelevante para sua individuação: bastava saber que posição ele ocupava, qual era sua causa e seu efeito. A cadeia causal oferecia uma espécie de mapa onde importava localizar o evento para saber do que se tratava.

Então ritmemos explicitamente a linha de conexões entre referência e essência. Podemos tentar inspirar-nos na idéia de referência direta, mais ou menos nos termos desenvolvidos acima, para esboçar uma concepção de essência que não se baseie em *ur*-predicações, que funcionariam como descrições definidas. Trata-se, talvez, de entender essências como parte de uma *ordo essendi*, que é, de algum modo, independente da *ordo cognoscendi* – ainda que não possa ser que não tenhamos nenhum

[161] 1969.

conhecimento imediato da primeira. Podemos talvez entender a essência de algo em termos de onde aquilo está, em termos da posição ocupada em certo mapa.[162] A essência talvez tenha a ver com a dimensão do pensamento que permite acessar alguma coisa antes de compreendê-la – localizá-la antes de descrevê-la, encontrá-la antes de decifrá-la. Então poderemos falar de essências independentes de predicação e que podem sustentar as predicações – como substratos.

Este tipo de concepção permite que tratemos a predicação como tendo um substrato que não precisa ser entendido em termos de uma predicação de base, mas é apenas aquilo que ocupa uma posição que pode ser apontada por uma descrição definida em uso referencial. Ou seja, a essência da água não seria uma descrição definida de uma propriedade química (por exemplo, "a substância composta por moléculas de H_2O"), mas antes pelo que fica designado pela descrição definida rigidificada (ou seja, por exemplo, *d-esta* ["a substância composta por moléculas de H_2O"]). O conhecimento da essência de um item não é um conhecimento de nada mais do que da posição do item em um mapa onde podemos encontrá-lo. Trata-se de uma essência que é conhecida de modo contingente e que pode ser conhecida *a priori,* ainda que esse conhecimento não implique nada sobre o que satisfaz certa descrição. Podemos conceber a *ordo essendi* sendo algo como esses mapas que utilizamos para localizar essências e que conhecemos por meio de capacidades

---

[162] Entendemos a essência em termos de uma posição: talvez possamos dizer que a essência de alguma coisa é onde ela está em vez do que ela é. A distinção entre ser e estar permite expressar algumas diferenças como esta de maneira concisa: "estar" traz sempre uma dimensão de posição no espaço e no tempo.

lingüísticas que estão à margem – porém não são independentes – de nossas capacidades de fazer uso de descrições.[163]

Conceber essências dessa maneira[164] permite que possamos ter um acesso ao que nos cerca de modo relativamente independente das nossas descrições, podemos ter acesso a alguma coisa de um modo que prescinde do nosso conhecimento de que propriedades que elas satisfazem. Isso não quer dizer que possamos ter conhecimento das essências, no sentido acima, independentemente de qualquer conhecimento de descrições – isso seria o mesmo que postular que o pensamento *de re* seria possível sem nenhum pensamento *de dicto*. Quando adquirimos linguagem – seja lá o que for este processo –, adquirimos descrições e modos de reconhecer o que as satisfazem, e é a linguagem que permite que tenhamos um acesso lingüístico a essências por meio dos dispositivos de designação. (Podemos, em outras palavras, aderir a uma imagem mais ou menos holista das nossas capacidades lingüísticas e, ainda assim, mantermos uma noção de essência que independe da satisfação de descrições.)

---

[163] Vale notar que não exorcizamos todo o perigo de vacuidade: pode acontecer que não haja item algum que ocupe a posição que apontamos. Podemos sentir a tentação de considerar que aquilo que tem aquela essência não existe – e a existência se tornaria, como em Meinong, um predicado de posição que nos deixaria longe de um pensamento *de re*. Não precisamos, contudo, esperar que todo o contato entre pensamento e singularidades dependa das essências (concebidas como estou sugerindo).

[164] Essências entendidas assim serão freqüentemente tratadas no resto do livro às vezes como *essências*, em itálico, em alusão ao nome do capítulo. Tal concepção de essência poderia ser aplicada a alguns casos, mas talvez não a todos de essência. João Branquinho, quando apresentei no Simpósio *Realidade e Significado* (Brasília, novembro de 2007) uma versão deste capítulo, sugeriu que pudéssemos talvez falar de variedades de essência. Pode ser que esta seja a melhor maneira de conceber essências singulares ou essências de tipos naturais, porém que tal não se aplique a outros casos. Sou grato aos participantes do Simpósio por algumas sugestões que aperfeiçoaram o capítulo.

Para que serve nosso acesso a partes do mundo independentemente das descrições que fazemos delas? Serve para que possamos tratar as exceções aos nossos pensamentos gerais – para que possamos traçar a história de um caso recalcitrante, que não cabe no que nossas descrições gerais nos fazem esperar. Voltando a Max Black e à dificuldade de uma teoria do fardo em especificar exemplos que satisfazem propriedades gerais, a concepção de essência apresentada aqui permite que falemos de essências singulares, mesmo que todas elas tenham as mesmas propriedades (satisfaçam as mesmas descrições): duas esferas de metal podem ter as mesmas propriedades e serem casos diferentes, porque só uma satisfaz algo como *d-esta* ["a primeira esfera de metal que eu vi"] ou como *d-esta* ["a esfera de metal que tocou mais vezes no chão"].

Essa noção de essência nos permite também fazer a distinção entre a atenção que damos às nossas descrições e a atenção às singularidades – esta última atenção – como insistia Lévinas – não pode ser reduzida a descrições e ao que as satisfaz sob pena de ficarmos incapacitados de pensar (de prestar atenção em) qualquer coisa que não repita o Mesmo. Ou seja, podemos tratar "daquela" ou *d-esta* ["a pessoa que aparece à minha frente"] como singularidade de uma maneira relativamente independente das descrições que ela satisfaz. Talvez precisemos tanto das descrições quanto das essências – conforme a noção acima. As descrições oferecem como uma organização para o que pensamos e as essências oferecem como que um substrato – que requer também a organização – que preenche a organização sem depender dela.[165] As capacidades associadas à detecção

---

[165] Podemos pensar talvez no que Deleuze e Guattari entendiam como a distinção entre um plano de organização e um plano de composição (ver

da referência semântica de uma expressão dependem das capacidades lingüísticas que podem ser concebidas como tendo sido adquiridas em meio a um conjunto de verdades que, assim, estão presentes no aparato que permite que façamos contato lingüístico. Se entendermos essas capacidades de uma maneira semelhante à maneira como Davidson concebeu nossas capacidades de interpretação, encontramos na capacidade de nos localizar nos mapas um maquinário de verdades que nos permite fazer contato com as essências – ainda que essas não se expressem por meio da satisfação de descrições definidas verdadeiras.

Assim, uma concepção de essência pode ser facilmente invocada para considerarmos essências singulares. A singularidade, pensada assim, não precisa, para ser especificada ou individuada, de um apelo a descrições que são satisfeitas – a propriedades qualitativas – e nem precisa poder ser comparada com outras singularidades que possam ser descritas de maneira similar. Na determinação da essência singular, a localização em uma posição – no plano em que travamos contato com as coisas – faz uma parte do trabalho que se esperaria do pensamento para determinação de uma essência entendida como *ur*-predicação ou *ur*-propriedade. As singularidades – com essências, nesse sentido – podem despontar em meio às descrições, em meio às verdades, em meio aos gerais pensados; entre uma descrição e outra, elas podem talvez ser pensadas *de re*. Pelo menos de soslaio.

Exemplos, p. 191). Em nosso *ordo essendi,* localizamos itens sem apelo a descrições definidas que eles satisfazem – por meio apenas dos mapas que nos orientam. O conhecimento dos mapas requer um conhecimento de descrições e este último, por sua vez, requer alguma capacidade de reconhecer o que pode satisfazer descrições – que essências podem ser predicadas. Como, com o plano de composição e o plano de organização, um depende do outro e nenhum deles pode preceder o outro.

Não-presencial

Só cabe no poema
o homem sem estômago
a mulher de nuvens
a fruta sem preço
O poema, senhores,
não fede
nem cheira.
Ferreira Gullar

O tema das leis destacadas das coisas – das verdades destacadas das singularidades – invoca o tema da presença (e das virtualidades). Virtual não é o que não existe em alguma medida; é antes o que não está presente em parte alguma em particular. Virtual é o que não tem corpo e, assim, não pode estar presente (por inteiro) em parte alguma – ainda que possa ser visto, ouvido, cheirado, tocado. O virtual não corre o risco com as coisas que a presença supõe: é uma cópia de um filme, um programa, uma música reproduzida ou um corpo de leis, um conjunto de verdades, o nosso conhecimento dos fatos, nossas descrições que não lidam com presenças (ver *Verdades insuficientes,* p. 110). O que é virtual tem um parentesco com atitudes *de dicto* – o virtual elude a *haecceitas*: uma pilastra virtual da mesquita de Córdoba (desenhada, projetada, esculpida em pedra-sabão) pode não ter uma relação com nenhuma das pilastras em particular – é uma descrição indefinida: se quisermos encontrar a pilastra (aquela que foi desenhada, por exemplo), não sabemos aonde ir. Uma haecceidade se liga a outras haecceidades – nós podemos encontrar, com a nossa *haecceitas*, uma pilastra singular porque podemos fazer contato com ela, tocá-la, estar na sua presença.

Por isso, Deleuze e Guattari[166] chamam o plano de imanência ou de composição de plano de haecceidades: são elas que fazem contatos, que atuam pelo contágio, que se tocam em uma dimensão diferente daquela do plano de organização. No plano de haecceidades as presenças se esbarram – trata-se de um plano de *acquaintances*, de um plano no qual as singularidades enquanto tais ficam em contato; o contato entre as presenças que se afetam. É por meio do que está presente que entramos em contato com outras presenças nesse plano – não se trata de presenças que podem ser contempladas desde fora, desde algum lugar que não esteja presente: as presenças só podem ser vistas por quem esteja presente.

O tema da presença, e de como ela requer presenças para ser encontrada, pode ser esclarecido a partir de alguns meandros de argumentos, como o de McTaggart sobre o tempo.[167] Pensamos no tempo (e algo parecido vale para o espaço onde nos movemos) por meio tanto de seqüências do calendário

[166] 1980/1997, cap. 10.
[167] 1908.

ou do relógio quanto de seqüências como <antes, agora, depois> ou simplesmente passado, presente, futuro. Seqüências como a segunda são incorrigivelmente relativas ao que é presente, a um agora em relação ao qual os demais eventos podem ficar ordenados (em uma seqüência). As seqüências do segundo tipo são imprescindíveis para a noção ordinária de tempo; sem elas as seqüências do primeiro tipo não podem ser ordenadas de modo a entendermos o que já passou e o que está no futuro – passam a ser pouco mais do que entulhos de eventos. São as seqüências do segundo tipo – e a idéia de presente – que ordenam seqüências do primeiro tipo. Sem presente, os eventos não podem ficar em nenhuma ordem, nenhum é mais próximo (ou mais distante) de nenhum outro.

Analogamente, sabendo que pessoa eu sou – podendo estar em primeira pessoa –, eu entendo que as demais pessoas são outras: é a minha pessoa que pode fazer contato, esbarrar, estar presente diante de uma outra pessoa. Só há outros porque sei que sou eu. Só há a diferença entre eu e os outros desde que haja um ponto de vista de uma primeira pessoa, a nossa maneira de pensar sobre o que é o outro requer que estejamos em uma posição, que estejamos presentes em algum ponto – sem a distinção entre a primeira pessoa e as terceiras (ou as segundas) pessoas, somos todos igualmente outros e todos são igualmente eu. Trata-se do tema dos indexicais: apontamos a partir de onde estamos, a partir de nossa presença em uma posição. Suprimir os indexicais em descrições definidas é eliminar a presença e com ela a singularidade de onde pensamos e da qual podemos pensar alguma coisa que não seja de algum modo apenas virtual. O conjunto de fatos descritos desde um olho de fora, *from nowhere*, é um entulho tão ininteligível quanto o primeiro tipo de seqüência temporal acima tomado por si só – em que os eventos não podem ficar ordenados.

Podemos tentar imaginar diferentes *agoras*, diferentes *aquis* virtuais – imaginar que estamos em diferentes momentos da história para fazer com que as datas formem uma seqüência com mais significado; podemos imaginar presenças virtuais. Tais presenças virtuais, contudo, só são inteligíveis a partir de alguma presença, de uma noção do que seja estar em um lugar, em um tempo. Nesses casos eu simulo uma presença para entender uma seqüência temporal ou uma organização espacial. É também como eu entendo que duas pessoas diferentes de mim são diferentes entre si (e não o mesmo): se eu fosse uma delas a outra seria, para mim, diferente. Há uma diferença, pelo menos à primeira vista, entre uma visão de parte alguma de um lado e uma visão de toda parte de outro: a visão de toda parte está em pelo menos alguma parte – há presença, pelo menos virtual. Mas uma visão de toda parte, se for entendida como uma visão de toda parte de uma só vez, não envolve, apesar das aparências, uma presença, uma vez que não envolve uma posição específica: se todos os minutos fossem agora, eu não sei mais o que é passado e o que é futuro. É preciso que eu transporte minha presença virtual – mesmo sem os riscos da presença – para uma posição específica e de onde eu faça algum contato (virtual) com alguma outra posição, mas não com outras.

A noção de uma presença[168] é facilmente invocada quando pensamos no encontro: em que posição estão as coisas e como podemos encontrá-las. Muitas concepções da experiência

[168] A presença (Anwesenheit) é também um elemento central no esforço de Heidegger (1927) em mostrar os elos entre o ser e o tempo.

sensível (e direções epistemológicas tomadas a partir dela) foram informadas pela noção de encontro[169] – as idéias de acesso, de contato do pensamento com o mundo ocorrendo em um ponto, a idéia de que o pensamento recebe alguma coisa do mundo que o contagia etc. Muitas concepções da relação entre pensamento e mundo que se baseiam na experiência – e muitas vezes apelam para um imediato – procuram fazer justiça à importância do encontro e, com ele, da presença (ver *Matamoros*, p. 78). Invocar presenças, contudo, não nos obriga a postular um imediato que nos garanta que, quando tocamos em algo, nos tocamos logo de algo; como com o pensamento *de re* ou com as essências singulares, é no meandro dos conceitos que aparecem as presenças. Ainda assim, a idéia de que o que existe é o que pode ser encontrado, se estivermos presentes em alguma parte[170], é tributária da idéia de que a experiência requer uma presença – a experiência possível requer uma presença possível.

Quando, em geral, falamos da diferença entre o Mesmo e o Outro, precisamos da noção do que é mesmo – o mesmo em relação a alguma presença – a partir da posição em que nos encontramos. Apenas desde uma perspectiva do Mesmo há um Outro: a presença – surgem daí as epistemologias baseadas na

---

[169] Por exemplo, o verificacionismo como concepção do modo como discriminamos objetos entende que o encontro é o que subsidia qualquer verificação, que por sua vez faz com que possamos reconhecer objetos (cf. Dummett, 1973). O encontro, contudo, pode ser entendido tão-somente como a dimensão espacial que é necessária ao nosso pensamento sobre como reconhecemos e discriminamos objetos (ver discussão sobre como entender o encontro neste contexto em Evans, 1982, p. 98-100).

[170] Interessante comparar com a imagem que Wittgenstein considera em PU, I, 352, quando ele escreve sobre uma "imagem de uma série completa que é vista por alguém, mas não por outra pessoa".

experiência que fazem uso da idéia de encontro (e de posição) que nos dá uma perspectiva. Outro – toda alteridade – é uma perspectiva a partir de alguma coisa presente. Sem presenças – em um cenário virtual composto por algo como a primeira seqüência de tempo acima, ou seja, sem nada ocupando posições – não há alteridade; não pode haver senão uma perspectiva incorrigível. A possibilidade do Outro aparece quando nos arriscamos a estarmos presentes – a estarmos em um lugar singular, ou seja, com uma haecceidade.[171] Trata-se do risco que corre o pupilo da seção 185[172] quando determina o que está sendo mostrado nos exemplos da seqüência de números. A corrigibilidade é uma forma de alteridade e sem algo que nos parece correto – de uma perspectiva de primeira pessoa – não há contraste entre o que é nosso, e, por isso, é mesmo, o que é Outro.

Argumentos céticos muitas vezes apelam para a virtualidade: podemos não estar presentes onde pensamos que estamos; nesse caso tudo o que parece correto não é correto, pois um Outro – talvez inacessível, talvez do outro lado de uma distinção transcendental – encontra e corrige aquilo que tomamos como correto. É um encontro especial, de um encontro que poderíamos chamar de transcendental – de todo modo, um encontro global de toda a nossa visão de mundo com algum elemento externo a ela. Muitos desses argumentos céticos centram-se na idéia de que podemos pensar que estamos presentes em algum lugar, em alguma posição,

---

[171] A *haecceitas* aparece como a aura de singularidade de um objeto que está associado ao risco de sua destruição e sua irreprodutibilidade – a aura de que fala Benjamin (1935). O virtual é aquilo que não tem aura, que não está presente de maneira irreprodutível em parte alguma. A *haecceitas* é uma propriedade que não pode ser reproduzida, como a aura, e por isso parece ser a propriedade de estar presente, sob algum risco.

[172] PU, I, 185.

sem estarmos: podemos não estar presentes na vigília ou não encontrar os objetos que parecem estar à nossa frente porque podemos estar sendo sistematicamente enganados ou, ainda, podemos estar presentes apenas em um cérebro, em uma cuba etc. Nesses casos, não acontecem os encontros que julgamos que estão acontecendo – nós nos enganamos quanto ao que encontramos e, assim, quanto a onde estamos presentes. Também no caso da vacuidade e da reduplicação massiva, podemos não estar encontrando as singularidades que pensamos estar diante de nós.

É interessante notar que quando exorcizamos tais argumentos por meio de estratégias holistas – como a estratégia davidsoniana de atar verdades à inteligibilidade –, podemos terminar por diluir a idéia de que estamos presentes em algum lugar em particular; podemos terminar por deflacionar a importância da presença. E podemos ter a impressão de que esse é um caminho para moldarmos para nós uma paisagem virtual.

A inteligibilidade navega por onde navega a virtualidade, flerta com o não-presencial. Pensar singularidades depende da nossa capacidade de apontar, de ter um contato não cognitivo com alguma coisa que está presente, ainda que esse contato – e a atenção à singularidade – esteja sempre em trânsito. Quando de alguma maneira apontamos para alguma singularidade, colocamo-na em relação com a nossa própria presença, mas não o fazemos por meio de descrições, não o fazemos por meio de predicações e *ur*-predicações. A atenção que alcançamos é, assim, uma atenção de fora, uma atenção que requer um plano de presenças antes que um plano de organização que situe cada singularidade em um organograma. Uma atenção desde fora não significa que se trata de alguma coisa alheia a mim, mas é antes alguma coisa que aparece entre aquilo que eu esbarro – e não entre aquilo que uma ordem conhecida me faz esperar.

Casa da diferença

Women
who build nations
learn
to love
men
who build nations
learn
to love
children
building sand castles
by the rising sea.
Audre Lorde

Audre Lorde[173] famosamente vaticinou que os instrumentos do mestre não podem ser usados para desmantelar a casa do mestre. Esse vaticínio inaugurou uma maneira de apresentar um debate que sempre ressurge: quais são os instrumentos do mestre (há outros debates sucursais a este: quem é o mestre, o que é o instrumento e qual é a casa que queremos desmantelar). Parece,

[173] 1984, p. 112.

às vezes, que um dos instrumentos do mestre é a desconfiança: a confiança é subversiva em nossas sociedades desconfiadas. Porque os sistemas de controle e direcionamento dos nossos pensamentos, desejos e ações supõem e reforçam a desconfiança.

Consideremos as políticas de identidade. Políticas de identidade são políticas em que grupos de identidade determinam o interesse, as crenças e as ações das pessoas: você deve fazer assim, sentir isso ou pensar desse jeito porque você é negra, mulher, operário, homossexual, estudante, colombiana ou retirante. As políticas ancoradas na identidade de pessoas a grupos são políticas que apelam para a experiência obrigatória e com um lastro intransferível de todos os membros do grupo: mais cedo ou mais tarde todas as operárias adquirem sua consciência de classe, todas as mulheres descobrem que são irmãs, todos os negros aderem ao seu movimento. É como se cada pessoa tivesse obrigações para com a identidade supostamente compulsória do grupo. Essa experiência atua como uma catraca conectando a pessoa ao seu grupo. As políticas de identidade contribuem para reforçar as identidades: a opressão de gênero se baseia na suposta diferença universalmente aceita entre os gêneros, a opressão de raça se baseia na distinção compulsória entre as raças. Enquadramos cada pessoa em um grupo de identidade para entendê-la, prever suas ações e prescrever o que ela deve fazer, mesmo que não faça; diga-me quem és que eu te digo o que deves fazer. Fica parecendo que estamos usando claramente o instrumento do mestre para tentar desmantelar a casa do mestre.

Uma coleção de feministas – parte dela confluindo na direção do trabalho de Judith Butler[174] e parte dela inspirada por este trabalho – recomenda o repúdio ao uso do instrumento do

[174] 1990. Butler pode ser lida em resposta às vozes dissonantes negras, transexuais, terceiro-mundistas que ecoavam entre os feminismos.

mestre. É certo que as noções de identidade orientam a discriminação, o esmagamento dos grupos privilegiados e, em geral, a supremacia branca, masculina e dos detentores de capital. Contudo, o movimento de rejeição da identidade não é o movimento de deixar de se dar conta de que a identidade move o mestre, mas antes o movimento de deixar de usar o instrumento: deixar de supor que a identidade dos grupos atue como uma catraca sobre os pensamentos e os afetos das pessoas. Danzy Senna, em seu "To be real"[175], apresenta um relato vívido do drama que essas catracas de identidade constroem; ela diagnostica que a política de identidade não enxerga as pessoas pela singularidade de suas ações e pensamentos, mas pelas categorias que classificam seu corpo e sua posição em uma ordem estabelecida. Trata-se de um instrumento de carimbo do Mesmo: as identidades imprimem sobre a alteridade a marca de um Mesmo compulsório.

Riki Wilchins[176] mostra como esse instrumento constrói invisibilidades políticas; o Mesmo orienta uma narrativa que orienta a inteligibilidade – e o que pode ser visto. Assim, por exemplo, uma pessoa de um grupo de identidade lésbica pode olhar para um transexual feminino e não ver nada além de um homem tentando encontrar um modo de se infiltrar perniciosamente em um grupo de mulheres – o sofrimento, a ousadia, a hybris, a capacidade de subversão e a singularidade da transexual ficam invisíveis, obnubiladas pela narrativa de identidade.[177] Essas narrativas promovem uma sensibilidade e uma ação política, dela derivada, que é construída a partir do Mesmo. Para

---

[175] 1995.

[176] Wilchins (1997).

[177] Um exemplo dramático disso pode ser encontrado nas diatribes de Janice Raymond (1979) sobre as pessoas transexuais. Ela não hesita em enxergar nas mulheres transexuais mais do que agentes infiltrados dos homens

que possamos enxergar um Outro, parece que é preciso, entre outras coisas, confiar que estamos diante de alguma coisa que é, além de parecer, mais do que uma maneira disfarçada de repetir o Mesmo. É preciso ter uma atenção ao que, pelo menos por enquanto, pode estar fora de um organograma de identidades.

No entanto, quando confiamos em uma pessoa, podemos encontrar vários atalhos por onde fluir a confiança. Podemos, por exemplo, basear a confiança na cor da sua pele, na sua classe ou na sua opção sexual. Essas são as catracas que supostamente seguram as pessoas e não as deixam desejar ou pensar aquilo que nós não esperamos que elas pensem ou desejem. A política da identidade não é apenas uma política que promove a homogeneidade em nome da confiabilidade, mas é também uma política que procura prefigurar com desconfiança a ação das pessoas pelo perfil dos grupos que elas pertencem.

A crítica à política da identidade supõe que não há nada de politicamente importante que dependa da homogeneidade dos grupos e nem que precise que as ações subversivas possam ser prefiguradas pelo perfil de identidade das pessoas. Rejeitar políticas de identidade é rejeitar que a política é feita por meio dos grupos (naturais, compulsórios) que as pessoas participam:

---

no movimento de mulheres, e chega a dizer que esses "homens" são estupradores porque penetram no corpo do grupo sem permissão. Como Riki Wilchins aponta, trata-se de não enxergar os sofrimentos e as dificuldades que ajuntam o grupo de identidade (o grupo de mulheres biológicas) em um outro grupo: como se a violência, o estupro ou o abuso, quando sofridos por mulheres que nasceram homens, não merecessem nenhuma consideração ou atenção política. Wichins (1997) entende que se a causa relaciona-se com eventos como o abuso sexual ou a violência de gênero, esses eventos devem poder ser visíveis seja quem for que os sofra.

ninguém precisa ser fiel a grupo algum para estar em uma parceria política confiável. A confiança (e a desconfiança) é sempre um trâmite entre singularidades; e é isso que a deixa emaranhada no risco que traz tudo aquilo que envolve presenças, que não é meramente virtual. O atalho de identidade é a tentativa de compensar a incerteza sobre a ação das outras pessoas por meio de regras compulsórias associadas aos compromissos políticos da cor da pele, da genitália, dos hormônios sexuais, de sua posição na produção ou qualquer outra catraca. Podemos contrastar a política de identidade com uma política de diferenças, de singularidades. Audre Lorde[178] outra vez pode ajudar a imaginar o que fazer com as diferenças, ela fala da transformação que provoca o abandono da identidade como medida de todas as comunhões:

> Sermos mulheres juntas não era suficiente.
> Nós éramos diferentes.
> Sermos garotas lésbicas juntas não era suficiente.
> Nós éramos diferentes.
> Sermos negras juntas não era suficiente.
> Nós éramos diferentes.
> Sermos mulheres negras juntas não era suficiente.
> Nós éramos diferentes.
> Sermos lésbicas negras juntas não era suficiente.
> Nós éramos diferentes.
>
> Demorou algum tempo até percebermos que nosso lugar era a casa da diferença, ela mesma, em vez da segurança de qualquer diferença em particular.

[178] 1982, p. 226.

Na casa das diferenças, as relações de confiança dão mais trabalho: não há alianças naturais, não há inimigos comuns que estabelecem a agenda, não há regras insinuadas pelo corpo. (Interessante pensar como os dilemas de *Advancing Luna and Ida B. Wells* de Alice Walker. Luna e Freddie Pye, em um dos finais, defrontam-se com a necessidade de renegociar a confiança em meio a suas diferenças: a posição de Luna no movimento negro, a posição de Pye diante das autoridades do movimento.) Cada relação de confiança surge com suas diferenças: não há atalho.[179] A política da singularidade é a política que surge de uma atenção ao Outro que não procura os Mesmos – é a confluência que reside apenas no que destoa.

[179] Instituir uma ação pelas diferenças não pode ser, contudo, ignorar que as identidades são o instrumento do mestre; que o nosso regime de supremacias discrimina grupos de identidade em favor de outros e que esse é um instrumento que contribui constantemente para deixar a casa em pé (e inteligível).

Regimes

T'al sé quel ch'l'é la radio?
Sè!
T'a me spijgh?
T'al sé quel ch'l'é un limôn?
Sè!
La radio l'é tot un êtar quël.
Conto romagnolo, em dialeto de Forli

A relação entre verdade e singularidade é uma relação de inteligibilidade e é parte de como concebemos aquilo que existe; porém é também uma relação política. Foucault associa a verdade com os procedimentos das instituições que regulam a produção, a repartição e o funcionamento dos enunciados.[180] Diante dessa conexão entre verdade e um regime que a institui, podemos temer que Foucault esteja propondo que entendamos a verdade como uma variável que dependa apenas do modo como nossas sociedades se organizam para coibir e promover a emissão de enunciados. O temor seria que

[180] Por exemplo, 1976, 1977.

Foucault estaria, com a idéia de regime de verdade, desconectando inteiramente a verdade de alguma coisa que pudesse ficar associada às restrições a que de alguma forma o mundo submete nosso pensamento. Foucault, nesse caso, estaria propondo que a verdade nada mais é do que o produto de nossa maneira instituída de pensar – o que a faria alheia a qualquer contribuição do mundo. A verdade estaria em função apenas do papel dos enunciados dentro de um sistema de práticas de enunciação.

Existem pelo menos duas maneiras de entender como a verdade está submetida a regimes:

1. Uma concepção segundo a qual verdadeiros seriam os enunciados que são promovidos por dispositivos sociais como legítimos por meio de suas práticas; a sociedade procura propagar esses enunciados para que eles terminem sendo mais proferidos, mais circulados e mais defendidos do que outros. Nesse caso, um enunciado tomado como verdadeiro poderia ser colocado em questão, mas isso constituiria uma subversão do regime de verdade e as instituições tenderiam a coibir tal desafio por meio de algum instrumento de repressão, controle e ordenação do discurso.

2. Uma concepção segundo a qual um regime social é constituído por formas de vida reguladas por um regime de verdade. Nesse caso, nós não temos, pelo menos habitualmente, recursos para colocar em questão os enunciados que são tomados como verdades, eles atuam como certezas sociais que apenas as pessoas loucas ou desregradas (de alguma forma excluídas ou marginalizadas das formas de vida aceitas) poderiam ter condições de colocar em questão ou negar. As verdades atuariam como "proposições-dobradiça"

no sentido de Wittgenstein:[181] dobradiças sustentam todo o nosso jogo de duvidar e conhecer. Um regime de verdade poderia então ser caracterizado como aquele que institui uma determinada articulação de dobradiças. As verdades instituídas, como certezas socialmente aceitas, são precisamente o que estabelece que é inteligível colocar em questão (dentro daquele regime de verdade).[182]

Nos dois casos, a verdade instituída pelos regimes de alguma forma invoca a idéia de ocultação; como se ela fosse produto de um esforço social para que pensemos e enunciemos de acordo com o que a disciplina requer que pensemos. No primeiro caso, há um esforço explícito para que certos enunciados sejam silenciados e outros emitidos: a sociedade promove os enunciados que devem ser tomados como verdadeiros. Seria razoável que alguém então parafraseasse a expressão "regimes de verdade" como "regimes ideológicos (que constroem verdades)". No caso *2*, os regimes de verdade atuariam sobre a inteligibilidade, ela mesma, dos enunciados: subverter o regime é ir para além da inteligibilidade. A inteligibilidade se torna completamente refém de um regime. A verdade e a inteligibilidade são determinadas por um regime de poder que detém os meios de controle da enunciação: a verdade não pode jamais transcender a estrutura de poder sob pena de perder inteligibilidade. Em certo

[181] ÜG, 342.

[182] Williamson (2000, p. 93), ao defender a tese de que somos cognitivamente sem-teto, acusa Wittgenstein (ÜG) de confundir o que é verdade e o que é apropriado a conversações. Certas coisas não podem ser duvidadas, em conversação, mas isso não é indício de que elas sejam verdadeiras. As proposições dobradiças são tais que elas não podem ser duvidadas. Se a acusação de Williamson procede, Wittgenstein estaria claramente aderindo a *2*.

sentido, o regime de verdade aparece em *2* como um enorme véu que ata nossos movimentos de pensamento a dispositivos sociais e que, ao mesmo tempo, impede que vejamos algo para além do que ela permite. Nesse sentido, podemos parafrasear a expressão "regimes de verdade" como "regimes de imposições de certos enunciados como verdadeiros".[183]

A idéia de regimes de verdade, no entanto, pode receber uma interpretação que tenha menos semelhança com ocultação e mascaramento, se entendermos que as estruturas de poder estão mais intrinsecamente, imbricadas na estrutura interna da verdade. Identificar uma verdade requer que possamos ter um pano de fundo de crenças que temos de tomar como verdadeiras, para que seja inteligível um confronto entre enunciados e mundo. A verdade carrega a inteligibilidade dos nossos enunciados no seu bojo, e na inteligibilidade é onde se abrigam as estruturas de poder que constituem os regimes de verdade. A alternativa *2* já contemplava a idéia de que as estruturas de poder estão inscritas naquilo que não temos recursos para colocar em questão; porém, ali o enfoque era naquilo que é inteligível *para nós*, em um sentido segundo o qual era possível contemplar verdades fora dos regimes de verdade – pelo menos em princípio. É possível então que, para algum intelecto educado ou forjado fora do nosso regime de verdade, outras verdades fossem acessíveis. No entanto, podemos conceber que os regimes de verdade

[183] Uma concepção como *2* traz à mente a idéia de ocultação se a compararmos à fábula da roupa nova do rei. Em algum sentido, é possível ver que as coisas não são como dizemos; que o regime de verdade não é verdadeiro. Ou seja, pelo menos de algum ponto de vista externo àqueles que enunciam, reforçam e distribuem enunciados sancionados pelo regime de verdade, esses enunciados podem ser *desmascarados* como sendo falsos.

não admitem uma avaliação da verdade dos enunciados desde fora deles: *não há verdade sem algum regime de verdade.*

Podemos formular uma terceira maneira de entender como a verdade se submete a regimes:

3. Uma concepção segundo a qual verdadeiros são enunciados que respondem acertadamente ao mundo, de acordo com normas de resposta ao mundo determinadas por regimes de verdade que tornam o confronto entre enunciados e o mundo inteligível. Esses regimes de verdade não são listas de enunciados específicos, mas são teias de dependência entre enunciados formados por elos de significado que permitem que os enunciados sejam inteligíveis. Portanto, enunciados verdadeiros só podem ser feitos dentro de algum regime de verdade.

Nesse caso, a inteligibilidade está associada à verdade e, assim, aos regimes de verdade. Não é possível, portanto, desde fora, que nenhum intelecto avalie a verdade de algum enunciado, uma vez que enunciados são partes de uma teia regida pelo regime de verdade e não são inteligíveis fora dela.[184] Não se trata de que há uma sanção para que nos mantenhamos den-

---

[184] Uma analogia possível aqui, de maneira esquemática, é em relação à receptividade de elementos do mundo e às capacidades conceptuais. Para Kant, era o nosso intelecto que estava conectado com capacidades conceptuais, outros intelectos poderiam acessar o mundo sem apelo a conceitos. Na terceira crítica, Kant afirma que pode conceber um entendimento diferente do nosso: "so kann man sich auch einen intuitiven Verstand (negativ, nämlich bloß als nicht discursiven) denken, welcher nicht vom Allgemeinen zum Besonderen und so zum Einzelnen (durch Begriffe) geht, und für welchen jene Zufälligkeit der Zusammenstimmung der Natur in ihren Produkten nach besondern Gesetzen zum Verstande nicht angetroffen wird; [...] ein Geschäft, das der unsrige nur durch übereinstimmung der Naturmerkmale zu unsern Vermögen der Begriffe, welche sehr zufällig ist, zu Stande bringen kann, dessen ein ans

tro dos regimes e nem que nossa maneira de pensar é forjada neles, mas antes que os enunciados não poderiam ser considerados verdadeiros (ou falsos) senão por meio de algum regime de verdade – do ponto de vista de qualquer intelecto capaz de emitir verdades. O disciplinamento por meio dos regimes de produção, distribuição e armazenamento de verdades acontece no interior mesmo da inteligibilidade – sair do regime é sair de uma matriz de inteligibilidade.

A política da verdade é a política do espaço do pensamento: espaço comum, espaço de virtualidades, espaço das descrições, espaço do geral pensado. Não há verdades fora dele, uma vez que qualquer outra verdade não poderia ser encontrada sem que possamos fazer um confronto com o mundo sem verdades (ver *Confronto*, p. 38; *Verdades insuficientes,* p. 110). A possibilidade mesma do confronto requer um padrão de verdades. O pensamento trafega entre as especificações por meio das verdades que se empenham em tornar as singularidades inteligíveis. Um regime de verdade é ao mesmo tempo um mecanismo de disciplinamento do pensamento e o fiador de uma maneira de pensar nas singularidades como estando submetidas a fatos ge-

---

chauender Verstand aber nicht bedarf". Tradução: "podemos conceber também um entendimento intuitivo (negativamente, quer dizer, simplesmente enquanto não-discursivo), que não passe do geral ao particular e assim ao singular (por conceitos), e para o qual não existiria a contingência do acordo da natureza com o entendimento [...], temos uma tarefa que não podemos cumprir senão por meio de um acordo das qualidades naturais com nossa faculdade de conceitos, acordo sempre contingente, mas de que o entendimento intuitivo não necessita. Kant, KU 77. Esse é um dos pontos nodais da crítica de Hegel a Kant – cf. Bensusan 2007. Ver *Tentações transcendentais 2,* p. 303.

rais. As singularidades são reconhecidas por meio de um padrão de verdade – elas são instanciações desses fatos gerais. A atenção à singularidade é aqui a atenção ao modo como são quebrados os regimes de verdade. Não se trata de pensar que cada regime de verdade será substituído e contrastado por outros regimes de verdade, mas apontar para o movimento ele mesmo, para o espaço entre os regimes de verdade. Talvez seja preciso encontrar maneiras pela qual a potência das singularidades se insinua pelas fissuras do emaranhado de verdades por onde acontece o pensamento. Explorar essas fissuras é atentar para os pontos dos regimes de verdade em que o pensamento atravessa algum estranhamento.

Prazer de mentir

La vita è um largo experimento di animali
disseminati nelle stanze del mondo
[...]
Dal trafiletto della nostra avventura
legiferare per le stelle
sembra fragile
come cucire vestiti
per il diventire della terra.
Vanessa Sorrentino

Agamben[185] insinua que o estado de exceção é o estado que surge a partir do que escapa de um corpo de leis. Não se trata de uma volta a um estado natural, mas de um estado pós-social: escapar da lei não desfaz o impacto da idade da disciplina sobre o tecido da vida. A passagem de um estado em que a lei regula a vida para um estado em que a vida é constituída pelo espírito da lei é a passagem de um estado em que o poder cerca a vida desde fora – o poder da discipli-

[185] 2003/2004.

na – em direção a um estado em que o poder se mescla com o meandro da produção da vida em uma espiral de prazer e poder[186] cada vez mais microscópica. O diagnóstico trata da relação entre instituições de disciplinamento da vida e dispositivos de autocontrole em que o poder não está mais em um corpo de leis, mas a lei está presente naquilo que já lhe escapa – a lei se faz redundante. Podemos considerar a relação entre poder e vida que interessa a Agamben em termos da relação entre um corpo de leis e uma plêiade de acontecimentos.

O corpo de leis prescreve acontecimentos que são separáveis dele. A prescrição não é uma previsão no seguinte sentido: houve alguma coisa de errado com os acontecimentos se eles não satisfazem o que foi prescrito – eles não se deram como deveriam se dar. Há um elo entre leis e acontecimentos em ambos os casos, e parte desse elo é normativo, mas as leis prescritivas subsistem a acontecimentos que não as satisfazem. Leis prescritivas ou leis que explicam e prevêem são ambas separáveis dos acontecimentos de que elas tratam. Em certo sentido, o exercício de um poder sobre a vida é inteligível se o corpo das leis puder ser destacado das potências dos acontecimentos.

Podemos dizer que nos casos das leis que pretendem prever, porque capturam regularidades, a inteligibilidade da idéia de que elas sejam separáveis dos eventos que descrevem depende de existir alguma propriedade (qualitativa ou não) que possa fazer a diferença entre aquilo que as leis descrevem

---

[186] O diagnóstico dessa espiral é um elemento central no argumento de Foucault (1976) contra a hipótese repressiva.

e os acontecimentos. E podemos dizer isso se aceitarmos a suposição – incrustada na lei de Leibniz sobre a indiscernibilidade dos idênticos – de que apenas propriedades podem ser capazes de distinguir entre dois itens. Aceita a suposição, é alguma propriedade do que é descrito, e que não é propriedade dos acontecimentos, aquilo que tornaria a lei destacável.

Um corpo de leis prescritivas tem uma autoridade sobre o que deve ser que provém da autoridade que o constitui. Nas leis preditivas a autoridade constituinte provém de nossas convicções moldadas por observações passadas. Leis prescritivas invocam uma autoridade constituinte que está pelo menos parcialmente fora do escopo do que poderia ser regido pelo corpo de leis. O paradoxo da soberania a que Agamben se refere – ou o problema do poder constituinte de Negri – emerge do requisito dessa autoridade externa. E também podemos destacar essa autoridade do corpo da lei como se a lei subsistisse à sua instituição por uma autoridade – como se ela adquirisse uma vida própria.

Yosl Rakover, no texto de Zvi Kolitz,[187] promove uma separação entre as três instâncias: os acontecimentos que ele testemunha, a autoridade constituinte do corpo de leis – o Deus de Israel – e o corpo de leis – a Torá:

> Sou feliz por pertencer ao povo mais infeliz da terra – cuja Torá representa a mais bela de todas as leis e de todas as morais. Agora que os inimigos de Deus empenham-se com tanto zelo em rebaixá-la e achincalhá-la, esta Torá vê-se ainda mais

[187] 1946/2003, p. 20-21.

> santificada e perenizada. [...] Creio no Deus de Israel, mesmo que Ele tenha feito de tudo para que eu não acredite Nele. [...] mas não beijarei a vara com a qual ele me flagela. Eu O amo. Mas eu amo ainda mais Sua Torá. Mesmo que eu tenha estado iludido com Ele, continuarei a observar a Sua Lei.

Amar a Torá não é ainda amar nenhum acontecimento – e nem se estende ao seu poder constituinte. Essa separação é possível porque a vida não é pensada como estando no estado de exceção em que as leis já constituem o tecido dos acontecimentos – a Torá é pensada por Yosl Rakover como distinta das engrenagens dos acontecimentos e mesmo de Deus, que seria poder constituinte tanto do corpo das leis quanto dos acontecimentos – e, portanto, a Torá não pode ser contaminada pelo desapontamento com Deus ou pelos horrores dos acontecimentos. Aqui o corpo de leis é instituído de uma vez só e não é refeito a cada novo acontecimento. É como se as leis, uma vez constituídas, estivessem muito distantes do lócus onde se dão os acontecimentos.

Interessa-me comparar essa separabilidade entre o corpo das leis e os acontecimentos com aquilo que torna possível a reduplicação massiva do que satisfaz qualquer descrição. Um corpo de leis – ou um corpo de verdades – pode estar distante e separado dos itens sobre os quais reza se não é parte do que movimenta esses itens; se a potência dos acontecimentos que se passa nesses itens não contém em seu meandro o corpo de leis. Se há uma potência das coisas separável da potência dos fatos – em um sentido haecceitista –, então podemos conceber o lócus da determinação por parte de um corpo de leis distinto do lócus onde acontecem as coisas.

Parece que em algum sentido estamos às voltas com um contraste entre onipotência e onipresença, tal como aquele que era alvo das controvérsias sobre Deus no século XVII. Leibniz era acusado de pensar que Deus não se envolveria com as coisas, apenas fez um plano para elas – o Deus de Newton, Clarke e outros precisava envolver-se tanto com as coisas que era quase como se não pudesse fazer planos para elas.[188] Tratava-se da disputa entre afetar as coisas por meio das verdades sobre elas e afetá-las diretamente.[189]

Pensemos em dois mentirosos que tenham prazer em mentir. Um deles inventa uma mentira que não precisa de nenhuma outra mentira para ser mantida – o outro mente constantemente, como se uma mentira puxasse outra. Podemos perguntar-nos qual é o maior prazer, o da mentira onipotente ou o da mentira onipresente. Contudo, a mentira onipresente corre o risco da incredulidade. A mentira permanente e *ad hoc* pode estar próxima do que não pode ser entendido e nem pode ser pensado. Como poderíamos pensar o evento singular que escapou de toda regularidade, de todo plano, de todo modelo para um corpo de leis? A inteligibilidade parece ter um parentesco com o lado onipotente; ela mantém uma distância das coisas singulares (e de suas potências). A onipresença, por outro lado,

---

[188] Cf. Leibniz & Clarke, L-C.

[189] Para maior contraste, imagine que dois deuses criaram o mundo em sete dias. Um dos deuses apenas pronunciou uma longa palavra, que lhe demorou dias – sete – na boca, e o mundo estava feito. O outro falou incontáveis pequenas palavrinhas; no tempo em que criou o mundo, feito de muito mais do que minutos, disse uma palavra para cada mosca, para cada

invoca a atenção a cada coisa sem a mediação dos fatos acerca delas: pensar as coisas sem partir de suas identidades. Isto é, pensá-las a partir de algo diferente de um traçado, de algo diferente de um corpo de leis: pensar exceções sem tomá-las em contraponto a regras.

---

folha de samambaia, para cada aflição humana. Todas essas palavras ditas por esses dois deuses – no princípio era o verbo – puxaram objetos de dentro do bucho das letras para fora delas, para esta estratosfera distante, onde giram satélites feitos do significado das palavras. O deus dos monossílabos, falou, criou o mundo e continua falando, onipresente, onifalante. Solta um muxoxo para cada pessoa que se aflige, para cada folha que cai, para cada mosca que voa. O outro deus não tem mais o que falar, já falou tudo; já deu todas as ordens e, como nada o desobedece, ele apenas fica observando, todo onipotente. Lá de onde os deuses ficam depois de ter criado os mundos, escutamos um deus a murmurar mais rápido do que a velocidade da compreensão, tal como quem reza sem pensar, e um outro mudo e complacente. O mundo precisou ser criado duas vezes, porque ele pode ser visto sempre como um todo com partes ou como um amontoado de partes; mais que isso, cada evento, cada processo, cada objeto podem ser vistos formando todo ou entulhando mais uma parte.

Minha singularidade

I must make use of myself as a found object.
Diane Glancy

Conceber a singularidade pode ser um exercício que começa com conceber aquilo que me torna singular. E aqui três idéias aparecem conectadas: *autonomia, interioridade, singularidade*. Quando pensamos no que há para conhecer em nós mesmos – como o lado de dentro dos nossos pensamentos –, muitas vezes colocamos em um mesmo entulho estas três idéias: (1) nossos pensamentos e ações não são determinados desde fora e, portanto, são causados por nossa deliberação; (2) nossos pensamentos emergem de grotões interiores que são, pelo menos às vezes, acessados por nós em primeira pessoa e (3) pode haver algo de singular em nossa maneira de pensar e de agir. Diante desse entulho de idéias, pensamos que a singularidade da nossa interioridade é garantida pela nossa autonomia: somos autônomos e, assim, podemos ser singulares. O entulho pode estar motivado assim: aquilo que não é autônomo, claramente é heterodeterminado e nada do que é determinado desde fora pode ser singular. Aquilo que é determinado desde fora é apenas um reflexo de alguma outra coisa: uma lei da natureza, um princípio geral ou, apenas, as forças de algum outro item que se autodetermina, um item que seria, ele sim, genuinamente singular. Podemos, então, pensar que a singularidade requer a capacidade de iniciar cadeias causais: a singularidade de alguma coisa deve ser capaz de causar alguma coisa ela mesma; a autodeterminação de uma vontade é o que inicia uma cadeia causal.

Muitas vezes, consideramos nós mesmos como um espaço aberto de indeterminação externa, como se a interioridade, mesmo expressa em termos comuns às demais pessoas, fosse um espaço autônomo. E a nossa interioridade tem as fronteiras fixas daquilo que concerne nosso foro íntimo. Nossa autononia está no crivo que oferecemos às normas: nós somos capazes de apresentar justificações que convencem nossas dúvidas e não apenas as fazem calar, nós podemos dar conta de nossas ações apresentando nossas razões e não apenas nos eximir com álibis. Dizemos por vezes que nós, enquanto pessoas ou sujeitos, somos instituídos por relações normativas, e também que ter uma mente é estar em uma relação normativa com o mundo.[190] Normas, seguramente, requerem uma *Anerkennung*: há algo em nós que tem de reconhecê-las (crivá-las) para que elas tenham efeito sobre nós.[191] Esse item que criva – um crivadouro – precisa atuar com a autonomia de quem pode produzir diversas cadeias de eventos. O crivadouro é um determinador de possibilidades. Porque há em nós um crivadouro, podemos agir ou pensar de maneira diferente, podemos mudar o curso de nossas ações

---

[190] Por exemplo, Davidson (2001, 214-217) argumenta que conceitos mentais são normativos e isso é o que os separa dos conceitos da física. Butler (2005, 10-19) elabora a idéia, entendida de uma maneira genealógica, de que a força da moralidade é a produção de sujeitos.

[191] Faço uma discussão da *Anerkennung* em relação à existência independente das razões em Bensusan (2004).

por nossa sensibilidade a razões e podemos estar pelo menos em parte alheios a determinações impostas por eventuais inclinações naturais. Ou seja, fazemos residir no crivadouro nossa singularidade. É ali que se depositam todas as nossas potenciais diferenças em relação às demais pessoas: nossas escolhas autônomas, mesmo que não sejam privadas, são só nossas.

Esse entulho de idéias faz pensar que há muito pouco a ser conhecido de nós mesmos. O crivadouro, é certo, não precisa ser um sujeito ascético – pode estar situado em meio a suas crenças, desejos e perspectivas – e, ainda assim, ser, ele mesmo, o lócus da autonomia. A autonomia, como a espontaneidade, pode estar mesclada de heteronomia e, mesmo em estado impuro, ser reconhecida como tal: desde uma perspectiva qualquer onde está inserido, o crivadouro dita suas próprias leis. A tradição da autonomia se estende às metáforas sobre a nossa linguagem de deliberação: a esfera de discurso onde se move o crivadouro. Podemos imaginar uma linguagem interna para isso, como sentenças de um tribunal interior. Mas os conteúdos a serem crivados não precisam ser privados. Crivamos conteúdos supostamente públicos quando assentimos ou nos convencemos. Nossos conteúdos crivados aparecem a nós de uma maneira que não aparecem aos outros: nós nos damos conta deles. Nosso acesso de primeira pessoa pode não ter uma autoridade incorrigível sobre nossas crenças e desejos, mas tem a autoridade completa sobre o que crivamos.[192] Podemos ter convicções e desejos diferentes daqueles que nos damos conta

[192] Não é preciso que tenhamos um conteúdo estreito de pensamento que é apenas acessível à primeira pessoa (cf., por exemplo, Moran, 2001). Um conteúdo estreito por certo teria os mesmos problemas de identificação e individuação que um conteúdo largo (cf., por exemplo, Williamson, 2000).

que temos, mas ainda assim aquilo que nos damos conta – que não é a última palavra sobre nós – é um reduto intocável da nossa autonomia. No entanto, vale ter em mente que o reduto de nossa autonomia é, em certo sentido, aquilo que é tratado como o reduto de nossa autonomia.

Tomemos a transparência das nossas convicções. Evans considera a situação de auto-atribuição mental fazendo uso de um exemplo de acesso transparente a minhas convicções: responder se eu penso que vai haver uma guerra envolve o mesmo tipo de atenção ao mundo que eu precisaria empregar para responder se vai haver uma guerra.[193] Em ambos os casos, eu preciso examinar partes do mundo e crivar conteúdos. Se perguntado sobre se outra pessoa pensa que vai haver uma guerra, claramente esse procedimento é insuficiente. A transparência das minhas próprias convicções é um corolário da minha responsabilidade sobre elas – e em grande medida essa responsabilidade é o espelho da quantidade de autonomia que eu possuo. As convicções das outras pessoas dependem do crivo delas e, assim, eu só posso aproximar-me delas em terceira pessoa: por um exercício de interpretação. Quando eu determino minhas convicções, eu respondo ativamente à pergunta sobre quais *devem* ser minhas convicções.[194] Podemos dizer que não é que a primeira pessoa apresente uma voz que

---

[193] 1982, p. 225.

[194] Se nossas convicções sofrem algum efeito de *akrasia*, é certo que eu possa dar-me conta de que tenho uma convicção que não deveria ter. Não basta que eu decida em que acreditar, mas minhas crenças são permeáveis ao que eu acredito que eu deva acreditar. Minhas convicções não são para mim fatos, mas não podem ser escolhidas por mim arbitrariamente. Isso invoca o famoso duplo caráter da má-fé em Sartre (1943).

seja a voz do crivadouro, mas é o crivadouro que a faz ser uma voz distinta. A autonomia não está em estado puro na voz de primeira pessoa, mas não reconhecemos a voz como sendo de primeira pessoa se um crivadouro não tiver responsabilidade sobre ela. A resposta à pergunta sobre se eu penso que vai haver uma guerra envolve o engajamento em responder se eu devo pensar que vai haver uma guerra. A resposta à pergunta sobre se uma outra pessoa pensa que vai haver uma guerra não envolve o engajamento com o que os outros devem pensar – pelo menos não da mesma maneira.

É certo, como Davidson argumenta muitas vezes,[195] que no ofício da interpretação a verdade das convicções e a verdade sobre as convicções de uma pessoa não são logicamente independentes. Contudo, quando atribuo convicções a alguém, meu crivo não está diretamente implicado: em qualquer caso particular – se bem que, com Davidson, nunca em todos os casos ao mesmo tempo – posso dizer que uma outra pessoa acredita que não vai haver uma guerra enquanto eu próprio considero que sim, vai haver uma guerra.

A transparência não precisa ser a autoridade última acerca do que acreditamos. Uma rápida digressão pelo paradoxo de Moore, tal como explorado por Wittgenstein,[196] pode mostrar o que está em jogo quando consideramos a falibilidade da primeira pessoa. Se estamos dispostos a admitir a falibilidade da nossa autoridade de primeira pessoa, estamos prontos a admitir que enunciados como os paradoxos de Moore podem ser inteligíveis; consideremos estes casos:

---

[195] Por exemplo, 2001, p. 205-207.

[196] PU, II, x.

(MI) Não acredito que *p*, mas *p*.
(ME) Acredito que não-*p*, mas *p*.

Nos dois casos – que chamo de Moore-Ignorância e Moore-Erro respectivamente – aquilo que eu tomo como sendo o caso não está em acordo com aquilo que eu reconheço que acredito: no primeiro caso não reconheço a convicção naquilo que tomo como sendo o caso, enquanto no segundo reconheço a convicção na negação daquilo que tomo como sendo o caso.[197] Podemos entender os dois casos em termos de crivos:

(CMI) Não crivo a convicção de que *p*, mas atribuo a mim mesmo a convicção de que *p*.
(CME) Crivo a convicção de que não-*p*, mas atribuo a mim mesmo a convicção de que *p*.

Situações como CME podem ser possíveis, ainda que em geral instáveis, quando nos convencemos de que acreditamos, por exemplo, que nosso comportamento é explicado por uma crença de que estamos sendo perseguidos sem ainda nos darmos conta dessa crença – sem ainda crivá-la. Em um processo psicoterapêutico, freqüentemente aceitamos análises em terceira pessoa[198] de nossas crenças e desejos antes de tornar essas crenças e desejos conscientes.

---

[197] Essa análise do paradoxo está elaborada em Bensusan & Pinedo (2007) e se inspira em Moran (2001). A distinção entre casos como ME e casos como MI foi sugerida por Manuel Garcia Carpintero.

[198] Uma análise das conseqüências da perda da autoridade de primeira pessoa (mas que mantém a suposição de uma voz *sui generis* de primeira pessoa) se encontra em Bensusan 2007a.

Se a autoridade de primeira pessoa é falível, podemos perder também o acesso transparente a nossas crenças. Pode ser que eu pense que acredito que vai haver uma guerra depois de considerar a questão de se vai haver uma guerra – convicções são unidades de minha visão de mundo ao mesmo tempo que elementos de meus estados psicológicos –, mas esteja enganado e não acredite nisso. Meu crivadouro pode estar errado sobre mim e criva aquilo que, para os propósitos da explicação dos meus comportamentos, eu não acredito. Meus pensamentos – minhas convicções – podem me ser elusivos e, ainda assim, tenho um discurso sobre elas, um discurso que se apóia em um crivo e, por isso, é a voz da minha soberania sobre aquilo que é entendido como propriamente meu. Se a singularidade de nossa interioridade é nossa autonomia, conhecer a si mesmo significaria conhecer autodeterminações, ou seja, determinações controladas por uma autonomia, pelos movimentos de um crivadouro – a singularidade de nossas interioridades são garantidas por vácuos de heterodeterminações. Nossa interioridade e sua singularidade são inauguradas por esses vácuos: eles formam foros de deliberação, são nossos foros íntimos. Somos singulares porque deliberamos, nossa interioridade é nossa capacidade de julgar e, porque julgamos, instauramos a anomalia nômica em um mundo que pode ser concebido como causalmente fechado.

O entulho de interioridade, autonomia e singularidade nos faz pensar que podemos agir ou pensar de uma maneira singular, porque nossa interioridade contém autonomia – nossa soberania, nossa espontaneidade nos fazem singulares. A tradição de pensar em nós a partir da autonomia determina uma política em que muito gira em torno do assentimento (de todos). A política é pensada como o território da autonomia. Sem autonomia, estamos apenas em um terreno de inclinações que se confrontam – que incluem inclinações a se confrontar. Pensar na nossa singularidade sem associá-la com a autonomia nos leva a heterodeterminação de nossas inclinações: se agimos determinados por leis alheias ao nosso arbítrio, como pode ser que sejamos mais do que meros produtos das generalidades que nos governam? Eis um caminho para uma alternativa: rejeitar que o crivadouro possa ser a única fonte possível de singularidade.

Podemos entender nossas inclinações como singulares, nossas potencialidades como sendo mais do que instâncias de uma lei. Nossa singularidade pode advir não de nossa capacidade de soberania, mas antes de nossa capacidade de obedecer a uma causa *sui generis,* que não é o produto de uma deliberação de um foro, mas, ainda assim, é uma fonte singular de causalidade. Nossa singularidade pode provir de essências singulares (spinozanas) que não respondem a nada de superior e não são oriundas do julgamento de um foro ou de um crivo. Kant nos acostumou a pensar que iniciamos cadeias causais porque somos capazes de *Kausalität des Freiheit* – a soberania que origina uma cadeia após uma decisão. A questão, então, é se podemos entender a singularidade das pessoas em termos diferentes daqueles da autonomia.

Esbarramos então na questão acerca das causalidades singulares – e, em última instância, das capacidades causais de uma haecceidade. O legado humeano associa causalidade a generalizações, pensadas habitualmente como generalizações em forma de lei. De acordo com esse legado, deve haver, por exemplo, alguma lei nos conectando e conectando os efeitos de nossas ações para que possamos dizer que nossa singularidade tem uma eficácia causal. É interessante que o problema aqui com a eficácia causal da singularidade reproduz, em alguns aspectos, o problema com a eficácia causal da autonomia – e daquilo que Kant queria que fosse a *Kausalität des Freiheit.* Podemos deixar o legado humeano de lado e, talvez, como argumenta, por exemplo, McDowell,[199] insistir que singularidades têm capacidades causais mesmo se são irrepetíveis.

Contudo, podemos também usar uma estratégia que Davidson popularizou em um conjunto de artigos que levam à formulação do monismo anômalo:[200] ter em mente que os requisitos humeanos não exigiriam mais do que, sob alguma descrição, houvesse uma conexão em forma de lei entre dois eventos causalmente conectados. Davidson faz uso dessa recomendação para entender que crenças e desejos – se descritos em um vocabulário mental – não são eventos que estão presentes em leis – portanto, não há leis psicofísicas –, mas podem estar presentes em leis se descritos por meio de outros vocabulários. Analogamente, podemos, então, entender que a (minha, nossa) singularidade depende da maneira como escolhemos descrever os eventos. Ou seja, sob alguma descrição, os eventos que compõem nossa singularidade estão presentes em alguma lei e, portanto, causam outros eventos, mas não sob a descrição em que aparecem como a nossa singularidade. Nesse caso, teríamos descrições que tornariam visíveis que somos parte de um plano organizado em que satisfazemos leis e outras descrições que mostraria nossa singularidade desconectada de qualquer padrão de leis – apenas esbarrando de forma singular em outras singularidades. Assim, haecceidades emergiriam de uma escolha de descrição e, no entanto, seriam causalmente eficazes.

Podemos tentar tornar essa alternativa plausível focando em algo próximo da maneira com que Spinoza entendia as sin-

---

199 1985, ver *Necessidade sem universalidade?*, p. 144

200 1963, 1969, 1970.

gularidades: pensemos que nossas inclinações (ou tendências) podem ser descritas fora da combinação que acontece em nós e cada uma delas pode ser regida por leis da natureza. Apenas quando consideramos as combinações singulares – únicas talvez porque são tiradas de uma bacia de infinitas possibilidades[201] (e em movimento, em certa velocidade) – é que podemos falar de singularidades independentemente das inclinações, e essas singularidades originam cadeias causais.

Se entendermos o caráter *sui generis* da origem das ações das pessoas por meio de determinações singulares – e não como autodeterminações ou determinações deliberadas –, conceberemos que elas promovem no mundo a diferença que essas determinações geram. Pensar nas singularidades como relativas a descrições permite que combinemos uma descrição das inclinações e tendências que são produzidas por uma composição em que atuam leis naturais relativas a inclinações (em sua conexão com outras inclinações e com ambientes em que elas se encontram) com uma descrição das singularidades por si mesmas que não podem ser entendidas em termos dessas inclinações e tendências. A pas-

---

[201] Podemos ter a preocupação de que apenas para nós haveria singularidade; para um gênio laplaceano, ou de um ponto de vista de um intelecto que lidasse com infinitudes, a descrição de nós como agentes singulares causalmente eficazes seria impossível (e irrelevante). Aqui, é claro, deve-se perguntar pela inteligibilidade mesma da suposição de um intelecto infinito (ou de um gênio laplaceano). Um intelecto assim teria de possuir a capacidade de calcular resultantes a partir de qualquer combinação de inclinações e, para isso, teria de ter a capacidade de intuir inclinações independentemente de qualquer conceito. Além disso, dúvidas wittgensteinianas emergiriam acerca de como esse intelecto poderia seguir a regra de cálculo das resultantes (cf. Bensusan, 2007). Mesmo se conseguíssemos conceber um intelecto assim, ainda nos moveríamos sempre em um espaço em que as singularidades seriam, pelo menos, uma estratégia para focarmos no começo de uma cadeia causal.

sagem entre o que é singular e o que é nomológico é – como na passagem entre o físico e o mental no monismo anômalo – uma passagem entre vocabulários (ou descrições) e não uma passagem causal. Ou seja, podemos insistir que não há leis psicofísicas que conectem singularidades a essas inclinações e tendências – dito de outro modo, leis entre o que é comum e o que é próprio.

Davidson argumenta que Spinoza adotou uma versão talvez *avant la lettre* de seu monismo anômalo, segundo o qual o mental e o físico são duas maneiras de ver o mesmo mundo. As inclinações e tendências pertencem a um atributo da substância enquanto a subjetividade – pensada enquanto singularidade – pertence a outro; portanto, não cabe conectar as duas porque uma não determina a outra, o que pode ser interpretado nos seguintes termos: não há causa que conecte dois atributos da substância.[202] Aqui podemos pensar na relação entre o plano de imanência e o plano de organização de Deleuze e Guattari.[203] A relação entre os dois planos é também a relação entre o molar e o molecular, entre

---

[202] Davidson (1999) argumenta que, em Spinoza, pode haver causas sem haver determinações entre elementos de diferentes atributos da substância; as causas são internas aos atributos das substâncias... Isto é, não há determinação (Spinoza, 1677, parte II, Proposição VI, Ética III, Proposição II) entre a mente e os movimentos do corpo ou entre o corpo e os pensamentos, porque não há leis conectando os pensamentos da mente e os movimentos do corpo. Davidson consegue, nesse ensaio, aproximar Spinoza de seu monismo anômalo. Pretendo aqui também mostrar que Davidson ou pelo menos algumas de suas idéias podem ser entendidos fora do âmbito da autonomia e dentro do contexto das determinações singulares de Spinoza. Tanto Davidson quanto Spinoza partilham de uma idéia que, de um ponto de vista muito geral, pode ser expressa como a idéia de que a independência entre instâncias e tipos em que as colocamos (entre *types* e *tokens*) é crucial para considerarmos as instâncias por elas mesmas. Davidson, é claro, calca aí seu monismo anômalo. Anomalia que, em Spinoza, só pode ser entendida como singularidade (e não como autonomia).

[203] Por exemplo, 1980/1997, p. 54-57.

a ordem transcendente de um lado e as partículas que escapam na imanência do contato de outro. A imagem da singularidade com eficácia causal que sugeri acima nos encoraja a entender essa relação entre os planos também como uma relação entre vocabulários ou entre descrições: dois planos que requerem um ao outro, mas que permitem que passemos de um ao outro apenas quando mudamos o foco da ordem para o movimento.

Não é claro até onde podemos chegar entendendo a relação entre os planos como a relação entre descrições dos mesmos itens. De toda maneira, resta examinar a relação entre as singularidades e o emaranhado de universalizações – em forma de lei, por exemplo – que dariam substância, se insistirmos em um cenário humeano para a causalidade, a eficácia causal dessas singularidades. Não há leis constituindo as singularidades enquanto tal, há tão-somente modos distintos de descrever (regidos talvez por diferentes interesses). E aqui não é a anomalia do mental que impede essas leis – se entendermos essa anomalia como sendo a autonomia que faz com que as mentes respondam a razões e crivem normas. Pensar a subjetividade, e a sua singularidade, sem um recurso a autonomia, é apenas insistir que ali, na subjetividade, não alcançam as heterodeterminações.

Agamben[204] considera que as conexões entre comunalidades e singularidades não se fazem em um ponto, em uma intersecção pontual entre uma *res* singular e uma natureza interconectada, mas por uma linha de oscilações modais: a passagem do comum ao próprio, ele mantém, envolve um *ethos*, uma seqüência de convivências. Essa seqüência, constituinte de singularidades, é talvez o espaço da política sem a postulação da autonomia.

---

[204] 2003, p. 19-23.

Há política porque não existem leis que conectam o comum e o próprio. O campo aberto pode ser entendido apenas como o espaço entre as singularidades; se as singularidades não são pensadas como redutos de autonomia, a política começa no impacto que cada singularidade faz sobre as outras. Aqui também há um vácuo de heteronomia, como quando entulhamos singularidade e foros íntimos, mas o vácuo é o espaço entre as determinações singulares:[205] há política nesse vácuo de leis. Mas também há a relação entre os mandatos (as heterodeterminações) e as singularidades – uma relação política.

Podemos descrever apenas os mandatos, porém se olhamos apenas para os mandatos, perdemos a capacidade de descrever as capacidades causais das singularidades que, uma vez encontradas, podem até ser descritas em termos de leis gerais. Essa descrição, no entanto, não pode facilitar nenhuma previsão sobre as capacidades causais das singularidades. As singularidades – no plano das haecceidades – escapam ao que pode prever os mandatos gerais; porém apenas se pudermos focar os olhos nelas.

---

[205] Esta noção de política permite entender a política dos proto-sujeitos quando ainda não se pressupõe pessoas (com autonomia), mas apenas o campo aberto onde elas podem ser produzidas. Podemos pensar nos caminhos evolutivos da nossa espécie como parte de escolhas políticas que favoreceram alguns traços de nossa maneira de viver (cf. Bensusan, 2006). Sloterdijk (1993) fala de uma paleopolítica entendida como o "milagre da repetição do homem pelo homem": a paleopolítica é a política da genealogia dos sujeitos, assim como a entende a linha de discussão que é traçada freqüentemente desde a Genealogia da Moral de Nietzsche. Que a genealogia dos sujeitos é política transparece já em Nietzsche e na apropriação da idéia em Foucault (a política da constituição dos sujeitos aparece de maneira vívida em Butler, 2005).

A fórmula de Davidson sobre eventos e descrições que desemboca no monismo anômalo parece bastante profícua: ela pode ser invocada para tratar de qualquer anomalia que alguma singularidade possa ser capaz de instaurar.

Pensamento próprio

[...] Eu ser eu é apenas meu,
isso pertence a mim
e a mais ninguém;
a nenhum outro homem
nem a anjo nem a Deus.
Mestre Eckhart

Deleuze procurou retomar a urgência da questão de Spinoza sobre o que pode um corpo. Deleuze lembra também que "le corps dépasse la connaissance qu'on en a, et [...] la pensée ne dépasse pas moins la conscience qu'on en a".[206] O pensamento também é capaz de mais coisas do que imagina a nossa consciência. O paralelismo entre pensamento e corpo pode ser entendido de diferentes maneiras, mas é interessante focar na singularidade dos corpos e dos pensamentos: corpos fazem coisas diferentes e são diferentes uns dos outros; pessoas pensam de

[206] 1970-2003, p. 29. [...] "o corpo ultrapassa o conhecimento que dele temos e [...] o pensamento não ultrapassa menos a consciência que dele temos" (tradução do autor).

maneiras diferentes e nelas os pensamentos são capazes de fazer coisas sobre as quais elas podem não ter nenhuma consciência. A singularidade, no pensamento, aparece de dois lados: pensar a singularidade e pensar de uma maneira singular; os dois lados: a singularidade de quem pensa e a singularidade do que é pensado. Pode surgir uma questão assim: a singularidade de quem pensa faz diferença. E essa diferença aparece nas interpretações, nos atos de pensamento (ver *Presenças plenas,* p. 164).

Considerações sobre a possibilidade de conteúdos privados – conteúdos que apenas uma pessoa tenha e ninguém mais possa ter – levam a considerações acerca da inteligibilidade de pensamentos singulares; ou seja, sobre um item irrepetível do mundo. As dificuldades de sujeitos pensantes singulares se estendem a objetos pensados singulares. Mas quando nos perguntamos o que pode pensar um sujeito singular podemos focar nas articulações dos pensamentos e não na privacidade de seus conteúdos. E, analogamente, podemos de alguma maneira focar em um objeto de pensamento singular e não em conteúdos singulares; ou seja, em itens singulares que podem aparecer muitas vezes. Eis a moeda da qual esses são os lados: conjugar singularidade e pensamento.

Imaginemos como poderia ser a relação entre singularidades e pensamentos fora do âmbito de uma postulação da autonomia do pensamento (ver *Minha singularidade,* p. 270). As causas singulares movem o sujeito; em uma relação não nomológica com aquilo que é comum – interpretável, corrigível, público – e o sujeito adquire convicções. As convicções, então, respondem não ao crivo do sujeito, porém, de alguma maneira, à sua natureza. Convicções seriam uma espécie de intersecção entre aquilo que convém à natureza singular do sujeito e ao que é comum; nossas convicções seriam convenientes para nós além de responderem ao mundo (com auxílio das verdades que as tornam inteligíveis). Nossas convicções respondem à nossa natureza, mas também às demais singularidades que se espalham no mesmo meio comum. Uma maneira de entender o pensamento, inspirada nesses elementos, é entendê-lo como uma dimensão que emerge da interação de singularidades no espaço comum. Podemos conceber que o pensamento é uma dimensão comum que tem lugar entre as singularidades, mas que não o que as constitui.

Aqui podemos tentar apelar para a distinção entre correção e aparência de correção (ver *Credenciais,* p. 127), podemos dizer que a correção atua sobre o espaço próprio – um espaço que garante uma essência singular, mas não conteúdos privados – do que parece a alguém correto. Não temos ainda pensamento de uma singularidade, apenas a expressão de uma singularidade em pensamento – a correção não é singular. O pensamento emerge das regras de correção comuns às quais as singularidades encontram modos de se adequar. Minhas convicções tendem a convir comigo, mas convicções contrárias à minha natureza podem ser mantidas por mim mesmo sendo nocivas a mim, uma vez que elas são produtos da política que conduz as regras de correção. As singularidades podem – a cada momento – ser alvo de violência por parte do que há de comum. Não é que haja conteúdos privados interagindo com conteúdos públicos, mas há inclinações sobre as quais são impressas regras de correção públicas. Ocorre que essa impressão é diferente de acordo com a natureza do material em que ela é impressa.[207]

Aprender a seguir regras – adquirir capacidades conceituais – é imprimir sobre si a capacidade de pensar; a habilidade de ter

---

[207] Não precisamos supor que há um material bruto à espera da impressão, mas apenas que há inclinações a cada caso em que aprendemos regras. Ou seja, apenas precisamos supor a diferença entre aquilo que atua como material e aquilo que é impresso dele (ver *Por uma ontologia não fascista,* p. 319).

conteúdos de pensamento. As falhas e idiossincrasias dessa impressão são onde encontramos marcas da singularidade que pensa. A relação entre o que parece correto e o que é correto – entre o próprio e o comum – faz com que as singularidades deixem suas marcas nos atos de pensamento que são necessários para trazer à tona conteúdos de pensamento que são sempre menos que presenças auto-suficientes (sempre requerem atos de pensamento). As singularidades promovem o pensamento uma vez que elas aparecem nos atos falhos necessários do pensamento; mas não só neles, também à direção que os conteúdos se encaminham, nos passos que os encadeiam, na ordem e ritmo em que eles aparecem – dimensões que terminam por produzir diferentes conjuntos de convicções. O que é próprio aparece no espaço entre os pensamentos.

É certo que o que é comum pode interferir sobre as singularidades, conduzi-las, paralisá-las e torná-las imperceptíveis. Tiranias epistêmicas podem emergir da imposição de um método que suponha que as convicções devem satisfazer alguns requisitos para poderem ser mantidas. A idéia de que convicções com certas qualidades são adequadas a todas as naturezas pode ser uma porta aberta para tais tiranias de variáveis proporções (ver *Cético e ascético,* p. 156).

Temos convicções que são menos nossas[208] uma vez que elas são produzidas pela disciplina comum. A imposição dessas disciplinas promove assim a dissolução das marcas que as singu-

[208] O tema das convicções insuficientemente nossas tem ressonância na idéia de que algumas convicções são insuficientemente de primeira pessoa. A idéia de que alguns de nossos episódios sejam insuficientemente de primeira pessoa foi introduzida para tratar de deliberações morais em termos de virtudes por Bernard Williams (1985) e foi explorada dentro do paradigma do crivo e da autonomia por Moran (2001, cap. 5). Para uma elaboração da idéia para convicções em geral Bensusan & Pinedo, 2007.

laridades deixam nos conjuntos de convicções. Aqui, a idéia do valor das crenças justificadas pode ter o papel de anular as marcas das diferentes singularidades; na medida em que a busca da justificação promove uma máquina de pensar que deixa de lado as idiossincrasias das singularidades pensantes, ela faz perder de vista as marcas que deixam nas convicções comuns as intervenções singulares. A imagem de razão que seria favorecida por essa visão da correção como um elemento da complexa política entre o próprio e o comum é a de alguma coisa que, ela mesma, não está ainda nos sujeitos que pensam, mas na interação entre eles e o espaço comum onde seus pensamentos transitam.

Vale aqui invocar algumas lições holistas. Uma massa crítica de convicções de qualquer singularidade pensante deve ser verdadeira por razões associadas à interpretabilidade. Temos de ter uma massa crítica de convicções verdadeiras para fazer sentido da interpretação e do confronto (ver *Confronto,* p. 38). Essa massa crítica não contém – como convém a um holismo – nenhuma convicção em particular e, assim, é possível para cada singularidade adotar convicções que estejam de acordo com a sua natureza e, ainda assim, manter uma massa crítica de convicções verdadeiras. As singularidades são pontos onde confluem verdades e convicções que convêm a personalidades; o pensamento requer um emaranhado de conteúdos, mas são os atos de pensamento que promovem esses conteúdos e que refletem diretamente a intersecção entre o próprio e o comum. Essa intersecção é onde acontece, a cada dia, o que podemos chamar de *noopolítica*: a política do espaço aberto entre o que é próprio e o que é comum.

A singularidade reflete-se nos pensamentos ainda que não seja expressa em nenhum conteúdo. O pensamento não tem apenas conteúdos que estão presentes, não pode ser compreendido apenas de um ponto de vista *noostático* – é preciso considerar a *noodinâmica* onde os atos de pensamento conectam, moldam e permeiam os conteúdos. Podemos pensar em picadas sendo abertas sempre que passamos, em oposição a estradas prontas. Atos de pensamentos são como movimentos entre conteúdos de pensamento. Os conteúdos são os pontos de referência pela estrada, que tornam o movimento inteligível, mas os passos de pensamento podem ser passos singulares porque são movimentos entre os pontos fixos.

Uma noopolítica dos atos de pensamento é indispensável para que os pontos fiquem fixos (ver *Presenças plenas,* p. 164). É ali que as personalidades[209] se refletem. A personalidade é o que faz cada sujeito que pensa diferente de um sujeito ascético (ver *Cético e ascético,* p. 156) e transmite tal diferença ao plano comum na forma de uma noodinâmica própria que pode contribuir para construir novos conteúdos. As metáforas, surgidas de articulações embrenhadas em atos de pensamento, vão tornando-se parte da linguagem pública e das nossas capacidades conceituais comuns – como *kenningar*[210], que expandem a linguagem tornando fixas em conteúdos algumas articulações feitas por atos de pensamento promovidos por singularidades, por vezes com intenções teóricas ou poéticas. Assim, inferências e conceitos podem ser concebidos como tendo sido introduzidos por uma noodinâmica própria no pensamento comum.

---

[209] Convém ter em mente que singularidades não são apenas indivíduos, mas também grupos de pessoas que se ajuntam no espaço comum com uma personalidade própria e também fragmentos de pessoas que atuam em parcial indiferença a outras partes. Ver *Por uma ontologia não fascista,* p. 319.

[210] Cf., por exemplo, Borges, 1936.

A plêiade de capacidades associadas à linguagem é constituída pelo o que as singularidades que ali passaram por ali deixaram. O pensamento próprio elude, ele se torna conteúdos públicos. Mas na teia sempre crescente do pensamento comum, os vestígios das singularidades que passaram formam uma espécie de história (noo)política do pensamento.

Noodinâmica

Conserto a palavra com todos os sentidos em silêncio
Restauro-a
Dou-lhe um som para que ela fale por dentro
Ilumino-a
Ela é um candeeiro sobre a minha mesa
Reunida numa forma comparada à lâmpada
A um zumbido calado momentaneamente em enxame.
Daniel Faria

Uma rima não é apenas uma sonoridade, é um jeito de fazer coisas distantes parecerem próximas – em um verso seguido do outro – por meio da impressão que o zumbido das palavras deixa nos nossos ouvidos depois que são ditas. Rimar é interferir nesse zumbido e pode ter ecos sobre tudo o que pensamos. Por isso tenho que pesquisar tudo, cada curva de uma pedra na beira do rio e cada maneira de falar dela podem ser uma pista para o que eu procuro. Eu entendo as palavras como vudus para as coisas e para as idéias – nas palavras nós podemos tocar porque elas são mais feitas a nossa medida do que qualquer outra coisa.

O marido de Verônica se impressionou que Fúvio precisasse de tanta pesquisa para encontrar uma maneira de rimar duas palavras; ainda que elas não soassem rimadas.

As rimas que aparecem prontas são como diamantes brutos que apreciamos, mas que não há o que trabalhar. É certo que há poetas garimpeiros, mas eu sou mais do tipo ourives, do tipo que esculpe. Se é que existe uma diferença entre esculpir e encontrar... Às vezes você encontra duas palavras que não é que foram feitas uma para a outra, mas você constrói um contexto para elas, um contexto em que uma conduz à outra e a insinuação de sonoridade comum entre elas faz o resto do serviço.

Eu sempre passei muito tempo pensando nas palavras, sem querer pensar no que elas apontam nem no que elas escondem, apenas em como elas se encadeiam uma depois da outra. Mas quando você pensa nas palavras, aparecem coisas.

Ficava óbvio que Fúvio teria de se interessar pelos sintomas do marido de Verônica que lia palavras onde todo o mundo apenas via coisas. Ouviu das duplas de deuses dentro da venda e nos sonhos. "Uma andorinha não faz verão" – disse – é preciso que haja mais do que um de tudo porque senão é impossível fugir. Faço o que eu faço porque fujo das palavras para as coisas e das coisas para as palavras. Se tivéssemos só palavras, ficaríamos confinados dentro delas – as rimas seriam como o barulho do vento, como o latido de um cachorro. Uma onda quebrando no mar rima com uma outra, mas só há a vertigem que eu procuro quando há palavras e podemos fugir delas de volta para as coisas.

E seria possível – disse o marido de Verônica – que tudo isso que estou passando tenha sido produzido pelos neurônios que fazem às vezes de palavras e os que fazem às vezes de coisas trocarem de lugar?

Eu gosto dessa idéia. Sempre imagino dois deuses, dois cérebros – porque há neurônios dedicados a palavras e outros concentrados em coisas é que podemos ir de uns para os outros.

Não era claro quem é que poderia ir de um grupo de neurônios para o outro. Mas o marido de Verônica continuou interessado no que dizia Fúvio. Uma vez escrevi uns versos assim:

se leio britadeira
sem eira, sem vê-la nem sê-la
nem beira o cérebro

Ainda está sobrando zumbido, mas tem o tamanho de um haikai. O haikai não tem nada que ver com o cérebro, ou com o sapo que pula no rio, mas porque temos as duas coisas na cabeça, juntamos uma com a outra e podemos escapar do haikai para o sapo que pula no rio e do sapo que pula no rio para o haikai. Saio pelo mundo procurando encontrar uma maneira de colocar uma sílaba a mais no verso. Não sei aonde ir, mas agora encontrei o seu caso.

Quando não sei aonde ir, vou para uma biblioteca pública. Lá eu acho que posso encontrar alguma pista onde eu não estiver procurando. Encontrei, em uma biblioteca de Montevidéu, sua oftalmologista. Ela me apresentou uma bioquímica que trabalha com saliva e lágrima – que também está na equipe médica que te examinou ontem – e elas me contaram do que faziam. Acho que muito por causa do seu caso, sua médica, sempre às voltas com volumes enormes, começou a falar das propriedades químicas das palavras e das coisas – justamente comigo que fico sempre pensando nas duas – e ela me contou do seu caso. Eu imediatamente pedi para participar da equipe. E, claro, participar de uma equipe médica já era alguma coisa que me daria material para muitas rimas. Mas acho que ainda demoro a encontrar o que procuro.

O marido de Verônica sentia uma mistura de um orgulho e constrangimento: tantos já falavam do seu caso pelas bibliotecas públicas e ele que sempre quis ser uma personagem pacata que não atraísse a atenção do pensamento das outras pessoas. Mas parecia conveniente que seu caso aparecesse na discrição e no recolhimento do espaço entre duas rimas. As rimas, podia dizer Fúvio, são acidentes desmoralizadores da linguagem: elas soltam o pensamento de um monte de suas obrigações com as coisas. Nada melhor do que depositar seu caso ali, naquela toca de exceções.

Devires congelados

Ma le vó vire ca pure nu morte,
certe volte, lláfficchete a nu vive?
Albino Piero

O pensamento pode parecer uma enorme teia de aranha que se expande por todos os lados. E, no entanto, por trás da teia há movimentos entre os fios, esforços para construir e deslocar conceitos, atos de pensamento. Atos de pensamento singulares, como outras singularidades, têm potências. Podemos entender cada conteúdo conceitual como abrigando em si uma diversidade de capacidades que podem ser usadas em muitos atos de pensamento – não carrega em si sua negação, mas traz várias alternativas à sua identidade que é equilibrada entre as diferentes possibilidades que cada conceito torna possível. Os conceitos trazem em si direções para o pensamento – essas direções entram em contato com as subjetividades singulares que pensam. Os conceitos, em torno dos quais se articulam conteúdos, são aglomerados de atos de pensamento em potência, como devires que ficaram congelados, e congelados compõem a noostática composta por conteúdos e seus contrastes. Os conceitos trazem em si regras de projeção que permitem que eles sejam as bases para inferências (materiais, categoremáticas, lexicais) que conduzem o pensamento. Mas nos conceitos há espaço também para as fissuras entre os devires, os atalhos para fora do controle dos caminhos do pensamento – as projeções malfeitas, as projeções inesperadas, as projeções que surgem em contextos específicos. São potências de pensamento em cada um deles, capacidades para além do emprego que encontram entre particulares atos de pensamento. Então podemos ensaiar uma descrição dos conteúdos conceituais: conceitos podem ser vistos como vetores de pelo menos quatro dimensões:

1. unidades de inteligibilidade do pensamento;
2. unidades de tentativas de descrição do mundo (e dos gestos das pessoas);
3. unidades de controle dos caminhos de pensamento e
4. emaranhados de linhas de fuga (potenciais caminhos para os atos de pensamento).

Essas quatro dimensões não podem ser separadas, não podemos ter conceitos-descrição-do-mundo alheios à inteligibilidade do pensamento ou conceitos-controle-dos-caminhos-do-pensamento sem linhas de fuga ou, ainda, conceitos-linhas-de-fuga sem descrição do mundo. Pelos conceitos fabulamos e confabulamos; com eles narramos, entendemos, prevemos, esquecemos, erramos, inspiramos e conspiramos. E as linhas de fuga expressam a singularidade das personalidades que podem pensar dentro da teia.

Adquirir um conceito requer aprender a seguir a regra de projeção, que vem embutida nele – as capacidade inferenciais que vêm junto com as capacidades representacionais assim como a dimensão *2* e *3* aparecem sempre juntas.[211] Ou seja, ter impressas as restrições noodinâmicas implícitas dentro de cada conceito (ver *Pensamento próprio,* p. 284). Diferentes conceitos trazem diferentes regras de projeção – algo como o que queria Goodman[212] quando apontou para a diferença de inferir com *verde* e com *verzul*, se bem que essas regras de projeção não precisam postular observações (dados) anteriores a qualquer conceito. A projeção molda um mapa de estradas para os conceitos. Deleuze[213] diz que:

> Un concept n'est pás um universel, mais um ensemble de singularités dont chacune se prolonge jusqu'au voisinage d'une autre. [...] Créer des concepts, c'est construire une région du plan, ajouter une region aux precedents, explorer une nouvelle region, combler le manqué. Le concept est un compose, un consolidé de lignes, de courbes. Si les concepts

---

[211] Grosso modo, esta é uma concepção em que nem a dimensão inferencialista e nem a dimensão representacionalista tem uma prioridade na semântica de nenhum conceito. Para uma maior elaboração dessas intuições, cf. Bensusan, 2004a. Sobre o debate em torno do inferencialismo cf., por exemplo, Brandom 1994.

[212] 1954.

[213] 1990, p. 200-201. Trecho traduzido: "Um conceito não é um universal, mas um conjunto de singularidades em que cada uma se prolonga até a vizinhança de uma outra. (...) Criar conceitos é construir uma região do plano, juntar uma região às precedentes, explorar uma nova região, preencher a falta. O conceito é composto de linhas, de curvas. Se os conceitos devem renovar-se constantemente, é justamente porque o plano de imanência se constrói por região, havendo uma construção local, de próximo em próximo." 2002, p. 183-184.

doivent constamment se renouveler, c'est justement parce que le plan d'immanence se construit par région, il a une construction locale, de proche en proche.

As singularidades operam localmente sobre as linhas de fuga e essa é a operação que Deleuze descreve como a construção de conceitos. Ou seja, os conceitos são criados pela noodinâmica produzida pelas singularidades. As potências de noodinâmica estão de alguma maneira nas linhas de fuga abrigadas em cada conceito, pois os conceitos são constituídos por densidades de diferenças nas quais as singularidades se movem em atos de pensamento.[214] Os atos de pensamento são necessários para colocarem lenha no *gerador de kenningar* que é o pensamento – máquina de produzir *kenningar* (ver *Pensamento próprio,* p. 284). Essa imagem dos atos de pensamento deixando marcas na noostática é em parte antecipada pela confluência holista

[214] Os atos de pensamento são regidos pelos conceitos em suas muitas dimensões e são atos que não podem ser entendidos sempre como inferências, mas eles são *pancategoremáticos.* O caráter pancategoremático dos atos de pensamento – e das inferências em particular – é outra extensão das lições holistas: não são alguns sincategoremas – como conectivos ou quantificadores – que conduzem o pensamento; ele pode ser conduzido de todas as partes, todo conceito tem a potência de criar caminhos de pensamento. O contraste aqui é com a idéia de que alguns conceitos orientam os atos de pensamento – por exemplo, os sincategoremas. Aqui, a diferença entre os conteúdos conceituais não é pensada como uma alteridade entendida como um conjunto de negações produzido por uma noodinâmica fixa como a história das *Aufhebungen.* Também não é como a diferença de Heidegger: a diferença do ser que não é amordaçado por ente algum e por isto mesmo é mediada pela negação – aquilo que o ente não é, mas que, em seu ser, nada o impede que seja. Pensar no ser é pensar no que se contrapõe ao nada por meio da negação: já, em algum sentido, uma dinâmica sincategoremática.

entre linguagens e teorias – aprender uma linguagem é adquirir convicções sobre o mundo bem como encontrar um guia para os atos de pensamento.

A imagem fica ainda mais explícita se dissolvermos a noção mesma de linguagem como faz Davidson[215] ao argumentar que a interpretação não tem como condição suficiente e nem como condição necessária nenhum conhecimento acerca de um conjunto de significados em particular. O pensamento surge de mais pensamento – começamos a ter atos de pensamento depois de adquirir uma massa crítica de conteúdos de pensamento; precisamos introduzir-nos na noostática para começarmos a produzir movimentos noodinâmicos. A noostática é impressa nos pensantes singulares (e em suas inclinações) e a singularidade, por sua vez, deixa marcas pelos conceitos e suas articulações. O pensamento, visto assim, parece envolvido com singularidades até a medula.

---

[215] 1986a. Ver *Necessidade sem universalidade?*, p. 144, e *Presenças plenas*, p. 164.

Terceira Parte

Excessos de Exceções

Tentações transcendentais 2

Argumentos transcendentais insinuam distinções transcendentais. Um argumento transcendental procede tentando estabelecer alguma coisa externa a algo – ao pensamento, à experiência, ou ao que seja – por meio de considerações sobre as condições de possibilidade para que esse algo tenha as características que, supostamente, possui. Podemos argumentar em favor da verdade de uma parte grande de nossas convicções porque isso torna possível que nossos pensamentos sejam interpretáveis e que possam ser confrontados com o mundo – o que supomos que eles sejam – se quisermos apresentar argumentos holistas davidsonianos em forma de argumentos transcendentais (ver *confronto*). Verdades sobre o mundo estão, supostamente, fora do pensamento, porém elas são acessadas considerando as condições de possibilidade para que o pensamento seja como é. Trata-se de um movimento de dentro para fora – alcançamos alguma coisa do lado de fora a partir de uma necessidade de dentro. Surge então a suspeita de que o fora que nós alcançamos desde dentro, aquilo que precisa estar lá fora para que o que está do lado de dentro seja como é, não seja mais do que uma projeção das necessidades do que há dentro.

Kant, que inaugurou o movimento, depois de postular o que era necessário para que tivéssemos pensamento empírico sucumbiu em seguida à tentação de uma distinção transcendental: o que está fora, acessado por meio de uma via transcendental, não pode estar completamente fora. É como se a origem do movimento que chega do lado de fora nos inibisse de conceber que estamos realmente do lado de fora – como se não pudéssemos deixar de suspeitar que parte da suposta independência do que há desse lado de fora tenha sido comprometida pela maneira como o acessamos desde dentro. Como se pelo menos parte da *foridade* do fora tivesse que ter sido sacrificada para que ele seja acessível. (Estamos às voltas com o tema se o pensamento pode ter relações externas com seus objetos.)

O apelo a argumentos transcendentais produz a suspeita de que teremos que cunhar alguma espécie de distinção transcendental. E, de fato, parece que quando consideramos que o pensamento engloba itens do mundo quando estabelece lugar para eles dentro de suas galerias, parece que a singularidade externa ao pensamento fica sucumbida por uma *ersatz* singularidade no pensamento – uma descrição detalhada de uma intersecção de propriedades gerais. A singularidade é substituída por um endereço determinado no pensamento.[216] É como se não pudéssemos ter mais do que uma blague de singularidade em um cenário de Mesmo. Essa impressão de que teríamos que reconhecer que não é a singularidade mesma que conseguimos pensar pode advir da seguinte consideração: quando consideramos a soberania do pensamento – e chegamos a conclusões holistas quanto aos seus conteúdos – utilizamos argumentos transcendentais para nos convencer de que estamos em contato com o mundo. Esses argumentos

[216] Como os remendos feitos após os furos no guarda-chuva na imagem de Lawrence (1956), ver *Por uma ontologia não fascista,* p. 319.

parecem invocar alguma forma de distinção transcendental entre o mundo que pensamos por meio das verdades, de um lado, e alguma coisa fora delas, de outro.

Mas é justamente porque verdades sobre o mundo são constitutivas do pensamento que podemos falar que não pode haver pensamento sem conhecimento do mundo – e não meramente de fenômenos distintos das coisas em si. Uma estratégia davidsoniana parece conseguir encontrar pelo menos uma maneira de proceder por argumentos transcendentais sem deixar aberta a tentação por distinções transcendentais.[217] Ou seja, aquilo que está do lado de fora do pensamento não pode ser alheio às verdades por meio das quais estamos em contato com o mundo. As singularidades, para serem pensadas, precisam estar em conexão com tais verdades – colocá-las em algum sítio alheio à inteligibilidade embrenhada de verdades é colocá-las em algum lugar para além do que o pensamento alcança.

Podemos agora imaginar um argumento *A* que concilie o holismo com a possibilidade de não fazer violência à singularidade. Que tipo de argumento seria *A*? O argumento teria de mostrar como as singularidades podem estar para além do pensamento e serem preservadas de sua sanha englobadora. O ar-

[217] Como Hegel, entre outros, pode ser entendido como apontando para outras maneiras. Hegel, também, mostra que não pode haver mais realidade do lado de fora do pensamento quisermos manter esse lado de fora inteligível. Muito da reflexão recente sobre singularidade e diferença – em Lévinas, Derrida, Foucault e Deleuze, por exemplo – tenta contrastar-se com as pretensões englobadoras que emergem de algumas idéias de Hegel (Butler, 1987; Baugh, 2003). Em muitos desses capítulos o papel de adversário tentador ou contraponto inspirador que Hegel exerce ali é exercido pelo holismo davidsoniano.

gumento teria de mostrar que há algo de singular além do pensamento e, porque argumentos são pensamentos, teria de fazer isso desde dentro dele. Tenho a impressão de que *A* teria de ser um argumento transcendental. Então aparece a questão: podemos nos valer de argumentos transcendentais sem andarmos pela corda bamba da tentação de uma distinção transcendental? Teríamos que conseguir resistir à tentação de considerar aquilo que é postulado por *A* – digamos, um plano de haecceidades interagindo entre si – como sendo um mero satélite dependente dos movimentos do pensamento; teríamos que conseguir nos convencer de que as singularidades, ou o que quer que *A* consiga mostrar que tem de haver fora do pensamento, não sejam apenas uma extensão do espaço interno onde se movimenta o pensamento.

E aqui, mais uma vez, teremos que ser bem-sucedidos em nos convencer de que podemos fazer uso de um argumento transcendental sem ter que postular uma distinção transcendental. Uma distinção transcendental deixaria as singularidades ou impensadas, ou meros elementos internos do nosso pensamento (ver *Tentações transcendentais 1*, p. 151). Teremos de nos convencer – e aqui a facilidade deste convencimento dependerá dos detalhes de *A* – de que os elementos externos ao pensamento são mais do que satélites dependentes dele e que logramos suficiente *externidade*. Ou seja, podemos nos convencer de que as dimensões do mundo que *A* tem sucesso em estabelecer são mais do que extensões do pensamento. O argumento teria de mostrar que o que é postulado como externo ao pensamento tem de ser entendido como externo sob pena de deixar as dimensões do pensamento que o argumento invoca (transcendentalmente) inexplicadas. Ou seja, aquilo que é postulado tem de ser exterior ao pensamento para que possa constituir parte das condições de possibilidade para as dimensões do pensamento que o argumento traz à baila.

Em suma, um argumento transcendental assim, que escape às tentações de distinções transcendentais, funcionaria deste modo: apresentaria alguma dimensão do pensamento e ofereceria condições de possibilidade para que o pensamento tenha tal dimensão – essas condições envolveriam singularidades no mundo e a nossa capacidade de (pelo menos em princípio) pensá-las. Tal é a estrutura de *A*. Há alguma coisa como *A*?

O céu de noite

All things counter, original, spare, strange;
Whatever is fickle, freckled (who knows how?).
Gerard Manley Hopkins

Podemos postular singularidades fora do esforço de pensamento e situar este último não em um plano suplementar sobressalente que esteja sobre os demais itens do mundo, mas como um espaço entre as singularidades. Podemos situar sujeitos do pensamento que imprimem uma noodinâmica (ver *Noodinâmica*, p. 291) sobre os conteúdos de pensamento e itens singulares que apelam ao pensamento. Podemos reconhecer singularidades como externas a nós e externas ao plano comum do pensamento e ter uma atenção *de re* para com haecceidades que capture mesmo, no sentido de *essências*, sua essência.

Ao tomar esses caminhos pode ser que consigamos vislumbrar maneiras de evitar o perigo de que uma concepção holista de pensamento torne invisíveis as singularidades. Porém, podemos hesitar: que manobras fizemos? Pode parecer que estamos outra vez às voltas com a imagem do que está dentro e do que está fora do pensamento. Assim, por exemplo, singularidades, que introduzem transformações na noodinâmica, parecem ser elementos externos que precisariam ser reconhecidos pelo pensamento – uma *Anerkennung* de uma presença inegável ao pensamento e, portanto, algo que está na vizinhança de um bedelho do mundo dentro dos conteúdos de pensamento. E, no entanto, tais bedelhos são dissolvidos uma vez que criticamos o imediato: não pode ser que alguma coisa tenha influência sobre o pensamento sem que sejam vulnerável ao que estão sujeitos os demais conteúdos de pensamento. E singularidades – ou plano de imanência, ou noodinâmica ou trilhas entre os pensamentos – precisam ser pensáveis para serem reconhecidas pelo pensamento; do contrário, são como dados.

Por outro lado, sem aquilo que estávamos postulando, corremos o risco de tornar as singularidades de quem pensa e do que pode ser pensado ininteligível. Se tomamos essa opção como igualmente intolerável estamos diante, mais uma vez, da oscilação diagnosticada em *bedelho*: holismo ou singularidade pensável.

Butler apresenta a questão em termos de reconhecimento e do esforço que fazemos para obtê-lo. E ela se interessa pela polaridade entre o auto-reconhecimento, de um lado, e o reconhecimento de um outro enquanto diferente, de outro. Ela apresenta o problema, em que diagnostico uma oscilação, das seguintes maneiras:

> In Foucault's account of self-constitution [...] a regime of truth offers the terms that make self-recognition possible. These terms are outside the subject to some degree, but they are also presented as the available norms through which self-recognition can take place, so that what I can "be", quite liter-

ally, is constrained in advance by a regime of truth that decides what will and will not be a recognizable form of being. Although the regime of truth decides in advance what form recognition can take, it does not fully constrain this form. Indeed [...] the regime of truth offers a framework for the scene of recognition [...]

In asking the ethical question "How ought I to treat another?" I am immediately caught up in a realm of social normativity, since the other only appears to me, only functions as an other for me, if there is a frame within which I can see and apprehend the other in her separateness and exteriority. So, though I might think of the ethical relation as dyadic or, indeed, as presocial, I am caught up not only in the sphere of normativity but in the problematic of power [...] If the "I" and the "you" must first come into being, and if a normative frame is necessary for this emergence and encounter, then norms work not only to direct my conduct but to condition the possible emergence of an encounter between myself and the other.[218]

---

[218] 2005, p. 22 e p. 25. Primeiro trecho: "Na abordagem de Foucault da autoconstituição [...] um regime de verdade oferece os termos que tornam o reconhecimento possível. Esses termos estão fora do sujeito em alguma medida, mas eles também são apresentados como as normas disponíveis por meio das quais o auto-reconhecimento pode ter lugar, então o que eu posso 'ser', bem literalmente, é restrito de início por um regime de verdade que decide o que será e o que não será uma forma reconhecível de ser. Apesar de que o regime de verdade decide de início que forma o reconhecimento pode assumir, ele não determina completamente essa forma. De fato [...] o regime de verdade oferece um marco de referência para a cena do reconhecimento" [...]. Segundo trecho: "Ao formular a questão 'como devo tratar alguém?', eu sou imediatamente inserida em um domínio de normatividade social, uma vez que o outro apenas aparece a mim, apenas funciona como um outro para mim, se há um marco dentro do qual eu posso ver e aprender

O reconhecimento de mim mesmo e de uma outra pessoa requer o conjunto de normas do pensamento, um regime de verdade, nossas capacidades conceituais – aquilo que chamei de comum entre as singularidades. É como se só pudéssemos ver o plano de imanência onde o pensamento atua por meio do pensamento; o encontro mesmo com um outro qualquer só pode ser acessível dentro do escopo do esforço do pensamento às voltas com suas normas. Não há como supor que há um outro fora do pensamento a não ser que seja um outro reconhecido pelo pensamento. A imagem de um pensamento com um fora e um dentro – que gera, por exemplo, as ansiedades transcedentais – aparece de novo, uma vez que postulamos alguma relação, que parece precisar ser em alguma medida externa, entre o pensamento de um lado e uma singularidade de outra. Parece que precisamos postular que fora do pensamento e se relacionando com ele há, por exemplo, singularidades que pensam.[219] A idéia de que o pensamento pode-se ver às voltas com relações com

---

o outro em seu caráter separado e externo. Então, apensar de que eu posso pensar na relação ética como diádica ou, de fato, como pré-social, eu estou inserida não apenas na esfera da normatividade, mas também na problemática do poder [...]. Se o 'eu' e o 'tu' devem primeiro surgir e se um marco normativo é necessário para tal emergência e para o encontro, então normas funcionam não apenas para direcionar minha conduta mas para condicionar a emergência de um encontro entre mim e o outro" (tradução do autor).

[219] Butler endossa a posição que ela atribui a Adorno e que *seems nearly Kierkegaardian in insisting upon the place and meaning of the existing individual and the necessary task of appropriating morality as well as opposing ethical violence. But of course he cautions against the error to be found in the opposite position, when the I becomes understood apart from social conditions, when it is espoused as a pure immediacy, arbitrary or accidental, detached from its social and historical conditions – which, after all, constitute the general conditions of its own emergence* (op. cit. p. 7). [...] "parece quase kierkegaardiana na insis-

itens fora dele sugere sempre a questão de como podemos, em algum sentido, convencer-nos de que esses itens são suficientemente externos; ou seja, de que o externalidade deles não é apenas uma peça que nos prega o pensamento.

A oscilação tem dois pólos de atração: exterioridade da singularidade, de um lado, e holismo acerca do pensamento, de outro. E dois pólos de repulsão: bedelhos imediatos, de um lado, e o desgosto pela ininteligibilidade da atenção à singularidade, de outro.[220]

A suspeita de que a imagem do pensamento em um plano de imanência requer singularidades que atuem como bedelhos do mundo está fundada na suposição de que seria possível ver os atos do pensamento desde fora. E parece que, se não há uma

---

tência acerca do lugar e do significado do indivíduo existente e da tarefa necessária de uma moralidade tanto quanto de uma oposição à violência ética. Mas, é claro, ele adverte sobre o erro na posição oposta, onde o eu é entendido aparte das condições sociais, onde ele é conjugado com o imediato puro, arbitrário ou acidental, separável de suas condições sociais e históricas – que, afinal de contas, constitui as condições gerais da sua emergência" (tradução do autor). A atenção kierkegaardiana ao individual pode ser tratada, para os nossos efeitos aqui, como equivalente ao foco Levinasiano no que não seja o Mesmo do pensamento.

[220] A oscilação não é de todo alheia à tensão entre os postulados empiristas de que experimentamos para além do pensamento de um lado e a impressão não empirista de que o pensamento tudo abrange de outro. Deleuze, ao tratar de situar o pensamento em um plano de imanência, posiciona-se com os empiristas ao ver haecceidades como presentes no pensamento. É importante entender que o recurso a um plano de experiência e a haecceidades não compromete Deleuze com um imediato (como Butler suspeita em seu 1987, p. 205-17). Postular haecceidades em contato (não cognitivo), como postular que haja um pensamento *de re*, não é ainda comprometer-se com o imediato (ver *haecceitismo* acima). O reconhecimento de uma haecceidade pode ser feito no interior dos movimentos do pensamento – em permanente contato com o plano de organização, como diriam Deleuze e Guattari.

perspectiva desde fora do pensamento que possa situar pensamento de um lado e itens do mundo de outro – como em uma *sideways-on picture* –,[221] os dois lados estão fadados a se mesclar. É preciso então nos convencer de que podemos conceber as singularidades pensadas como elementos externos ao pensamento mesmo sem que possamos alcançar a posição de contemplar as coisas em uma *sideways-on picture*.

Vemos as singularidades desde as capacidades conceituais que possuímos; elas não são vistas por meio de intuições especiais – ainda assim, contudo, quando a atenção foca em alguma singularidade, alguma coisa diferente de uma mera projeção do que já foi pensado pode estar acontecendo. A atenção às singularidades não precisa ser pensada como uma capacidade especial desvinculada de outras práticas conceituais, nem como estando em algum princípio de nosso uso de conceitos – ela pode estar completamente imiscuída pelos meandros do pensamento. Mas essas suspeitas de que o reconhecimento sempre acaba manchando de pensamento as singularidades que tenta focar pode tornar vívida a necessidade de um argumento como *A* de *tentações transcendentais 2* que mostre como o pensamento requer singularidades externas e pensadas.

O argumento teria de mostrar que, ainda que eu não possa oferecer reconhecimento de alguém sem apelar para normas de pensamento, reconheço alguém que não é meramente um satélite dos meus pensamentos. Podemos talvez encontrar materiais para um argumento assim se focarmos na capacidade do pensamento de lidar com linhas de fuga de qualquer conceito; qualquer lugar

---

[221] McDowell, 1994/2005, II,§5. Em 2005 a expressão utilizada para traduzir *sideways-on picture* é "figura lateralizada".

específico em que o pensamento coloque alguma coisa apresenta vãos que são como portas para outros lugares (ver *Devires congelados,* p. 295). O pensamento é territorialização, mas também é movimento, deslocamento, trâmite com exceções, um caminho em direção ao singular e é nos meandros dele que situamos aquilo que pensamos *de re* em um plano de haecceidades – um plano onde esbarramos com singularidades no pensamento. O pensamento desterritorializa porque tem recursos não apenas para acomodar as coisas, mas também para esbarrar nelas – para fazer um contato que não requeira descrições.

Por esse caminho, podemos começar a exorcizar a idéia mesma de que há um fora e um dentro do pensamento, o que talvez seja um resquício da imagem do pensamento como exercício de autonomia, um espaço de interioridade. Mais conveniente para o argumento é invocar a capacidade do pensamento, do alto das suas monomanias conceituais com o Mesmo, de estar em meio às coisas – e de apontar para suas *essências*. Cada conceito pode ter um espaço interno e aquilo que fica de fora; mas talvez tenhamos, para começar a engendrar um argumento como *A*, que parar de considerar o pensamento como um todo, como uma teia fechada sobre si mesma: são várias as capacidades que são mobilizadas para que haja pensamento. E há pelo menos algumas dentre elas – que permitiriam um pensamento *de re* – que são nutridas por estarmos situados, em contato com coisas mesmo quando falham nossas descrições.

Algumas capacidades resultam de que fazemos contato com o mundo por vezes de uma maneira que é transversal às descrições; capacidades que lidam com o que escapa, com o que excede, com o que não cabe. As singularidades, assim, podem aparecer não como tema, não como conteúdo de pensamento, mas como aquilo que está presente no movimento entre os conteúdos – como o espaço entre as estrelas, que fica no escuro se olhamos nossos conteúdos apenas quando eles ficam prontos. É aqui que surge o apelo a um plano de haecceidades, paralelo ao plano das nossas galerias de pensamento, mas que está presente quando o pensamento se movimenta. Não é só de acomodação que vive aquilo que nos acostumamos a chamar de uma maneira geral de pensamento: é também da imanência das haecceidades, das exceções, dos exemplos, dos excessos e dos rastros por onde passam os atos de pensamento.

Se considerarmos também as singularidades pensantes, podemos encontrar material para o argumento se considerarmos o papel dos pronomes e indexicais como condições de possibilidade daquilo que chamamos de pensamento. Ora, se todo pensamento estiver no escopo de um só pronome – algo do tipo 'eu penso' ou 'alguém pensa' ou apenas 'pensa-se' – aquilo que parecer correto será incorrigível.[222] E, se houver incorrigibilidade, não podemos mais reconhecer conteúdos – não há possibilidade de erro, não há possibilidade de interpretação (ver *Confronto,* p. 38). Trata-se das mesmas dificuldades que fazem uma linguagem pública incorrigível desde fora (ver *Credenciais,* p. 127) – os significados não podem ser corrigidos por ninguém que não saiba

[222] De um ponto de vista de primeira pessoa apenas, não temos correção porque nossos conteúdos não são inspecionáveis uma vez que não pode haver confronto entre a minha perspectiva sobre mim e alguma outra perspectiva (cf. Bensusan & Pinedo, 2007). O tema da conexão entre primeira pessoa e correção é central nas considerações de Wittgenstein nas *Investigações*, mas aparece também antes dele. Peirce (1868), por exemplo, apresenta pelo menos um esboço de argumento para mostrar que meu senso de eu se origina em minha capacidade de ser corrigido.

o que significam muitos dos termos daquela linguagem. Ou seja, mantemos uma maneira de pensar nas coisas que se contrasta com aquilo que encontramos e que pode nos corrigir – um Outro que temos de encontrar para que a idéia de Mesmo seja compreensível, para que estejamos presentes em alguma parte. Quando pensamos no que há por trás dos pronomes, como sugere o segundo trecho de Butler acima, encontramos normas de correção por todo caminho – mas o caminho pode ser pensado como uma linha de fuga em direção ao que contrasta com as normas de correção porque envolve aquilo que parece correto.

Trata-se de movimentos em que a reterritorialização, talvez inevitável, não ofusca o movimento de escapar de um território. Chegamos a outras estrelas, mas se tivermos apenas as luzes das estrelas, o espaço entre elas fica no escuro. O pensamento, tal como o conhecemos, requer atos de pensamento que possam escapar pela linha de fuga – sem ela não poderia haver correção. Não é tanto a corrigibilidade que interessa, mas antes os percursos da correção: quando um outro singular corrige, reinterpreta, resignifica, distorce, faz um caminho de fuga. Ou seja, é preciso que haja corrigibilidade para que haja inteligibilidade – mas daí um espaço entre a inteligibilidade e as normas de correção. Algumas singularidades – como o pupilo da seção 185 das *Investigações* –[223] podem tomar um rumo inesperado e, ainda assim, serem inteligíveis.

Por fim, podemos também encontrar material para *A* nas observações de Lévinas sobre a primazia do Outro sobre qualquer esforço de fazer ontologia. O apelo do rosto de

[223] PU, I, 185.

uma outra pessoa – se pudermos reconhecer o rosto como o de uma outra pessoa, ou seja, identificá-lo – me faz considerar como aquela outra pessoa pode escapar de todas as minhas descrições que a colocam em um lugar dentro do meu pensamento. O outro é uma unidade reconhecida, mas que pode fugir das expectativas do pensamento. Essa primazia, insiste Lévinas, deve orientar nossa investigação acerca do mundo e não ser condicionada a ela; e ele fala do infinito que enxergamos nos rostos em contraste com as vocações totalizantes do que chamamos de pensamento. Para sabermos o que é um rosto humano, precisamos reconhecer o que é humano, porém assim estabelecemos apenas a porta de saída de uma linha de fuga infinita que não poderá ser completamente percorrida. De uma maneira geral, temos de começar considerando que todas as pessoas singulares pensadas podem fugir do lugar onde as colocamos – o pensamento mesmo tem de ser considerado a partir das trilhas ao infinito que aparecem no Outro.

Poderíamos conceber, então, de uma maneira mais geral, que as singularidades podem ser admitidas assim: um imperativo requer que haja lugar para o infinito no rosto entre meus pensamentos e essas linhas me levam às cercanias de uma singularidade, ainda que não possa terminar de chegar nela. Nossos conceitos são sempre furados e pelos furos saem linhas que se irradiam em direção às singularidades; o pensamento precisa de abertura ao infinito se não quiser fazer violência às singularidades. Eis um imperativo que deveria ser, de alguma maneira, constitutivo do pensamento. Pensar traz consigo uma responsabilidade quanto ao objeto singular, quanto ao sujeito pensante singular – aqui está a sua carga política. Trata-se de uma política de movimentos, de atos: das passagens entre os conteúdos de pensamento fixos por meio da nossa capacidade de se mover singularmente entre eles de alguma maneira em que as outras singularidades não passem ao largo. O caminho dos olhos entre as estrelas, no céu de noite.[224]

[224] Procuro, em *areia, enfim*, esboçar um argumento *A* que faz uso desses materiais inventoriados aqui em conjunção com o que aparece em *Por uma ontologia não fascista*, p. 319.

Por uma ontologia não fascista

Comencé esculpindo cuerpos, después rostros,
hoy esculpo direcciones.
Pablo Atchugarry

Algumas idéias pensadas por Deleuze e Guattari podem servir para esboçar respostas ao desafio de Lévinas. A coexistência de dois planos pode sugerir que singularidades fossem talvez apenas uma *façon de parler* desde que a organização das coisas, por meio de leis gerais, não seja também ela mesma mais do que um *preferred mode of speech* – não há nenhuma primazia nem da singularidade nem da heterodeterminação (ver *Minha singularidade*, p. 270). Esse resultado foi condicionado pela atenção, desde o ponto de vista do que Hume considerava necessário para que possamos encontrar relações de causalidade, à eficácia causal de uma singularidade. Esse ponto de partida já supõe que as potências das singularidades não podem ser desveladas senão pela repetição de seus efeitos – senão pela universalidade (ver *Necessidade sem universalidade?*, p. 144). A sugestão mesma de que singularidades seriam relativas a descrições é em alguma medida, portanto, também prisioneira da incapacidade do pensamento de adentrar outra coisa que não seja um emaranhado de Mesmos.

Podemos tentar começar alhures: pelas potências do singular. Podemos começar contrastando o que é pensado como singularidade com capacidades de um lado e o que é pensado como singularidade como massa de manobra nas mãos de um plano de organização (um sistema jurídico, um articulado de leis da natureza, uma rede de regras pensadas) de outro. A possibilidade de modalidades *de re* abre algumas possibilidades para uma concepção haecceitista da singularidade: as modalidades residem na singularidade mesma e não no modo como elas estão organizadas, como as pomos em seus lugares devidos, como as pensamos – não naquilo que as trata como elementos inertes. Uma relação de subordinação das singularidades a uma ordem que as transcenda faz com que itens singulares não sejam mais do que passivos instanciadores de uma ordem superior. E podemos chegar a um ponto em que aquilo que implementa a ordem pouco importa: basta que cumpra seu papel – a singularidade se torna a singularidade de um papel (na ordem das coisas). É como se, para cumprir as ordens que importam para a ontologia, não precisássemos senão de itens indiferenciados entre si que só adquirem alguma identidade pelo papel que assumem – sem uma ordem, tivéssemos apenas uma quantidade de matéria inerte indiferenciada. Importam apenas a ordem, a forma, o projeto transcendente: trata-se de uma ontologia dos mandatos em que há espaço para leis, ordens e regras e não para potências singulares. E podemos suspeitar que é na ordem dos mandatos que se movem, muitas vezes, os pensamentos – é ali que as potências causais, ou quaisquer outras, podem ser vistas. E, no entanto, há uma outra imagem possível da singularidade: a imagem formada por itens que compõem o mundo e que não sejam em nenhum caso matéria-prima em forma pura esperando para receber uma identidade, mas antes singularidades com capacidades próprias. Podemos conceber singularidades como repositórios de potencialidades, como forças à espera do que as deixem prontas para emergirem, como embrulhos de possibilidades que podem emaranhar-se em outras singularidades produzindo ainda outras capacidades – singularidades como portadoras de uma *hybris*. A erótica da nossa imagem do mundo deixaria de ser aquela da dominação do passivo indiferenciado e passaria a ser a do encontro e do contato entre potências singulares que não prefiguram uma à outra.[225] A política da ontologia deixaria de ser aquela das puras vulnerabilidades à espera do arbítrio e passaria a ser a das plenitudes em composição (e hibridização) constante.

Essa distinção entre postulações para uma ontologia pode lançar luz sobre algumas conseqüências de uma observação que fazem Carraro & Morato[226]: um haecceitismo poderia abdicar de postular *haecceitates* se as tomamos como propriedades das singularidades (ver *Haecceitismo,* p. 210). Podemos considerar singularidades como elementos primitivos de nossa ontologia, não como uma propriedade a mais dos itens que a compõem, mas antes como elementos anteriores a qualquer capacidade de dar suporte a propriedades – a singularidade faria da indiscernibilidade entre dois itens uma questão que não se resumisse a uma comparação entre as propriedades que eles possuam. Trata-se de pensar em um haecceitismo que não precise apelar para um substrato comum que subjaza qualquer singularidade – não há *haecceitates* vindas de alguma parte fora do substrato de algo singular e que produza a singularidade; a singularidade não está

[225] Cf. Irigaray (1975) e Butler (1993, cap. 1). Ver tamvém nota em *bedelho*.

[226] 2007.

em propriedade específica alguma do item singular (nem sequer em propriedades não qualitativas). Um caminho assim talvez nos leve a pensar em uma metáfora diferente daquela das propriedades e dos proprietários, como elementos subjacentes às propriedades. De alguma maneira, a imagem das propriedades evoca um substrato que, sem elas, fica indiscernível, indiferenciado, impotente até para determinar sua identidade. Ou seja, quando pensamos na *haecceitas* como uma propriedade, colocamos a singularidade na esfera da ontologia dos mandatos – como se a singularidade fosse mais um elemento de um plano de organização. A alternativa a essa ontologia dos mandatos é uma ontologia em que não há substratos – e assim não há o suporte puro para a transcendência – mas capacidades singulares (capacidades de haecceidades, ver *Amor condicional*, p. 200).

Consideremos o esforço de buscar uma ontologia que não seja centrada em uma ordem transcendente que manda e um substrato que cumpre em termos de algumas de suas características inspiradas na lista de lições que Foucault uma vez pretendeu tirar do Anti-Édipo:[227]

1. Libere a ontologia do peso de ter pretensões unitárias e totalizantes.

2. Considere que a ontologia é proliferativa e não hierárquica; que ela é composta por relações entre potências em vez de camadas de dominação.

3. Permita que as categorias ontológicas possam ser elas mesmas nômades.

4. A ontologia não precisa ser parcimoniosa para ser aceita – não precisa ser desértica para ter valor; o supérfluo é a marca

[227] Deleuze & Guattari, 1977, *preface*.

das possibilidades – que algo bóie sobre o que flui é uma ponta de potência para composição (a navalha de Ockham muitas vezes decepa).

5. O pensamento é, de algum modo, parte da ontologia e não o seu pastor.

6. Qualquer singularidade pode tornar-se uma ordem estabelecida (um decalque), considere as singularidades como transitórias.[228]

7. Não se apegue ao que é possível dominar – a ontologia não precisa ser formada por domínios.

O projeto é não considerar a ontologia em um cenário de controle, mas de profusão; não de imprimir ordem sobre um indiferenciado, mas antes de deixar que as coisas sejam como elas são, em vez de guardá-las em um armário importado. Tratase de pensar as singularidades não organizadas como entregues à própria sorte e não como desprovidas de forma ou incapazes: a inocência de ordem não é impotência – é feita de capacidades que não estão atreladas a nada. Conceber as singularidades como suficientes repositórios de potências mesmo sem nenhuma heterodeterminação: as coisas do mundo não precisam estar

[228] Um caso de singularidade fixa pode ser encontrado quando consideramos indivíduos, unidades prontas que obliteram outras singularidades subindividuais e supra-individuais como momentos, forças, capacidades, acontecimentos ou alianças. Singularidades não são sempre indivíduos (ou mesmo pessoas) já que a noção de indivíduo pode ser aquilo que conforma as singularidades a um padrão – elas só ficam aparentes se adquirirem a forma previamente estabelecida de indivíduos. A individuação, feita por um molde ou um decalque, pode atuar como um universal em contraste com as singularidades multiformes. A dificuldade de pensar singularidades pode ser apresentada assim: pensá-las não é jamais pensar em alguma coisa em geral.

organizadas em uma ordem, ou sob um controle para que sejam capazes de provocar algo. Nelas mesmas estão suas capacidades; não precisamos sistematicamente separar as potências daquilo que as carrega – não precisamos de um campo, externo e transcendente às coisas, onde residem a ordem e, com ela, as capacidades causais (ou modais). Assim, importa tornar plausível algo como as modalidades *de re*: as possibilidades (e as necessidades) não podem ser reféns de descrições – modalidades *de dicto* são sempre modalidades a serem implementadas em um conjunto de coisas que ficam parecendo inertes e passivas, elas mesmas desprovidas de quaisquer capacidades.

O tema aqui é como conceber as coisas singulares nelas mesmas – desde dentro –, sem apelar para alguma coisa que as transcenda. É resistir a conceitos vazios e indeterminados que Agamben[229] vaticinou como custodiando o destino histórico-político do Ocidente – tal como o ser puro (desprovido de qualquer capacidade) e a vida nua (desprovida de qualquer qualificação). E ele escreve que:

> Talvez, somente se soubermos decifrar o significado político do ser puro poderemos conceber a vida nua que exprime a nossa sujeição ao poder político, assim como, inversamente, somente se tivermos compreendido as implicações teoréticas da vida nua poderemos solucionar o enigma da ontologia. Atingindo o limite do ser puro, a metafísica (o pensamento) transmuta-se em política (em realidade), assim como é sobre o limiar da vida nua que a política transgride-se em teoria.

229 1995/2004, p. 188.

A imagem que Agamben parece favorecer é que nem a ontologia e nem a política têm uma primazia uma sobre a outra: nossas categorias de pensamento sobre o que há são informadas por metáforas políticas, nossas categorias de pensamento sobre o poder são informadas pelas nossas concepções de como são as coisas. O elo entre os dois enigmas deve residir em algum lugar onde estão as potências do que há. É por aqui que se encontra uma ontologia sem cabimento.

O projeto de uma ontologia onde as capacidades não residam em mandatos transcendentes às singularidades não está, entretanto, apenas na concepção de singularidades com potências independentes de qualquer ordem, rede de leis ou de regras; Deleuze e Guattari sugerem que as capacidades modais das singularidades estão associadas a suas linhas de fuga. Ou seja, eles parecem sugerir que as potências das singularidades não estão nem nelas mesmas – o que as cristalizaria como elementos básicos do mundo tornando-as o mobiliário do universo – e nem nos mandatos que provêm de um plano de organização transcendente. O plano de imanência e o plano de transcendência não se articulam por primazia e, aqui, a idéia não é que eles sejam descrições de algum ser puro subjacente (onde estaria localizada a singularidade desprovida ainda de qualquer propriedade, mesmo de *haecceitas*). Os planos tampouco formam os dois componentes de uma imagem estereoscópica do mundo, mas, antes, eles se embrenham. As potências ficam nas singularidades, mas estas, por sua vez, são articuladas e são mesmo identificadas com referência a um plano de transcendência – é na desterritorialização que as potências singulares são convocadas. É no transito, no nomadismo que as singularidades encontram suas capacidades, elas não estão territorializadas nem nas singularidades nem na ordem dos mandatos. A ordem dos mandatos transcende ao plano de imanência, mas porque há esse outro plano há linhas de fuga: não está em um Outro singular territorializado a força que resiste à colonização do Mesmo, mas nas capacidades de fuga que só são inteligíveis a partir das determinações dos territórios. As potências singulares estão na posição dentro dos territórios e no meio das linhas de fuga que as haecceidades se encontram: sua posição é sua essência, no sentido de *essências*; o plano das posições, o plano das haecceidades é um plano das *essências*.[230]

A imagem política do projeto de ontologia que emerge não é a dos singulares prontos em suas potências (e em suas essências entendidas como *ur*-descrições) como elementos prontos para uma auto-organização em moldes liberais; é, antes, a imagem das singularidades como resistentes em potencial a uma ordem estabelecida – as singularidades emergem na resistência à colonização do Mesmo e, assim, elas têm a dinâmica de um encontro com outro rosto. A singularidade não está nem em um começo nem em um fim, mas ela aparece no meio – está feita menos de pacotes fechados do que de potências de fuga. Trata-se de um projeto de ontologia de resistência onde não há apenas mandatários e itens mandados; há o contágio que resiste e, porque singularidades podem articular-se para escapar, compõem a potência das reterritorializações. E não se trata das potências inatas das singularidades nem das capacidades

---

[230] Aqui vemos claramente como o projeto de extensão da *acquaintance* que desemboca no contato não lingüístico (ver *Essências,* p. 231) e na busca de outras maneiras de conceber o pensamento *de re* (ver *Haecceitismo,* p. 210) conflui na direção de pensar as singularidades por meio do embrenhar de um plano de organização, entendido como um plano de descrições, e um plano de haecceidades, entendido como um plano de posições.

que os mandatos imprimem, trata-se do que surge dos planos embrenhados. As singularidades não são nem casos pensados nem puras exceções, são linhas de resistência que só podem ser entendidas enquanto posições em um plano de haecceidades orientado pelas territorializações promovidas em um plano de organização.

O projeto é talvez o de uma ontologia dos furos e remendos do guarda-chuva que encobre o caos na imagem de D. H. Lawrence em *Poetry in Chãos*;[231] ou seja, não é considerar os remendos nem os furos nem sequer o caos por trás dos nossos esforços de colocar as coisas em seus lugares em um plano de organização – é, antes, considerar a capacidade dos nossos guarda-chuvas de serem furados e de por esses furos vislumbrar por um instante o que está para além do que colocamos nos lugares. Assim, surge a possibilidade de uma ontologia dos itens em revolta, uma ontologia que não é daquilo que não pode ser capturado pelo pensamento e nem daquilo que se submete ao pensamento, mas daquilo que se insurge contra o pensamento – a potência fica nessa insurreição mais do que em qualquer atividade ou em qualquer passividade. Nem na atividade de controle nem na capacidade de ser controlado, mas antes nos espaços que inauguram a possibilidade das exceções. Aparece nesta vizinhança a marca de uma ontologia dos devires: a desterritorialização como elemento primitivo que sustenta a nossa imagem do mundo em vez de ser uma aglomeração derivada de elementos primitivos pensados, seja em termos de pura passividade, seja em termos daquilo que conquistamos – uma ontologia orientada por uma erótica de desejos fugidios. Procurar

---

[231] 1956.

a potência no tijolo que não se encaixa na parede – não na planta da casa e nem na matéria-prima. (Aqui estamos também circundando o que Agamben anunciou como a necessidade de pensar o ser para além do princípio de soberania;[232] ele escreve que a mais forte insinuação de uma oposição ao princípio de soberania – que é, também para ele, onde a aporia metafísica mostra sua natureza política – é a fórmula de Bartleby: *i prefer not to*).

É também Lawrence quem denuncia uma insatisfação com a ontologia de nós mesmos composta de partes articuladas por uma organização central – por uma mente, por um espírito ou por um cérebro – ele lista. Uma superstição assim – ele suspeita – é o que nos faz tratar cada parte do nosso corpo como partes de um plano organizado, articulado por um sistema de controle central: "why should I look at my hand, as it so cleverly writes these words, and decide that it is a mere nothing compared to the mind that directs it?".[233] Nós sujeitamos as potências das partes dos nossos corpos ao órgão controlador que distribui funções como um feitor distribui tarefas – e aqui talvez seja onde comece a disputa pelo não-fascismo: focarmos em cada uma das partes dos corpos distribuídas em órgãos, no que escapa à capacidade de cumprir as tarefas atribuídas. Podemos começar cultivando uma imagem dos corpos vivos que reagem com o ambiente à sua volta como compostos por uma articulação de partes com diferentes potências – e não como potências organizadas por algum módulo central que distribui

[232] 1995/2004, p. 55.

[233] 1956a, p. 102. "Por que devo olhar minha mão enquanto ela escreve tão inteligentemente estas palavras e decidir que ela é um mero nada comparada à mente que a dirige?" (tradução do autor).

tarefas. A articulação das partes que formam um corpo pode ser entendida mais por adjacências derivadas da conexão espacial do que por um organograma de distribuição de departamentos. Essa é uma idéia central no desenvolvimento de arquiteturas de subsunção para agentes artificiais – que inspirou o trabalho de Rodney Brooks.[234] As atividades de um agente são provocadas por elementos no ambiente – e no próprio corpo – que despertam as potências das partes do corpo; as potências de cada singularidade são despertas por elementos externos e não por um órgão central. Não há um órgão mediador das relações entre as partes dos corpos e o resto do mundo e, portanto, não há uma representação do resto do mundo na qual cada parte singular atue: em vez de uma representação do resto do mundo, cada parte do corpo interage com o resto do mundo.

Uma imagem dos corpos assim entende cada parte como um repositório de potências e não como uma dócil executora de uma ordem central de ação (ou reação) no mundo. As potências estão em cada parte componente e não depositadas alhures – a passividade não está em nenhuma parte e a atividade emerge da territorialização das partes em uma composição que forma um corpo. Os corpos aparecem não como agentes de soberanos sujeitos que controlam as partes, mas como composições de potências.[235]

Um passo na direção da dissolução da imagem das partes dos corpos como inertes sem um comando central é parte do

---

[234] Brooks (1990, 1991), Minsky (1986).

[235] Concebidos assim, corpos seriam sempre transitórios – seriam coalizões que são produto de contatos entre potências que se compõem. Poderíamos falar, como Deleuze e Guattari por vezes falam, em fazer corpo com alguém, alguma coisa ou algum acontecimento.

esforço para exorcizar a idéia de que as singularidades em geral são por si mesmas impotentes. A questão sobre o lócus das potências toca a questão de onde residem as singularidades: se as singularidades são, elas mesmas, repositórios de potências que não requerem um elemento subjacente para executar mandatos, não precisamos postular um lócus da passividade.[236] Se é possível um haecceitismo sem *haecceitas*, podemos conceber singularidades como substratos sem postular um substrato inerte – desprovido de potências – que seja ele mesmo incapaz

---

[236] Podemos pensar nas partes do mundo em termos de suas capacidades de afetar as demais. Assim, corpos e pensamentos, assim palavras: elas significam o que têm de capacidade de produzir. Uma perspectiva assim nos levaria a uma espécie de inferencialismo semântico onde uma expressão – uma palavra, um enunciado – significaria o que dela decorre ou o que a ela conduz por meio de inferências (cf. Brandom 1994). O significado estaria associado a premissas e conclusões de inferências e, não com uma capacidade representacional que pode ser entendida como um elemento inerte de uma expressão – o representacionalismo se contrastaria com um, uma vez que postula que a expressão substitui uma presença na linguagem e esta substituição (ou versões sofisticadas dela) seria o substrato de toda significação (ver também alguns temas e notas de *Devires congelados,* p. 295). Todavia, assim como a questão *o que pode um corpo* (ou *o que pode um pensamento*), a questão o que pode uma expressão – que se pode inferir dele – não tem uma resposta trivial. Não se trataria, portanto, de um inferencialismo onde o valor semântico de uma expressão fosse determinado pela forma da expressão independentemente dos usos em todos os contextos – independentemente de todas as *passing theories* que usuários da expressão construam para interpretá-la (cf. Davidson, 1986a). Ou seja, inferências são tanto formais quanto materiais ou lexicais, decorrem tanto de sincategoremas quanto de categoremas (Bensusan, 2004a), e isso tornaria difícil que pudéssemos isolar lógicas associadas a uma expressão (ou um conjunto de expressões) que especifique inferência permitida ou compulsória. Poderíamos, ainda, isolar certas estruturas inferenciais de seus arredores, e considerar caminhos inferenciais *ceteris paribus.* Essa é uma maneira de entender o que fazemos quando consideramos sistemas de lógicas, tanto formais quanto materiais ou lexicais (sobre isso cf. Cabrera & Silva Filho, 2007).

de individuação. Podemos conceber haecceidades com *essências* em um plano de posições. Esse substrato é muitas vezes pensado como sendo a matéria e sobre ela é que se acumulam as propriedades, inclusive as que estabelecem as singularidades – a *haecceitas*.[237] O postulado da matéria é o postulado de uma residência oficial das incapacidades. Trata-se de postular algo em completa docilidade, como se imagina que deve ser tudo aquilo que está sob o jugo de alguma obediência devida: a matéria aparece como um soldado raso a cumprir ordens. Exorcizar esse substrato inerte – e as ressonâncias fascistas que a acompanham – é pensar na ontologia como um emaranhado de potências que se individualizam com a força das composições de acontecimentos. Uma ontologia sem domínios, mas onde há contato entre potências, composições, hibridizações. Uma ontologia onde tudo gira em torno das capacidades de fuga de uma estrutura organizada.

---

[237] Já Duns Scotus examinou a plausibilidade de se considerar a matéria como portadora de *haecceitas*.

Areia, enfim

[...] *Il restera toujours tout a dire.*
André Gorz

Um dos últimos resíduos de imediato é a idéia de que conteúdos de pensamento subsistem sem movimento, sem atos, sem uma (noo)política de deslocamento, de movimentação, que tem lugar em atos de pensamento. Concebemos conteúdos que subsistem, concebemos presenças plenas prontas para serem pensadas porque supomos que podemos chegar a um ponto em que o pensamento já fez o seu trabalho – já nos levou aonde queríamos e, assim, já não esperamos nada dele. O resíduo é o que nos faz supor uma ontologia de elementos prontos e uma imagem do pensamento em que ele está à espreita, ajustando suas lentes para por fim ver – como que pelo buraco de alguma fechadura – como são esses elementos prontos. Podemos exorcizar esse resíduo de imediato considerando que as coisas, além de estarem em um organograma, formam haecceidades que estão em uma posição no plano em que coisas muito diferentes se esbarram. O pensamento, assim, aparece como uma força desterritorializadora entre as coisas que, porque se movimenta, descobre potências que não ficam prontas em *ur*-descrições, mas são partes de uma construção que pode ser aproveitada em muitas outras – haecceidades.

O pensamento atua como um saqueador da sua própria obra: constrói ordens que articulam conteúdos de pensamento para depois extrair delas as haecceidades que essas ordens produziram. A imagem é a da construção da catedral de Cuzco: as pedras das construções incas foram forjadas nos prédios saqueados, não são matéria-prima anterior a qualquer construção, mas os saqueadores descobriram naquelas pedras a potência de erguer uma catedral. Quando a cidade inca de Cuzco foi construída, foram construídas também as haecceidades que puderam ser saqueadas e postas em uma construção então inimaginada. O pensamento atua na desterritorialização sobre as singularidades em fuga das organizações, das descrições, dos conteúdos *de dicto*. E atua saqueando e sendo saqueado. O pensamento, assim, se acopla a uma ontologia das potências singulares, concebidas como sendo um produto do que já foi construído com elas – o pensamento é um movimento dentro de uma ontologia que aparece como um canteiro de obras (ver *Por uma ontologia não fascista*, p. 319).

Uma ontologia das potências de revolta; resta perguntar onde fica uma ontologia assim em um cenário onde a inteligibilidade dos pensamentos está imiscuída de verdades. Mais ainda, como podemos conceber o que essa ontologia faz de haecceidades em fuga pelo nosso acesso ao mundo, uma vez que ela não pode estar fixa, pré-pensada e indiferente às ondulações do pensamento? Estamos na busca de um argumento transcendental (*A*, ver *O céu de noite*, p. 308) que conecte uma ontologia das singularidades resistentes e uma concepção do pensamento como capaz de atitudes *de re*, de um lado, e um holismo quanto aos conteúdos de pensamento associado a uma rejeição de toda forma de imediato, de Outro. E a conexão será tão forte quanto a capacidade de persuasão de *A*: uma característica do pensamento, associada ao holismo e à rejeição do imediato e que o conecte com a capacidade do pensamento de ser *de re*.

O primeiro passo é nos convencermos dessa associação. Uma vez encontrada essa característica, o argumento apresenta, como parte das condições de possibilidade para que o pensamento a tenha, uma ontologia de singularidades. Eis o caráter transcendental de *A*: são singularidades (em fuga) que tornam possível o pensamento tal como em geral o tomamos. Não é excessivo lembrar que o argumento, que pretende ser transcendental, depende das premissas de onde ele parte: depende de que aceitemos a característica do pensamento à qual pretendemos oferecer condições de possibilidade.

O que eu apresento em seguida é um esboço de argumento *A*. O ponto de partida é a noodinâmica. O pensamento retém conteúdos apenas enquanto rastros, uma vez que sempre requer atos de pensamento para interpretar o que esteve pensado. Conteúdos de pensamento sempre podem ser retorcidos e, por isso mesmo, são dependentes de uma massa crítica de outros pensamentos; essa massa crítica é o que os torna fixos, uma vez que impingem restrições aos atos de pensamento ao cargo dos quais estão os conteúdos. Conteúdos procuram apoiar-se uns nos outros – eles se interanimam mutuamente – porém todos eles dependem de como se pensa. O significado do pensamento não pode estar preso ao significante porque este último não pode senão guardar pistas para futuros atos de interpretação que estão em risco constante de perder qualquer objeto que já esteve ali significado. Depende dos atos de pensamento dos falantes da minha língua em seu esforço regular por interpretar minhas asserções acerca das veredas à beira do mar que sejam as veredas à beira do mar o conteúdo das minhas asserções em cada caso.

Meu pretenso conteúdo pode ser colocado entre alguns outros pensamentos que o faça desmilingüir – conteúdos de pensamento requerem atos sempre presentes senão eles entram em colapso. Eis um *motto*: um conteúdo de pensamento não subsiste nem sozinho nem desatendido.[238] O pensamento pode ser infectado por tudo o que aparece entre ele, e nenhum de seus conteúdos está a salvo: não há objeto do pensamento que possa ser tombado (ainda que coloquemos textos em coletâneas, livros em bibliotecas, relíquias em museus). O *motto* é a característica do pensamento que é o ponto de partida de *A*: nenhum conteúdo de pensamento pode estar plenamente presente uma vez que todo conteúdo requer uma noodinâmica de atos de pensamento e esses últimos estão infestados até a medula do que acontece entre os atos de pensamentos. A noodinâmica e a interanimação dos conteúdos de pensamento tornam possíveis a multiplicidade das maneiras de pensar, uma multiplicidade incontornável se os conteúdos dependem de atos de pensamento e de um pano de fundo de outros conteúdos. Podemos perguntar-nos quais são as condições de possibilidade para a multiplicidade do pensamento como perguntamos-nos pelas condições de possibilidade para que o pensamento possa ser confrontado com o mundo.

---

[238] O *motto* é a porta de entrada de uma noopolítica (ver *Pensamento próprio*, p. 248). Brandom (1999) descreve o tema idealista em semântica como sendo o de que a estrutura da compreensão dos conceitos reflete a estrutura da comunidade que os abriga. Aqui falo do movimento que mantém de pé um pensamento refletindo a política de quem o mantém de pé. Há muitas maneiras de manter um pensamento de pé – muitas coisas com as quais o acoplar, muitas maneiras de não o deixar desatendido.

Quais podem ser as condições de possibilidade para que o pensamento seja constituído de conteúdos que se desmilingüem se sozinhos ou desatendidos (e que são as condições de possibilidade para a multiplicidade do pensamento)? Dito de outra maneira, quais são as condições de possibilidade para que conteúdos de pensamento possam sempre ser retorcidos e pensados de diferentes maneiras ainda que haja sempre verdade no pensamento? A multiplicidade de formas de pensar e o caráter não fixo das visões de mundo que produz o pensamento – e, portanto, que os conteúdos de pensamento não fiquem fixos e prontos de uma vez por todas – requerem singularidades que podem ser organizadas de diferentes maneiras.

A explicação transcendental que proponho é que são necessárias haecceidades que podem ser postas em diferentes territórios, mas que subsistem enquanto itens singulares (que não são nem dados nem matéria-prima ontológica). Assim como o confronto entre pensamento e mundo pode ser explicado transcendentalmente (ver *Confronto*, p. 38; *Tentações transcendentais 1* e *2*, p. 151 e 303) pela presença de verdades em um pano de fundo de convicções, a multiplicidade e a dinâmica do pensamento podem ser explicadas pelas singularidades à volta do pensamento. Se o pensamento se engajasse com uma ontologia de mandatos, ele precisaria ater-se a conteúdos fixos que representassem descrições gerais verdadeiras; elas estariam presentes nas galerias do pensamento como presenças plenas. Assim, por exemplo, diante de uma ontologia anti-haecceitista – por exemplo, na forma de uma teoria do fardo (ver, por exemplo, *Haecceitismo*, p. 210) –, em que não há singularidades, o pensamento não precisaria mais do que capturar descrições e combiná-las. Em casos assim, a ausência de conteúdos fixos, auto-suficientes e prontos – a premissa do argumento – ficaria inexplicada. Similarmente, se não houver o apelo do infinito no rosto do outro, o pensamento não precisa se desalojar de um conteúdo fixo e estabelecido e ficar temporariamente suspenso, entre os conteúdos. Diante de singularidades prontas, bastaria ao pensamento apenas uma capacidade de armazená-las e conectá-las de maneira fixa.

Nesses cenários, o pensamento poderia simplesmente sempre lidar com conteúdos auto-suficientes, fixos e estabelecidos. Ou seja, a explicação transcendental que sugiro para o *motto* acima é a seguinte: os conteúdos de pensamento precisam uns dos outros e dos atos de pensamento porque se engajam com singularidades que escapam às descrições. O engajamento com singularidades – oriundas de organizações, fugidias e em forma de exceção ou de mero exemplo – explica a multiplicidade e a noodinâmica.

Ainda pode ser que as singularidades sejam meras construções do pensamento que falha em fazer contato com o mundo – se bem que se movimente entre verdades. Pode ser que no mundo onde não haja nada mais do que, por exemplo, mandatos prontos. Ou seja, pode ser ainda que uma distinção transcendental nos arremesse para um ceticismo. Se as singularidades que não pudessem jamais ser capturadas completamente por um mandato pensado fossem meras postulações do pensamento devido às suas limitações e idiossincrasias, poderíamos imaginar um pensamento menos debilitado que, como um intelecto inteligível (ver *Regimes,* p. 257), pudesse capturar em seus conteúdos presenças plenas. Se isso fosse possível, estaríamos de portas abertas à perda das singularidades pensadas por meio de uma distinção transcendental que faria das singularidades em revolta meros objetos-para-nós (para pensamentos como os nossos). Um pensamento – produzido por um intelecto menos debilitado – que pudesse abrigar presenças plenas, contudo, não poderia ser reconhecido como pensamento por nós, uma vez que os significados teriam de ser expressos por um sistema de diferenças em forma de signos que não poderíamos entender sem interpretar.

Conteúdos de pensamento eles mesmos só podem ser concebidos enquanto objetos de interpretação, eles são corrigíveis por meio de regras que podem ser seguidas de maneiras distintas. Os conteúdos pensados por um outro intelecto precisariam ser reconhecidos enquanto tal por meio de uma interpretação – seriam pensamento apenas se trazidos para o meio dos nossos conteúdos instáveis, interdependentes, vulneráveis. Se um intelecto não tem a possibilidade do erro, não tem a possibilidade da correção – um intelecto menos debilitado que capturasse presenças plenas estaria sob a suspeita de que a correção não seria mais do que o que lhe parecesse correto: e poderíamos, portanto, atribuir a ele – como a criança genial de Wittgenstein na seção 257 das *Investigações*[239] – qualquer conteúdo. A noodinâmica gerada pela falta de presenças plenas tem um parentesco com a corrigibilidade dos conteúdos inteligíveis e, por isso, não é apenas uma dimensão do pensamento, tal como nós o entendemos, mas antes uma dimensão de tudo o que pode ser reconhecido como pensamento.

Poderíamos ainda resistir e dizer que no mundo mesmo pode não haver singularidades, ainda que ninguém possa pensar no mundo sem singularidades. Pode ser que o engajamento do pensamento requeira singularidades, mas estejamos em um universo não haecceitista. Esse é um cenário em que uma dis-

---

[239] PU, I, 257.

tinção transcendental coloca uma cunha entre o que se pode pensar e o que há. Se, no entanto, aquilo que há for impensável, não podemos sequer dizer que não há singularidades (ou que há) porque essas afirmações seriam ininteligíveis: mesmo em princípio, não poderíamos entender o contraste entre aquilo que há e aquilo com o que nosso pensamento se engaja. Poderíamos, talvez, apenas dizer que sobre singularidades no mundo não sabemos nada; mas, ainda assim, temos dificuldades em determinar o conteúdo da nossa dúvida.

De novo, a idéia de um imediato (transcendental)[240] parece reaparecer na forma da suposição de um mundo pronto, intocável por forças tais como aquelas que o pensamento mobiliza – a suposição de que haja presenças plenas que poderiam, de alguma maneira, ser observadas a distância (e comparadas com os conteúdos de pensamento). Tal é a suposição que informa muitas formas de ceticismo que dependem de imagem das coisas intocadas pelo pensamento que a informa. Essas formas de ceticismo podem ser dissolvidas se a suposição for rejeitada – e ainda mais se mantivermos o elo entre verdade e inteligibilidade que faz com que nosso pensamento não possa ficar inteiramente desprovido de conhecimento.[241]

---

[240] Cf. McDowell, 1994/2005, conferência 2.

[241] Ver *Resto do mundo,* p. 46, e *Verdades insuficientes,* p. 110. Muitas formas de ceticismo se alimentam da idéia de que podemos imaginar coisas prontas (singularidades ou generalidades) e que, sistematicamente, escapam ao pensamento. Seriam como presenças plenas impensáveis – como unidades fixas que comporiam o mundo sem a contribuição do pensamento. A idéia envolve a suposição de uma ontologia dos mandatos (ver *Por uma ontologia não-fascista,* p. 319). Alguém poderia entender a idéia de que não pensamos presenças plenas como uma variante dessas formas de ceticismo. Ver, contudo, *Presenças plenas,* p. 164.

O argumento insinua, portanto, uma conexão entre a multiplicidade do pensamento – e a interdependência dos conteúdos associada à noodinâmica – e uma ontologia de singularidades sem cabimento. É como se estivéssemos na direção de uma suposição de singularidades para explicar as muitas descrições (incompletas) nas quais o pensamento transita; mas essas singularidades não são nem prontas e nem, em algum sentido, anteriores a qualquer intervenção do pensamento. Trata-se de haecceidades produzidas pelas forças de territorialização e desterritorialização. O pensamento – porque é sempre retorcido por interpretações – precisa estar entre emaranhados de singularidades em potência de revolta – precisa estar entre itens que têm potências a serem pensadas, que surgem da sua interação com mandatos gerais pensados. O pensamento fica em movimento porque é capaz de alocar e deslocar signos e a realocação só é possível se a matéria que é pensada tem as potências suficientes para sustentá-la. Ou seja, o pensamento é um trânsito de lugares que é possível porque aquilo que ocupa os lugares tem capacidades de ocupar muitos outros – é o que explica a multiplicidade do que pode ser organizado com as mesmas haecceidades.

Uma ontologia de singularidades com potências de revolta contra os mandatos pensados é o que requer uma concepção de que se pode pensar qualquer coisa de muitas maneiras e, assim, trafegar por uma pluralidade de lugares e neles colocar singularidades, que, por sua vez, não permanecem cabíveis. É certo, contudo, que uma ontologia assim não ajuda na empreitada de aprender verdades sobre as coisas singulares – conhecer coisas em termos de saber verdades sobre elas (ver *Conhecer coisas,* p. 89). Engajar de modo *de re* com elas leva o pensamento apenas a, por assim dizer, acompanhar com os olhos sua trajetória – e conhecer apenas as *essências*. O pensamento intervém sobre as coisas – está lado o lado com elas ou, antes, no meio delas; e as toca com a ajuda de gerais pensados que as seguram e que também as deixam escapar. O processo do contato *de re* é o processo que permite que as potências das singularidades sejam desveladas – potências de territorialização. Essas singularidades com potências a serem desveladas é o que sustenta, de acordo com *A*, a capacidade do pensamento de produzir multiplicidade e de fazer um contato transitório com as coisas que não requer que elas estejam tendo cabimento.

Vale ressaltar algumas dimensões de *A* que se relacionam com as observações em *O céu de noite*. O elo entre pensamento e correção é o que permite considerar que presenças plenas inalcançáveis sejam a marca do pensamento e que, portanto, não nos sintamos arremessados em direção a uma distinção transcendental. As singularidades em um processo de fuga de nossas descrições apontam para a mesma direção do apelo do rosto em que há um infinito e que escapa aos mandatos pensados. E é o caráter intocável do objeto do pensamento – não aparecerem os conteúdos jamais como presenças plenas – que faz com que necessitemos que as potências de fuga estejam pelas singularidades entre as quais pensamos. Os pensamentos em fuga das presenças plenas demandam singularidades que lhes dêem estas margens de manobra – por mais que as singularidades escapem, são elas que oferecem a arena na qual acontece o esforço de pensar alguma coisa. É por isso que as singularidades com potencial de reterritorialização são o que torna possível que o pensamento não alcance presenças plenas: haecceidades podem ser postas sempre em algum território diferente do que pretende um específico conteúdo de pensamento. De alguma maneira a ontologia surge como condição de possibilidade de algumas dimensões do pensamento e, assim, aparece como uma espécie de fundamento. Porém, de novo, é fundamento que pode escapulir: o que é pensado como um mandato para as singularidades pode ser a prisão da qual elas fogem – um fundamento, mas que não pode aparecer como presença plena ao pensamento.[242]

Surge a figura de um pensamento que esbarra em singularidades, as apreende e elas são capazes de evadir; as vê soltarem-se para se dar conta de que nenhum conteúdo é completamente firme por si mesmo. Essa figura, contudo, não torna desnecessária uma atitude: a atitude de tratar o que pensamos como vulcões, mesmo quando nada está em ebulição.

---

[242] As singularidades em fuga surgem de *A* no contexto do pensamento que este livro construiu. Inserido em outros contextos – em meio a outros conteúdos – o argumento pode ter implicações inteiramente diferentes. Não se trata de algo compulsório para qualquer pensamento, porém algo que aparece assim quando interanimado pelos outros elementos que fazem parte do mosaico de conteúdos que é a região onde o argumento pretende movimentar-se.

Fissuras

Não agüento ser apenas um sujeito que abre portas,
que puxa válvulas, que olha o relógio,
que compra pão às 6 horas da tarde, que vai lá fora,
que aponta lápis, que vê a uva etc.
Perdoai.
Mas eu preciso ser Outros.
Eu penso renovar o homem usando borboletas.
Manoel de Barros

O *polemos*: o geral pensado, instrumento de previsão, matriz de inteligibilidade *versus* o singular impensado, exceção ou instância que surge como armazém de reviravoltas, o exemplo. Sustentar que o pensamento não alcança presenças plenas e, assim, não faz mais do que enquadrar provisoriamente algumas singularidades, implica admitir que qualquer conjunto de nossas descrições pode ser incapaz de alfinetar uma singularidade – ela pode escapar se as descrições forem vácuas ou admitirem réplicas sistemáticas (ver *Verdades insuficientes,* p. 110). Desse modo, as singularidades não são tocadas por conteúdos de pensamento – eis aqui um lado da intuição que motiva a distinção transcendental: qualquer conjunto de descrições está sempre incompleto.

Em *Tentações transcendentais 1*, p. 151, tentei mostrar como a distinção transcendental requer para sua plausibilidade um cenário atomista; se considerarmos conjuntos maiores de convicções, é menos plausível que nenhuma delas seja verdadeira. No entanto, a verdade das convicções pode não ser suficiente para evitar vacuidade e reduplicação massiva quando se trata de singularidades específicas – nossas convicções, sem alcançarem presenças plenas, formam sempre conjuntos incompletos: essa é uma outra intuição a ser resgatada da idéia de uma distinção transcendental.

Nosso conhecimento não é uma apresentação de presenças plenas como objeto de conhecimento; o conhecimento é, no máximo, um recorte de convicções verdadeiras em sua maioria, porém insuficiente para trazer à baila aquilo que a certeza sensível (ou qualquer artefato que tenha sido colocado a serviço do imediato) fracassou em apresentar. O fracasso da certeza sensível – e de qualquer aparato que pretenda captar as coisas imediatamente – não pode ser remediado por nenhum aparato de construção de convicções. E, no entanto, ainda assim, ao contrário do que sugeriria a defesa de uma distinção transcendental, mantenho que as singularidades não são inacessíveis ao pensamento – elas aparecem na sua dinâmica que é a linha de passagem de alguns conjuntos de descrições incompletas para outros. As linhas de fuga das singularidades são as linhas que podem ser percorridas pelos esforços de re-interpretação a cada movimento em que o pensamento atravessa conteúdos ou retorna a um conteúdo já visitado em um outro contexto. Conteúdos transformam-se quando postos em diferentes paisagens de outros conteúdos; ainda que às vezes pareça que convém tratar conteúdos como de alguma maneira fixos e portáteis, a interanimação dos pensamentos parece levar-nos à direção de assimilar conteúdos ao que os circunda: *content is context*.

As singularidades surgem como acessíveis ao pensamento desde o seu movimento entre paisagens de conteúdos: ao pensamento não escapam os elementos singulares do mundo porque essas singularidades são singularidades apenas porque estão em fuga – em um tornar-se constante, em meio a devires – e em fuga estão os atos de pensamento. E não é que a singularidade fica pensada do modo como verdades são temas, ela apenas promove a desterritorialização de uma paisagem – não aparece como um tópico, mas como um elemento deslocador. A singularidade não aparece, na nova paisagem de conteúdos de pensamento, como um conteúdo, ela é apenas a pressão que conduz o pensamento de um foco a outro. Ela aparece apenas como aquilo que faz os olhos serem desviados – ela é pensada sempre de soslaio.

Não se trata de apelar para singularidades que subjazem o pensamento sem serem percebidas em sua identidade e sim de levar em conta a pressão que estas singularidades fazem sobre nosso pensamento não enquanto elas estão subjacentes a ele, mas enquanto elas promovem sua dinâmica. Ou seja, não se trata de postular singularidades que ficam sempre fora de cabimento dentro do pensamento, porém de focar em como elas tiram o pensamento de sua estabilidade quando elas fazem o pensamento se movimentar. É no movimento que o pensamento as encontra – a idéia é que elas podem ser acessíveis ao pensamento porque o pensamento é instado a se mover. Tratase, aqui, do movimento da noodinâmica, do que é reparado de passagem pelo pensamento, na passagem entre as descrições – e reparado *de re*.

As fissuras promovidas pelas singularidades podem ser contempladas desde a perspectiva dos regimes de verdade (ver *regimes*). Esses regimes articulam a inteligibilidade, a adequação e a distribuição de verdades; porém eles são mais de um: um regime dá vazão a um outro, as singularidades não ficam completamente colonizadas por um emaranhado de verdades – há fissuras entre os componentes de cada emaranhado. As singularidades não são temas do pensamento incapaz de se ver diante de presenças plenas – as singularidades só são tocadas pelo pensamento em movimentos para além da tematização: no espaço entre os regimes de verdade. O pensamento encontra fissuras, e o argumento transcendental apresentado em areia, enfim, procura mostrar que a condição de possibilidade dessas fissuras que desviam o pensamento de qualquer presença plena é uma ontologia de singularidades em fuga. A força da conexão – e do argumento – depende de se alguma outra coisa pode tornar possível que o pensamento não fixe presenças plenas. O mérito de *A* parece ser o de esboçar um modo de apresentar o pensamento como sendo menos que indiferente às singularidades. As singularidades em fuga aparecem como parte de um relato sobre as condições de possibilidade dos nossos atos de pensamento.

Talvez, contudo, seja mais conveniente conceber o elo entre o caráter fugidio das singularidades – suas potências de desterritorialização – e as dimensões dos conteúdos de pensamento que os fazem trazer à tona menos que presenças plenas, não como a âncora para um argumento transcendental, mas antes como uma observação sobre a concatenação entre traços do pensamento e traços das singularidades. Ou seja, podemos entender o elo como um elo entre as singularidades em fuga de um lado e a dinâmica dos exercícios conceituais de outro. A concatenação sugere que o pensamento tenha, de alguma maneira, se adaptado ao que encontrou a sua volta. Há um elo entre ser e pensar feito da conexão entre a capacidade das singularidades de escapar de seus lugares e a capacidade do pensamento de borrar seus pontos fixos: devires atuam de ambos os lados – só um pensamento que atua por desterritorializações pode fazer justiça a uma ontologia de itens em revolta e só essa pode dar condições de possibilidade ao pensamento que se move sempre entre conteúdos que são menos do que presenças plenas. Esse elo é o que tornam possível as fissuras: o movimento de desterritorialização das singularidades, de um lado, e o movimento pelos meandros dos conteúdos conceituais, de outro.

Em vez de pensarmos que somos capazes de apresentar um argumento transcendental que estabeleça alguma coisa com respeito à ontologia das singularidades, podemos pensar que apenas conciliamos pensamento e singularidades. Entendendo a relação entre pensamento e singularidades como uma concatenação, pomos claramente em um mesmo plano as singularidades em fuga e os conteúdos de pensamento que escapam de seus lugares porque precisam ser interpretados por atos de pensamento para subsistirem. O pensamento, como as singularidades, é feito de potencialidades próprias que só aparecem em um processo de fuga de um mandato ou de uma regra – singularidades, como o pensamento, florescem em um ambiente de enquadramentos; com os enquadramentos eles se tornam identificáveis, mas escapando deles é que as potências podem despontar.[243] As potências das singularidades – como as presenças menos que plenas – não podem ser inteiramente captura-

[243] O pensamento não é a única maneira de enquadrar – e assim de fazê-las pipocar – singularidades em fuga, potências de revolta. É interessante pensar em enquadramentos e territorializações de uma maneira ecológica. Assim, por exemplo, pressões ecológicas sobre plantas e animais que fazem com que certas potências dos indivíduos e dos bandos venham à tona.

das por conteúdos de pensamento; apenas pelo movimento do pensamento entre seus conteúdos. E, também, as potências de um conteúdo de pensamento – como as singularidades que não guardam em si sua essência e nem são meros paus-mandados ontológicos – não podem ser inteiramente capturadas por qualquer esforço de pensá-los: atos de interpretação é que as fazem florescer quando retorcem os conteúdos tentando movê-los entre outros conteúdos. Tanto as singularidades territorializadas quanto os conteúdos submetidos a padrões de inteligibilidade têm potencialidades que ficam reconditas nos enquadramentos que, também, as germina.

Mesmo se o pensamento for capaz de produzir multiplicidade por alguma outra razão – e não porque há singularidades em fuga –, é esta multiplicidade que torna, talvez por sorte, as singularidades acessíveis ao pensamento. Em qualquer caso, as singularidades e o pensamento surgem no movimento: o movimento entre os conteúdos pensados, o movimento entre os domínios constituídos. Entendendo ou não a concatenação entre características das singularidades e dos pensamentos como um esboço de argumento transcendental, encontramos no pensamento uma dimensão que permite que ele não fique condenado aos seus próprios conteúdos; uma dimensão que torna possível que o pensamento não fique para sempre indiferente ao que há de outro por entre as coisas.

Podemos então apresentar assim uma das faces do parentesco entre o pensamento e o mundo da seguinte maneira: De um lado, o mundo está arranjado de algumas formas – capturadas pelas verdades que constituem o pensamento e o tornam inteligível ao mesmo tempo em que permitem que haja confronto com o mundo – mas essas formas não empregam todas as potências das singularidades. De outro lado, o pensamento articula-se em regimes de verdade – que detectam algumas formas em que o mundo está arranjado –, mas esses regimes de verdade não podem amordaçar interpretações nem criar trilhos que guiem os atos de pensamento uma vez que eles não nos apresentam presenças plenas. Esse parentesco permite que um não seja alheio ao outro ainda que o movimento em um deles não seja o reflexo do movimento no outro. Porque há movimento, há a possibilidade da reconfiguração das singularidades – há a possibilidade de política.

O espaço entre os pensamentos

We're healthier because of our outsiders
and outlaws and freaks
and queers and sinners.
Kate Bornstein

Uma regra oferece as condições para a inteligibilidade de um conceito. Os conceitos – e suas regras articuladas – formam uma teia de inteligibilidade por onde se movem os atos de pensamento. Os atos de pensamento não podem ser inteligíveis e, ao mesmo tempo, inteiramente deslocados do território de conteúdos que os suporta – a inteligibilidade reside na teia de conteúdos, na estrutura noostática. Mas os atos de pensamento podem distanciar-se dos conteúdos que formam partes das estruturas noostáticas: com respeito a qualquer regra em particular é possível que aconteça – a quem pensa e, portanto, promove atos de pensamento (uma pessoa, um grupo de pessoas, uma face ou uma fase de uma pessoa) – o que aconteceu ao pupilo da 185.[244] Em movimentos dentro da estrutura noostática, um ato de pensamento pode desviar-se por caminhos desconheci-

[244] PU, I, 185.

dos e não há nada, senão nossas formas de vida fixadas, que possa impedir que atos desencaminhados assim ocorram todo o tempo.

A inteligibilidade, de fato, requer um território, uma noostática – novos atos de pensamento se desterritorializam, mas eventualmente se reterritorializam e se encontram, ou forjam, uma outra noostática. A articulação das regras e dos conceitos tece uma rede que é um território para o pensamento – e tal território costura-se ao mundo por meio do elo entre verdades e inteligibilidade. Mas o pensamento não é apenas a noostática, é também o movimento: os atos que fazem os conteúdos subsistirem e que se desterritorializam criando novos conceitos, reinterpretando, desobedecendo às maneiras habituais de cumprir regras. Parece que não conseguimos acoplar pensamento e singularidade se não pusermos os olhos nesse movimento.

Poderíamos entender os atos de pensamento que desterritorializam como anômalos, como exceções. Poderíamos entender esse atos como os que escapam de uma estrutura normativa que prefigura uma noodinâmica na estrutura dos conteúdos – ainda que os conteúdos não possam figurar como presenças plenas. Uma maneira de enxergar os atos de pensamento parece, contudo, contemplá-los desde o ponto de vista dos enquadramentos, da estrutura normativa, dos mandatos em forma de regra e não da potência dos atos singulares. Parece que se vemos em alguns atos anomalia, estamos desconsiderando a capacidade mesma dos atos singulares de pensamento de escaparem de qualquer arregimentação oferecida pela estrutura noostática que lhes dá suporte. Se entendermos a inteligibilidade como um território e os atos de pensamento como singularidades com potências de escapar, os atos de pensamento recalcitrantes não são mais vistos como exceções, mas como repositórios de potencialidades – eles tornam possíveis novas paisagens de conteúdos e com elas novos atos de pensamento. Trata-se de pensar na noodinâmica também de uma maneira não fascista: também ela, que ocupa os espaços entre as presenças menos que plenas, é composta de potências de fuga. A noodinâmica entendida assim é o que oferece o ponto de partida de *A* (ver *Areia, enfim,* p. 332, e *Fissuras,* p. 343) para chegarmos ao elo entre pensamento e singularidades em fuga. Os atos de pensamento são singularidades com suas capacidades, potências que escapam das trilhas que são traçadas: precisam das trilhas como as singularidades precisam de um território para escapar; e devido aos atos de pensamento serem requisitados para dar sentido aos conteúdos é que o pensamento não lida com presenças plenas. Os atos de pensamento escapam dos territórios e criam novos territórios instituindo novos conteúdos conceituais; neste processo, eles são singularidades em fuga que tornam o pensamento capaz de sintonia com outras singularidades.

Considerar os atos de pensamento como pontos de partida – a noodinâmica – é não tomá-los como exceções, como anômalos, como o pupilo cometendo erros. Trata-se de não entender o pensamento a partir da normatividade; ou, pelo menos, não tomar a normatividade como contando tudo o que precisa ser contado sobre o pensamento. Butler, em *Doing Justice to Someone*[245], pergunta-se como é possível fazer justiça a uma pessoa sem torná-la personagem de uma narrativa pronta, exemplo de um geral pensado, evidência em favor de uma teoria. Ela invoca o caso de David Reimer mutilado em sua genitália com poucos meses e, sob recomendação médica, educado como uma menina, Brenda. O médico que acompanhou o período da vida de

[245] 2004, p. 57-74.

David em que ele era Brenda publicou artigos descrevendo o sucesso da construção de uma identidade de menina no corpo de David – a identidade feminina poderia ser construída apesar do corpo, e da história, de David. Mais tarde, Brenda se recusou a ter instalada em si uma vagina e passou às mãos de outro médico que decidiu construir para ele um pênis – para anunciar que seu método de restauração do gênero originário de David é que devia ser seguido. Surge a pergunta de Butler: como podemos ouvir David; como podemos tratá-lo não como um exemplo do que queria cada médico, como uma evidência em favor de algum procedimento, como uma anomalia – como podemos ouvir David sem se preocupar onde seu caso tem cabimento. Os atos de pensamento de David refletem as regras de inteligibilidade da normatividade heterossexual, mas desviam dela, produzem outra coisa – têm potências que surgem do *polemos* com essas regras; e que tencionam os fios da inteligibilidade. Seus desejos terminam por ser parte do traçado dos seus atos de pensamento. Poderíamos, então, perguntar como lidar com os casos recalcitrantes sem a pressa de territorializá-los a todo custo; ou ainda: como lidar com singularidades – por exemplo, atos de pensamento singulares como os que são informados pelos desejos de David – de alguma forma que não as torne meramente um contraponto às normas.[246]

[246] Ou, talvez, promover a inclusão das singularidades em normas (ver *Casos pensados,* p. 21), promover o movimento de englobá-las, encontrar para elas um lugar. Como não deixar que as singularidades sejam meros agentes desterritorializantes? Talvez a resposta esteja na atenção: olhar o movimento que elas promovem. Riki Wilchins (1997, p. 22) diagnostica no esforço acadêmico para entender as pessoas transexuais uma empreitada para tornar naturais certas identidades: "[t]hrough the neat device of 'othering' us, *their* identities are quietly, invisibly naturalized." [...] "por meio do

A inteligibilidade requer uma teia de conteúdos conceituais que, de alguma maneira, prefigura atos de pensamento, mas ela é apenas uma dimensão – o território – da noodinâmica. A potência dos atos de pensamento, assim, pode ser encontrada em contraste com a teia de inteligibilidade, verdades e normas, mas não pode ser inteiramente prefigurada por ela se não quisermos entender o movimento dos pensamentos desde uma ontologia dos mandatos vindos de fora (e do alto). Uma atenção ao movimento é uma atenção que não parte das normas prefiguradas na noostática. Trata-se de uma atenção que pode passar despercebida – é por isso que Lévinas insiste que os rostos apelam, invocam, não podem ser impostos e nem podem impelir. Ver noodinâmica no espaço entre os conteúdos é ter uma atenção periférica, com o rabo dos pensamentos. Talvez tocar – em vez de ver; estar em meio aos fluxos de pensamento em vez de contemplar de longe as teias que eles terminam por construir.

instrumento preciso de nos 'outrizar', a identidade *deles* fica discretamente, invisivelmente naturalizada" (tradução do autor). Olhar o movimento que as singularidades promovem não pode ser olhá-las como demarcadoras das fronteiras do que é 'outro'; não pode ser, para usar o verbo de Wilchins, *outrizá-las.* Surge daqui, por exemplo, a discussão sobre a diferença positiva que aparece, por exemplo, na forma da diferença sexual (cf., por exemplo, Irigaray, 1975; Braidotti, 1994). A potência dos atos de pensamento pode ser pensada positivamente. Esta positividade, como em qualquer caso de singularidades em fuga, é nômade. Interessante contrastar a perspectiva de Butler em que as diferenças, como a de David/Brenda, são pensadas a partir das normas de uma matriz de inteligibilidade com a perspectiva da diferença sexual que não parte de noções normativas como matriz de inteligibilidade (ou abjeção, ou, mesmo, gênero).

Previsível

Data without generalization is just gossip.
Parsig

Se as singularidades estão em fuga, como podemos ter sucesso em estimar com universais? Como pode ser que nosso pensamento consiga saciar e estimular sua sanha indutiva com alguma acuidade? A previsibilidade é o que prende o pensamento ao Mesmo; é nele que podemos acolher e tratar como conhecido aquilo que aparece ao pensamento. O sucesso das predições – em especial quando a previsão parece poder ser qualificada como sendo de alguma maneira nova ou surpreendente ou que não tenha sido pretendida – é freqüentemente apresentado como um elemento em favor de alguma universalização: vemos que a universalização tem algum lastro – em geral, entendemos como um lastro no mundo – uma vez que outras (e novas ou surpreendentes) singularidades portam-se de acordo com ela. O sucesso na previsão concede autoridade ao que é universal: o sucesso mostra que as singularidades estão sob aquele comando, satisfazem o geral pensado, obedecem ao que foi generalizado.

A capacidade de predição parece, assim, o embrião de um método para descobrir quais são os mandatos aos quais as singularidades estão submetidas. Assim, por exemplo, o sucesso em prever certas teorias conta em favor de que elas, na expressão de Quine,[247] cortam o mundo em suas articulações (*carve the world in its joints*) porque, senão, estaríamos diante de uma coincidência em escala cósmica.[248] Sem que tenhamos topado com partes da constituição do mundo – mandatos que regem as singularidades – fica parecendo um milagre que as singularidades se conformem aos gerais pensados. Ou seja, salvo milagres, é mérito dos mandatos tornarem possíveis as previsões.

Uma análise do sucesso das nossas previsões novas e surpreendentes é algo que se espalha por todas as direções: as controvérsias em torno dos realismos, o caráter das relações nômicas (e dos contrafactuais), a relação entre as previsões de laboratório e as que acontecem fora dele, o significado de expressões como *ceteris paribus* etc.[249] Porém gostaria de fazer dois comentários breves, gerais e interligados um ao outro. Primeiro, os mandatos, em forma de leis, regras ou outros gerais pensados não podem ter méritos se tomados isoladamente: eles estão em um emaranhado de conteúdos que os torna inteligível. O sucesso preditivo é, portanto, mérito não de um mandato em particular, mas de um emaranhado de conteúdos que contém uma medida massiva de verdades. O emaranhado de convicções, a teia que conecta verdades e inteligibilidade, é o que prevê com sucesso o comportamento de itens singulares. Certas coisas, nessa teia, são mantidas fixas: um núcleo que participa de

---

247 1969.

248 Ver, por exemplo, Musgrave (1988) ou o debate de Boyd, Putnam e Laudan que culminou em Laudan (1981).

249 Cf., por exemplo, Cartwright (1983), van Fraaseen (1989) ou Mayo (1996).

muitas das nossas previsões bem-sucedidas e que, assim, tem o mérito de capturar algo do mobiliário fixo do universo ao qual as singularidades parecem estar submetidas. É conseqüência das lições de Quine que, em alguma medida, somos nós que fixamos o mesmo, nossa soberania estipula o que fica fixo – o que queremos deixar a salvo. A mensagem holista é que mantemos certas coisas fixas para que possamos acomodar alguma coisa nova ao pensamento – para que possa haver, por exemplo, um tribunal da experiência que produza veredictos acerca de alguns de nossos conteúdos de pensamento. É porque fincamos o pé em algumas das nossas convicções que outras podem ser colocadas em questão. Assim, tanto para abandonar uma conexão de conceitos quanto para fazê-la prever, temos de estabelecer o que fica fixo e o que pode mudar.

O pensamento requer tanto uma massa crítica de verdades quanto uma massa crítica de elementos fixos; ou seja, um terreno comum para a interpretação, um terreno preservado para dar suporte a novos atos de pensamento. A massa crítica de elementos fixos – que não é um conjunto fixo de elementos – não coincide, contudo, com a massa crítica de verdades: quando alguma coisa escapa à previsão do emaranhado de mandatos, nossa soberania decide quais mandatos haverão de ser mantidos fixos e quais haverão de ser destituídos. A articulação dos elementos fixos e das verdades – da nossa soberania e da contribuição do mundo – promove a composição dos regimes de verdade. É neles que temos de entender a autoridade dos mandatos que conseguem sucesso preditivo; nenhum mandato em particular é tal que as singularidades não podem escapar – mesmo com os elementos fixos os quais requer o pensamento. Há, na geografia do emaranhado de conteúdos de pensamento, espaço para as singularidades fugidias, para os casos recalcitrantes assim como há espaço para os comportamentos regulares que parecem obedecer a mandatos – cabe à nossa soberania determinar quais, dentre uma massa crítica de conteúdos de pensamentos que se interanimam uns aos outros, convém que se insista em manter fixos. Assim, nenhum mandato isoladamente – nenhuma lei ou parte de teoria – comanda sozinho qualquer singularidade:[250] os territórios não podem ser menos que regimes de verdade. E regimes de verdade respondem tanto às atitudes das singularidades, pensadas a partir de emaranhados de convicções, quanto à nossa soberania.

A previsão é possível porque estamos prontos a fazer alguns ajustes sistemáticos na visão de mundo de modo a maximizar a capacidade de certos enunciados capturarem o comportamento das singularidades. Qualquer conjunto de enunciados produzidos e distribuídos por um regime de verdade contém verdades suficientes para que um confronto com o mundo – e o acerto e o erro das previsões – seja possível. Pode parecer, então, que estamos encontrando sempre mandatos que capturam singularidades mais estritamente se produzimos teorias que fazem

[250] O tema de que leis (por exemplo) comandem singularidades esbarra na questão do que poderia ser comandado por leis – e, assim, na postulação de singularidades passivas (ver *Por uma ontologia não fascista,* p. 319). Uma posição interessante aqui é o eliminativismo quanto a leis associado a um realismo sobre causas e propriedades modais tal como recentemente defendido por Mumford (2004) dentro de um marco de uma ontologia de potências (Molnar, 2003). A idéia é que causas devem ser entendidas em termos de potências e leis são, ou desnecessárias, ou produto de uma imagem do mundo (humeana), onde não pode haver exceção para que haja conhecimento de fato. A suspeita de Mumford parece ser de que Hume paga um preço metafísico muito alto por tentar encontrar algum resquício de privilégio epistêmico na experiência – e que nós somos muitas vezes, sem notar, prisioneiros da imagem humeana.

previsões mais acuradas. Pode parecer que estamos nos aproximando das *ur*-descrições das singularidades ao nosso redor. É possível que em algum sentido estejamos produzindo mais verdades, sobretudo se pudermos falar de domínios específicos em que essas verdades estão sendo produzidas. Pode ser que estejamos aumentando o número de verdades – em algum domínio que talvez possa ser especificado – que formam o emaranhado no qual se movem as singularidades e, assim, que o pensamento esteja se movendo entre mais verdades. Uma física ou uma psicologia que contenha mais verdades não garante que as haecceidades que elas capturem não possam escapar dos mandatos – e das previsões – por meio de algum contato não-previsto com outras haecceidades.

E aqui chego ao meu segundo comentário: a maior dificuldade para a imagem de que estamos fechando o cerco em volta das singularidades é que ao criar mandatos gerais estamos ao mesmo tempo trazendo à baila outras singularidades e outras rotas de fuga. As singularidades não pré-existem às organizações, elas só se tornam discerníveis por meio delas; os regimes de verdade trazem singularidades à baila tanto quanto as capturam. É aqui que reside a potência da tecnologia de transformar o mundo: as leis da ciência se tornam intervenções no mundo que fazem surgir novas potências. Aproximamo-nos do universo descortinado pelo *cyborg* como explorado por Donna Haraway:[251] a tecnologia cria singularidades com novas potências, uma vez que nossa intervenção na natureza – a intervenção do pensamento – é parte da história natural. A tecnologia é uma das formas mais explícitas em que conteúdos de pensamento

[251] 1985.

em forma de regimes de verdade dão vazão a novas fissuras; pensando nela, fica difícil dizer em que sentido estamos fechando cercos em torno das singularidades. Quando as arregimentamos, elas revelam outras potências – outras capacidades de escapar. A relação entre singularidades e o pensamento aparece aqui como um *polemos* imanente: não há ofensiva final, o pensamento não resiste sem singularidades em fuga e elas, por sua vez, encontram maneiras de chamar a atenção do pensamento.

A posteriori

I look at my hands and see they are still unfinished
I look at the vine and see the leafbud
inching towards life
I look at my face in the glass and see
A halfborn woman.
Adrienne Rich

Como colocar em cena uma metafísica dos encontros? Um corpo encontra um outro: um pode ser devorado, contraído, ramificado, adensado, colorido, desarmado, outro pode ser expandido, alimentado, abolido, avolumado, eliminado. Um pensamento encontra um outro: se modificam, se contraem, germinam, se anulam, se exemplificam. Qualquer metafísica descreve determinações (e o que sobra delas). Se em um encontro os acontecimentos já estão predeterminados, não há encontro – há, no máximo, satisfação das condições para que uma potência se realize. Há encontros se há indeterminações, se eles têm um poder de determinar acontecimentos – se eles são mais do que receptáculos de mandatos gerais e não são, por exemplo, causalmente estéreis. Encontros genuínos têm de ser capazes do indeterminado.

Um pensamento encontra um corpo: um pode ser paralisado, excedido, deixado indiferente, surpreendido, acelerado, proliferado; outro pode ser encaixado, feito exceção, abandonado, compreendido, pensado *de re*, reterritorializado. Um encontro é uma posição no espaço, no espaço da mão de *matamoros* que toca, ainda não se toca e ocupa um espaço entre as coisas.

Os encontros acontecem em um plano comum, o plano geográfico da imanência, um plano onde germinam os hibridismos, as potências a mais que encontram uma maneira de vir à tona. É nesse plano que os significados se encontram apenas porque as palavras rimam. O plano dos encontros é também o plano comum onde as coisas se amontoam, se esbarram; onde as singularidades têm a sua vida secreta, fora do alcance dos mandatos que as arregimentam. É espaço da mão que toca pelas coisas, da *acquaintance*, do pensamento triscando nas coisas sem torná-las exemplo de uma descrição. É *hybris*, excesso, o plano onde se movem as exceções.

Os encontros requerem indeterminação – e eles precisam de um espaço para fazer ser. Uma ontologia com lugar para os encontros é uma ontologia em que as determinações não ocupam toda a cena: há que haver lugar para o que há de incompleto em tudo, o que há de não-terminado, de vulnerável ao que aparecer. Não pode haver singularidades – haecceidades – completas: elas se tornariam prontas e capturáveis em uma *ur*-descrição (ver *Essências,* p. 231). Eis outra vez a imagem do infinito no rosto do outro; o que não pode ser capturado e que podemos apenas seguir com os olhos do pensamento. Trata-se de encontrar um espaço para o que vem *a posteriori*, para o que vem depois do encontro – e como um encontro muitas vezes é pensada a experiência (ver *Não-presencial,* p. 244). Podemos caracterizar assim uma atitude que não passa por cima dos encontros: é aquela que dá lugar – entre o mobiliário do universo ou na frente dele – para a experimentação, para o que só é determinado nos encontros – apenas porque aquilo que está na mesma vizinhança termina por se esbarrar.

Que a experiência tenha alguma força para determinar como são as coisas – ou para nos impelir a acreditar que elas são de um modo ou de outro – é o que está em questão quando alguma doutrina empirista é discutida (ver *Experiência,* p. 69). A experiência é então considerada no contexto de uma suposta aquisição e justificação das convicções por meio da experiência – de uma epistemologia *a posteriori.* No entanto, a força epistemológica da experiência independe da constatação de que há experiência. Ou seja, podemos rejeitar uma epistemologia empirista e, ainda assim, endossar uma concepção do mundo segundo a qual existe experiência – há um *a posteriori* na *ordo essendi* (ver *Matamoros,* p. 78). A experiência, concebida como uma ferramenta para alcançar um conhecimento, tem lugar quando ainda não sabemos algo sobre algum item (acerca de algum estado de coisa, acerca de alguma qualidade); temos de determinar *a posteriori* aquilo que não temos recursos para determinar *a priori.* A experiência – concebida como uma parte do mundo – tem lugar quando não há nada de determinado a ser desvelado, quando há uma indeterminação por parte de qualquer mandato transcendente. Ainda que não haja nada que possa ser conhecido *a priori* (e nem que possa ser conhecido apenas *a posteriori*), pode haver espaço para o que surge depois da experimentação e para o que não pode ser determinado sem ela[252]. A possibilidade dos encontros é a possibilidade das singularidades. E a atenção para essas últimas é a atenção para as potências que se desprendem da experiência – que é singular.

A experiência é o espaço que começa onde terminam as determinações. O pensamento está envolto com experiência porque não captura, de uma vez por todas, presenças plenas, conteúdos prontos – nos conteúdos de pensamento há um espaço de indeterminação. Assim ele pode se inserir em uma ontologia da anomalia, uma ontologia sem cabimento que é possível quando há regiões que são determinadas *a posteriori* – regiões que estão em disputa, áreas de *polemos*. O argumento *A* de *areia, enfim* (e a concatenação de *fissuras*) insere o movimento do pensamento em uma ontologia de singularidades em fuga – o pensamento, capaz de multiplicidades, pode acompanhar o trajeto das singularidades que escapam das ordens estabelecidas.

A ontologia que é pensada quando entendemos que as singularidades escapam dos mandatos para uma direção indeterminada é uma ontologia com espaço para a imanência: é uma ontologia do *a posteriori*. Nela, o pensamento não

[252] Essa talvez seja uma intuição por trás da distinção entre questões de fato e questões de razão (ver *A res e os pés do intellectus,* p. 54). Há alguma coisa que precisa dos fatos para ser determinada, para que seja de um jeito ou de outro (e não para que saibamos que é de um jeito ou de outro). Aqui a ambigüidade da palavra determinação pode ter sido parte da freqüente desatenção à distinção entre experiência enquanto método e experiência (ou questão de fato) enquanto parte do mundo. Essa desatenção pode tornar implausível que uma concepção do mundo em que haja um lugar para a experiência não tenha compromissos empiristas.

está tampouco em uma posição fixa em relação ao que mais existir; nem sequer está em uma relação fixa com aquilo que se torna seu conteúdo. Ser sobre alguma coisa é também o produto de um encontro – o pensamento não está imune a esbarrar em singularidades porque também ele não está amarrado em um feixe de determinações. A atitude de se engajar com singularidades está de alguma maneira inscrita nas capacidades do pensamento[253] – não é que possamos pensar de um modo alheio a singularidades: é o que mostra o vínculo entre singularidades e o pensamento fugidio. O pensamento esbarra na singularidade; atentar para isso é encontrar bolhas de *a posteriori* na ontologia. Os pensamentos e as singularidades podem encontrar-se porque ambos estão embrenhados em capacidades de fuga. Ambos perambulam pelo espaço das exceções – e elas não podem ser determinadas senão *a posteriori*.

[253] Lévinas (1978) argumenta que a liberdade do que é Outro não pode depender da minha liberdade – não depende, portanto, de uma atitude minha que o Outro não seja enquandrado pelo Mesmo. O Outro pode estar em um espaço que está para além de qualquer ontologia e Lévinas entende que deve haver um espaço para além da ontologia – um espaço para a subjetividade que é composta por obrigações, por uma justiça dos incomparáveis (1978, p. 33). A atitude à qual podemos fazer um apelo é aquela de deixar que o que está nas subjetividades seja escutado; que não haja espaço apenas para aquilo que é. Nos termos do presente capítulo, o apelo é apenas para que as bolhas de *A posteriori*, p. 361, não fiquem desapercebidas.

Posfácio

Nietzsche diagnosticava que a atividade conceitual nascia da postulação da identidade do não-idêntico. Pode parecer que a identidade é postulada – ou mesmo projetada – sobre uma tela isenta dela. Procurar ver ao longe uma ontologia sem cabimento não é apertar os olhos até ver uma tela sem identidades: postular a identidade do não-idêntico acontece nos meandros onde nos encontramos. Não se trata de encontrar os *ur*-não-idênticos – uma ontologia de diferenças está muitas vezes prestes a estar refém de uma postulação de identidade – mas de espreitar a cada pensamento o não-idêntico que havia antes.

O processo de interferência no que antes era não-idêntico é uma das formas em que o pensamento esbarra no mundo – e põe as diferenças em fuga. A interferência tem uma microdinâmica; no meio dela as singularidades roçam o pensamento. Singularidades que não ficam prontas e que, já que estão ensaiando, não podem ser os itens que constituem, sustentam e substanciam universalidades. Entre as singularidades em fuga encontramos mais primadonas que matérias-prima; elas aparecem em todos os momentos em que o pensamento – mesmo o que às vezes parece rasteiro – se vê às voltas com alguma *hybris*. Excessos; e excessos não ficam prontos.

Singularidades não são indivíduos – bolhas autônomas prontas em que cada pedaço se submete a uma ordem superior. Elas se fragmentam e são transitórias – nômades e granuladas. Pessoas singulares tampouco são prédios prontos com elevador e garagem, são conspirações de pedaços. Pedaços sujeitos a contaminação vinda de toda parte são mais como singularidades fugidias. Assim, a perspectiva de primeira pessoa é um ponto de vista de onde passam por experiências os pedaços que estão, em algum sentido, dentro de um território – uma posição com respeito à experiência. Não é certo que de uma confederação de pedaços postos em certa posição (de primeira pessoa) tenha que decorrer a instituição de reinos autônomos dos indivíduos nem é a partir desses reinos autônomos que começa a política. As relações políticas com o Outro começam com os outros pedaços dentro de nós; essas singularidades estão sob o risco de ficarem abarcadas, tratoradas, pré-pensadas. Também com elas há relações de cabimento. E então, quais são as singularidades que postulamos, instituímos ou reconhecemos? – lidar com o que não cabe, com o exemplo, com a exceção. Como elas não estão prontas, elas não estão prontas para figurar em uma lista. Encontrar uma singularidade em fuga é talvez uma capacidade do pensamento. Uma capacidade que diagnostica alguma coisa de ontológico: escapam às singularidades, e elas nem são o princípio de tudo.

Se a filosofia trata de começos e não de princípios, tento destrinchar o começo de uma ontologia sem cabimento. E vendo de longe todos os capítulos de *Excessos e Exceções* emaranhados, pergunto-me como seguir o fio da meada dessa ontologia; estar às voltas com o descabido ou em torno do que não cabe. Uma das pedras no sapato das identidades sempre foi a possibilidade – a *possibilia* faz as coisas prenhes de outras coisas; as deixam cheias do que não é elas. Vejo ao longe esses capítulos e escuto um mantra quase rouco: *existir é tornar possível.* Existir é carregar potência e, assim, carregar o que não cabe. O pensamento se mete com singularidades que não cabem porque o mundo está repleto do que não cabe em si – do que excede, do que transborda. São as potências que não se encaixam; e, assim, parece que o pensamento é uma parte desse mobiliário de rodinhas do universo que monta teias de identidades em um cenário em que nada cabe em si.

O mantra vai ganhando novas vozes e soa como um coro eleata: *nada existe que não possa afetar.* O pensamento faz a experiência da demasia: cada caso pensado está em outro – como se a *possibilia* colocasse mãos estendidas na beirada de todas as coisas. Procuro afastar-me do coro, tento focar no que não tem cabimento. O pensamento também está sempre ébrio de começos – esforça-se em fixar conteúdos que deslizam. Como nem fica fixo o espaço entre as estrelas, talvez o pensamento seja um sintoma de que por toda parte ficam sobras.

Referências bibliográficas

AGAMBEN, G. *Il linguaggio e la morte.* Turim: Einaudi, 1985.

__________. *Homo Sacer – Il potere sovrano e la nuda vita I.* Turim: Einaudi, 1995. Citado a partir da edição brasileira, *Homo Sacer – O poder soberano e a vida nua.* Belo Horizonte: UFMG, 2004.

__________. *Mezzi senza fine,* Turim: Bollati Boringhieri, 1996.

__________. *La Comunità Che Viene.* Turim, Bollati Boringhieri, 2001.

__________. *Stato di Eccezione.* Bollati Beringhieri, 2003. Citado a partir da edição brasileira *Estado de Exceção.* São Paulo: Boitempo, 2004.

ASSUMPÇÃO, I. & BONVICINO, R. "Não há saídas", do disco *Intercontinental! Quem diria! Era só o que faltava!!!,* Gravadora Continental, 1998.

BAUGH, B. *The French Hegel: From Surrealism to Postmodernism.* London: Routledge, 2003.

BENACERRAF, P. "Mathematical truth", in *The Journal of Philosophy,* 70, 1973, p. 661-679.

BENJAMIM, W. "Das Kunstwerk im Zeitalter seiner technischen Reproduzierbarkeit" (1935), in *Walter Benjamin. Gesammelte Schriften Band I.* Frankfurt: Suhrkamp, 1977.

Bensusan, H. "O pensamento sem estaca zero", in *Kriterion*, XLV (110), 2004, p. 209-223.

__________. "São todos os termos igualmente lógicos perante a nossa capacidade de fazer inferências?", in *Philósophos* 9, 2004ª, p. 101-112.

__________. "O *intellectus* com os pés na *res*", in *Philosophós*, 10(2), 2005, p. 111-140.

__________. *Comunista.* Campinas: Komedi, 2005ª.

__________. "Observações sobre a política dos desejos", in *Revista de Estudos Feministas*, 14(2), 2006, p. 445-470.

__________. "Pode Deus determinar o valor de π?", in *Kriterion*, XLVIII(115), 2007, p. 47-66.

__________. "O pensamento sem luz própria", in: Smith, P. J. & Silva Filho, W. *Ensaios sobre o ceticismo*. São Paulo, Alameda, 2007ª, p. 245-258.

Bensusan, H., Ferreira, L. & Gallina, R. *Serialismo Filosófico*. Brasília: Cigarrenses, 2006.

Bensusan, H. & Pinedo, M. "When my own beliefs are not first-personal enough", in *Theoria*, 58, 2007, p. 35-41.

Black, M. "The Identity of Indiscernibles", in *Mind*, 61, 1952, p. 152-164.

Block, N. "Advertisement for a semantics for psychology", in French, P. et al. (eds). *Midwest Studies in Philosophy* Vol. 10, Minneapolis: University of Minnesota Press, 1986, p. 615-678.

Borges, J. L. "Las Kenningar", in *Historia de la Eternidad.* Buenos Aires: Viau y Zona, 1936.

Braidotti, R. *Nomadic Subjects.* New York, Columbia UP, 1994.

Brandom, R. "Some pragmatist themes in Hegel's Idealism: Negotiation and Administration in Hegel's Account of the

Structure and Content of Conceptual Norms", in *European Journal of Philosophy*, 7, 2, 1999, p. 164-89.

__________. "Modality, normativity, and intentionality", in *Philosophy and Phenomenological Research*, LXIII, 3, 2001, p. 611-623.

__________. *Making it Explicit: Reasoning, Representing and Discursive Commitment*. Harvard University Press: Cambridge, Massachusetts, 1994.

BROOKS, R. A. "Elephants Don't Play Chess", in *Robotics and Autonomous Systems* (6), 1990, p. 3-15.

__________. "Intelligence Without Representation", in *Artificial Intelligence Journal* (47), 1991, p. 139-159.

BURGE, T. "Individualism and the Mental", in *Midwest Studies in Philosophy*, IV, 1979, p. 73-121.

__________. "Individualism and self-knowledge", in *Journal of Philosophy* 85, 1988, p. 649-663.

BUTLER, J. *Subjects of Desire*. Columbia University Press: New York, 1987.

__________. *Gender Trouble: Feminism and the Subversion of Identity*. New York and London: Routledge. Tradução para o português, *Problemas de Gênero*, São Paulo: Civilização Brasileira, 1990.

__________. *Bodies that Matter*. London: Routledge, 1993.

__________. *Undoing Gender*. New York: Routledge, 2004.

__________. *Giving an account of oneself*, Fordham University Press, New York, 2005.

CABRERA, J. & SILVA FILHO, O. *Inferências lexicais e interpretação de redes de predicados*, Brasília: Editora UnB, 2007.

CARNAP, R. *Der Logische Aufbau der Welt*. Berlin: Weltkreis, 1928.

CARRARA, M. & MORATO, V. "Do we need haecceitates to be haecceitists?", in *Documenti e Studi* 18, 2007, p. 573-586.

CARTWRIGHT, N. *How the Laws of Physics Lie*. Oxford: Oxford University Press, 1983.

DANCY, J. *Ethics Without Principles*. Oxford: Clarendon Press, 2004.

DAVIDSON, D. "Actions, Reasons and Causes", in *Journal of Philosophy* 60, 1963, p. 685-700.

__________. "The individuation of events", in *Essays in Honor of Carl G. Hempel*, edited by Nicholas Rescher, D. Reidel, 1969, p. 216-234.

__________. "Mental Events", in: FOSTER, L. & SWANSON, J. W. (eds.). *Experience and Theory*. Cambridge: University of Massachusetts Press and Duckworth, 1970, p. 79-101.

__________. "On the Very Idea of a Conceptual Scheme", in *Proceedings and Addresses of the American Philosophical Association*, 67, 1974, p. 5-20.

__________. "Thought and Talk", in: GUTTENPLAN, S. (ed.). *Mind and Language*. Oxford University Press, 1975 (edited by Samuel Guttenplan), citado a partir de *Inquiries into Truth and Interpretation.* New York: Oxford Univerity Press, 1984, p. 155-170.

__________. "A Coherence Theory of Truth and Knowledge", in: HENRICH, D. *Kant oder Hegel.* Stuttgart: Klett-Cotta, 1986, p. 423-438.

__________. "A Nice Derangement of Epitaphs", in: GRANDY, R. & WARNER, R. *Philosophical Grounds of Rationality* Oxford: Oxford University Press, 1986[a], p. 157-174.

__________. "Knowing One's Own Mind", in: *Proceedings and Addresses of the American Philosophical Association*, 1987, p. 441-458.

__________. "Epistemology externalized", in *Dialectica*, 45(2-3), 1990, p. 191-202. Citado a partir de DAVIDSON, D. *Subjective, Intersubjective, Objective*, Oxford: Clarendon Press, 2001, p. 193-204.

__________. "Three Varieties of Knowledge", in GRIFFITHS, A. P. (ed.), *A. J. Ayer Memorial Essays*. Cambridge: Cambridge University Press, 1991. Citado a partir de DAVIDSON, D. *Subjective, Intersubjective, Objective*, Oxford: Clarendon Press, 2001, p. 205-220.

__________. "Epistemology Externalized", in: *Dialectica*, 45, 1991[a], citado a partir de *Subjective, Intersubjective, Objective*. New York: Oxford Univerity Press, 2001, p.193-204

__________. "Spinoza's Causal Theory of the Affects", in YOVEL, Y. (ed.) *Desire and Affect: Spinoza as Psychologist*. New York: Libble Room Press, 1999.

DELEUZE, G. *Différence et repetition*. Paris: Presses Universitaires Françaises, 1968.

__________. *Spinoza: Philosophie Pratique*. 1970. Citado da edição de 2003 Paris, Minuit.

__________. *Pourparlers*. Paris: Minuit, 1990. Citado a partir da edição em português: Conversações, São Paulo: Editora 34, 2002.

DELEUZE, G. & GUATTARI, F. *Anti-Oedipus: Capitalism and Schizophrenia*. New York: Viking Press, 1977. Originalmente publicado como *Anti-Oedipus: Capitalisme et Schizophrenia*. Paris, Minuit, 1972.

__________. *Mille Plateaux*. Paris, Minuit, 1980. Edição Brasileira: *Mil Platôs*, São Paulo: Editora 34, 2007.

DERRIDA, J. "Violence et métaphysique: Essai sur la pensée d'Emmanuel Lévinas", in *Revue de métaphysique et de morale*, 3-4, 1964, p. 322-354.

Derrida, J. "La Différance", Conferência pronunciada em janeiro de 1968 na Societé Française de Philosophie e impressa em *Marges de la Philosophie*, Paris: Minuit, 1972.

__________. *Khôra*. Paris, Galilée, 1993.

Devitt, M. "Singular Terms", in *Journal of Philosophy*, LXXI, 1974, 183-205.

Donnellan, K. "Reference and Definite Descriptions", in *The Philosophical Review*, LXXV, 1966, p. 281-304.

Dummett, M. *Frege: the Philosophy of Language.* London, Duckworth, 1973.

Eddington, A. *The Nature of the Physical World.* Edinburgh: MacMillan, 1928.

Evans. *The Varieties of Reference.* Oxford: Clarendon Press, 1982.

Fodor, J. *Psychosemantics: The Problem of Meaning in the Philosophy of Mind.* Cambridge, Mass.: MIT Press, 1987.

Foucault, M. *Histoire de la sexualité I – La volonté de savoir*. Paris: Gallimard, 1976.

__________. "Kenryoki to chi", in *Umi*, 1977, p. 240-256. Tradução para o português "Poder e Saber", in Motta, M. (ed.). *Estratégia, Poder-Saber*. Rio de Janeiro: Forense Universitária, 2003, p. 223-240.

Frege, G. "Über Sinn und Bedeutung", in *Zeitschrift für Philosophie und philosophische Kritik*, 100, 1892, p. 25-50.

Goodman, N. *Facts, Fiction, and Forecast*, London: Athlone, 1954.

Guatarri, F. *Les Trois Ecologies*, Paris: Galilée, 1989.

Haraway, D. "Cyborg manifesto", in *Socialist Review*, 80, 1985, p. 65-108.

Hegel, G. W. F. (PhG) "Phänomenologie des Geistes", in Hegel, G. W. F. *Werke in 20 Bänden*. Frankfurt: Suhrkamp,

1986, v. 3. Tradução para o português: *Fenomenologia do espírito*, Petrópolis: Vozes, 1992.

HEIDEGGER, M. *Sein und Zeit*. Halle: Max Niemeyer, 1927. Tradução para o português: *Ser e Tempo*. Petrópolis: Vozes, 1993.

__________. "Von Wessen der Wahrheit", in: Wegmarken, Frankfurt: Vittorio Klostermann, 1967, p. 73-97.

HORNSBY, J. "Truth: The identity theory", in *Proceedings of the Aristotelian Society*, 97 (1), 1997, p. 1-24.

HUME, D. (EHU) "Enquires Concerning Human Understanding", in: SELBY-BIGGE, L. A. & NIDDICH, P. H. (eds). New York: Oxford University Press, 3ª edição. Tradução para o português: *Investigações Sobre o Entendimento Humano*. São Paulo: Abril, 1980.

HILST, H. *Tu não te moves de ti*. São Paulo: Cultura, 1980.

IRIGARAY, L. *Speculum de l'autre femme*, Paris: Minuit, 1975.

IVASHKIN, A. *Alfred Schnittke*, Londres: Phaidon, 1996.

JACKSON, F. "What Mary didn't know", in *The Journal of Philosophy*, 83(5), 1986, p. 291-295.

KANT, I. (KrV) *Kritik der reinen Vernunft*. Riga: Hartknoch, 1781, 1787 (2ª edição). Tradução para o português: *Crítica da Razão Pura*. São Paulo: Abril, 1980.

__________. *(KU) Kritik der Urteilskraft*. Riga: Hartknoch, 1790. Tradução para o português: *Crítica da Faculdade de Julgar*. Lisboa: Imprensa Nacional Casa da Moeda, 1991.

KAPLAN, D. "How to Russell a Frege-Church", in *Journal of Philosophy* 72, 1975, p. 716-729.

__________. "Dthat", in: COLE, P. (ed.). *Syntax and semantics*. Vol. 9, New York, Academic Press, 1978, p. 229-53.

__________. "Demonstratives", in: ALMOG, J. et al. (eds). *Themes from Kaplan*. Oxford: Oxford University Press, 1989, p. 481-563.

KAPLAN, D. "Afterthought", in: ALMOG, J. et al. (eds). *Themes from Kaplan.* Oxford: Oxford University Press, 1989[a], p. 565-614.

KAY, J. *Trumpet.* London: Picador, 1998. Tradução para o português: *O Trompete.* Rio de Janeiro: Record, 2002.

KIERKEGAARD, S. (1841) "Om Begrebet Ironi méd stadigt Hensyn til Sócrates", in: DRACHMAN, A. B. et al. *Samlede Skrifter.* Copenhague: Gyldendal, 1920-1931. Tradução para o português: *O conceito de ironia constantemente referido a Sócrates.* Bragança Paulista: São Francisco, 1991.

KOLITZ, Y. 1946/2003 *Yossl Rakovers Vendung Tsu Got.* Di Yiddishe Tsaytung, setembro (citado a partir da edição brasileira, Kolitz, Z. 2003 *Yossel Rakover dirige-se a Deus*, São Paulo, Perspectiva).

LAMB, D. *Language and Perception in Hegel and Wittgenstein.* Trowbridge & Esher: Avebury, 1980.

LAUDAN, L. "A Confutation to Convergent Realism", in *Philosophy of Science*, 48, 1981, p. 19-49.

LAWRENCE, D. H. "Chaos in Poetry", in *Selected Literary Criticism.* London: Heinemann, 1956, p. 89-92.

__________. "Why the novel matters", in: *Selected Literary Criticism*, Londres: Heinemann, 1956[a], p. 102-108.

LEIBNIZ, G. W. & CLARKE, S. (L-C) *Correspondance Leibniz-Clarke.* Robinet, A. (ed.), Paris: Presses Universitaires Françaises, 1957.

LÉVINAS, E. *Totalité et infini. Essai sur l'extériorité.* La Haye: Martinus Nijhoff, 1961/1990/2000. Citado a partir da edição Paris: Kluwer – Biblio, 1990. Tradução para o português: *Totalidade e Infinito*, Lisboa: Edições 70, 2000.

__________. *Autrement qu'être (ou au-delà de l'essence).* Paris: Kluwer – Biblio, 1978.

LORDE, A. *Zami, a New Spelling of My Name*. Trumansberg, Crossing, 1982.

__________. *Sister Outsider*. Trumansberg, Crossing, 1984.

LUCINDA, E. "Libação", in *Eu te amo e suas estréias*. Rio de Janeiro: Record, 2000, p. 38-39.

MAYO, D. *Error and the Growth of Experimental Knowledge*. Chicago: University of Chicago Press, 1996.

__________. "On the Sense and Reference of a Proper Name", in *Mind*, 86, 1977, p. 159-185.

__________. "Virtue and Reason", in *The Monist*, 62, 1979, p. 331-350.

__________. "Wittgenstein on Folowing a Rule", in *Synthese*, 58, 1984, p. 325-363.

__________. "De Re Senses", in *Philosophical Quarterly*, 136, 1984[a], p. 283-294.

__________. "Functionalism and anomalous monism", in LEPORE, E. & MCLAUGHLIN, B. (eds.). *Actions and Events: Perspectives on the Philosophy of Donald Davidson*. Oxford: Blackwell, 1985, p. 387-398.

__________. "Singular thought and the extent of inner space", in PETTIT, P. & MCDOWELL, J. (eds). *Subject, Thought and Context*. Oxford: Clarendon Press, 1986, p. 137-168.

__________. *Mind and World*. Cambridge, Mass.: Harvard University Press, 1994. Tradução para o português: *Mente e Mundo*. Aparecida, SP: Idéias & Letras, 2005.

__________. "The content of perceptual experience", in *Philosophical Quarterly*, 44(175), 1994[a], p. 190-205.

__________. "Knowledge and the internal", in *Philosophy and Phenomenological Research*, 55, 1995, p. 877-893.

Mayo, D. "Scheme-Content Dualism and Empiricism", in Hahn, L. E. (ed.). *The Philosophy of Donald Davidson*. Chicago: Open Court, 1999, p. 87-104.

McKinsey, M. "Anti-Individualism and Privileged Access", in *Analysis*, 51, 1, 1991, p. 9-16.

McTaggart, J. *The Unreality of Time*. Mind, 17, 1908, p. 457-474.

Minsky, M. *The Society of Mind*. New York: Simon and Schuster, 1986.

Molnar, G. *Powers: a Study in Metaphysics*, Oxford: Oxford University Press, 2003.

Moran, R. *Authority and Estrangement – An Essay on Self-Knowledge*. Princeton: Princeton University Press, 2001.

Mumford, S. *Laws in Nature*. London: Routledge, 2004.

Musgrave, A. "The Ultimate Argument for Scientific Realism", in Nola, R. *Relativism and Realism in Sciences*. Dordrecht, Kluwer Academic Press, 1988, p. 229-252.

Nagel, Th. "Davidson's new *cogito*", in: Hahn, L. E. (ed.). *The Philosophy of Donald Davidson*, Chicago: Open Court, 1999, p. 195-206.

Nancy, J. L. "58 indices sur le corps", in *Revista de Comunicação e Linguagens*. Lisboa, 33, 2004.

Peirce, C. S. *Journal of Speculative Philosophy* 2, 1868, p. 103-114.

Pessoa, F. *Obras Poéticas*. Biblioteca Luso-Brasileira, Rio de Janeiro: Nova Aguilar (citado a partir da nona edição), 1984.

Priest, G. "Truth and Contradiction", in *Philosophical Quarterly* 50, 2000, p. 305-319.

Putnam, H. "The Meaning of 'meaning'", in *Philosophical Papers, vol. 2, Mind, Language and Reality*, Cambridge, Mass.: Cambridge University Press, 1975, p. 215-271.

QUINE, W. V. O. "Two dogmas of empiricism", in *The Philosophical Review*, 60, 1951, p. 20-43.

__________. "Quantifiers and Propositional Attitudes", in *Journal of Philosophy*, LIII, 5, 1956, p. 177-187.

__________. *Word and Object*, Cambridge, Mass.: MIT Press, 1960ª.

__________. "Carnap and logical truth", in *Synthese*, 12(4), 1960ª, p. 350-374.

__________. "Natural kinds", in *Ontological Relativity and Other Essays*. New York, Columbia University Press, 1969, p. 114-138.

RAYMOND, J. *The Transsexual Empire: The making of the she-male*. Boston: Beacon, 1979.

RODRIGUEZ-PEREYRA, G. "The Bundle Theory is Compatible with Distinct but Indiscernible Particulars", in *Analysis*, 64, 2004, p. 72-81.

RORTY, R. (1991) "Pragmatism, Davidson, and truth", in *Objectivity, Relativism, and Truth, Philosophical Papers*. Vol. 1, Cambridge, New York: Cambridge University Press, 1991, p. 126-150.

ROSS, W. D. *Foundations of Ethics*. Clarendon Press, Oxford, 1939.

RUSSELL, B. "On denoting", in *Mind* 14(56), 1905, p. 479-493.

__________. "Knowledge by acquaintance and knowledge by description", in *Proceedings of the Aristotelian Society*, 11, 1910, p. 108-128.

SARTRE, J-P. *L'être et le Néant – Essai d'ontologie phénoménologique*. Paris: Éditions Gallimard, 1943. Tradução para o português: *O ser e o nada – Ensaio de ontologia fenomenológica*. Petrópolis: Editora Vozes, 1997.

Scotus, Duns. "Ordinatio II", in Balic, C. (ed.). *Scotus, Opera Omnia*. Vol. 7, Vatican City: Vatican Polyglot Press, 1950.

Senna, D. "To be real", in Walker, R. (ed). *To Be Real*. New York: Anchor Books, 1995, p. 5-20.

Sloterdijk, P. *Im selben Boot: Versuch über die Hyperpolitik*, Frankfurt: Suhrkamp, 1993. Tradução para o português: *No mesmo barco: ensaio sobre a hiperpolítica*. São Paulo: Estação Liberdade, 1999.

Spinoza, B. (Eth.). "Ethica Ordine Geometrico Demonstrata", in Gebhardt, C. (ed.). *Spinoza Opera*. Heidelberg: Carl Winters, 1925-1987. Tradução para o Português: Ética. Editora Autentica, 2007.

Strawson, P. *Individuals: An Essay in Descriptive Metaphysics*. London: Methuen, 1959.

Szymborska, W. "Conversation with a stone", in *Salt*, 1962. Citada a partir da edição de poemas reunidos em *Poems, New and Collected*. London: Faber & Faber, 1999, p. 62-64.

Torres, J. (2007) "Conceitos demonstrativos", Comunicação apresentada no *III Colóquio Temático de Filosofia Analítica*. Porto Alegre, outubro de 2007.

Van Fraassen, B. *Laws and Symmetry*. New York: Oxford University Press, 1989.

Wilchins, R. "Why identity politics really, really sucks", in Wilchins, R. *Read My Lips – Sexual Subversion and the End of Gender*. New York, Firebrand, 1997, p. 70-88.

Williams, B. *Ethics and the Limits of Philosophy*. Cambridge, Mass.: Harvard University Press, 1985.

Williams, M. *Unnatural Doubts: Epistemological Realism and the Basis of Scepticism*. Princeton: Princeton University Press, 1996.

WILLIAMSON, T. *Knowledge and Its Limits.* Oxford: Oxford University Press, 2000.

WITTGENSTEIN, L. (TLP) *Tractatus Logico-Philosophicus.* London: Kegan Paul, 1922.

WITTGENSTEIN, L. (PU) *Philosophische Untersuchungen – Philosophical Investigations.* Anscombe, G. E. M. (ed.), Oxford: Blackwell, 1953.

__________. (ÜG) *Über Gewissheit – On Certainty. Anscombe,* G. E. M. von Wright, G. H. (eds). Oxford: Blackwell, 1969.

WRIGHT, C. "Does *Philosophical Investigations,* I, p. 258-260 suggest a cogent argument against Private Language?", in PETTIT, P. & MCDOWELL, J. (eds). *Subject, Thought and Context.* Oxford: Oxford University Press, 1986, p. 209-266.

ZIMMERMAN, D. "Distinct Indiscernibles and the Bundle Theory", in *Mind,* 106, 1997, p. 305-309.

Índice remissivo

Impressão e acabamento
Gráfica e Editora Santuário
Em Sistema CTcP
Rua Pe. Claro Monteiro, 342
Fone 012 3104-2000 / Fax 012 3104-2036
12570-000 Aparecida-SP